지과 객관

과잉 정보의 시대, 본질을 보는 8가지 규칙

키코 야네라스 지음

이소영 옮김

키코 야네라스 지음

이소영 옮김

과잉 정보의 시대,
본질을 보는 8가지 규칙

파울라와 루나,

그리고

무작위성의 기쁨을 위하여

추천사

나는 수학을 좋아한다. 수학은 가장 추상적이고 철학적이면서도 세상을 가장 정확하게 정의하는 언어다. 저자는 세계를 수치로 해석하고, 모든 복잡한 현상을 간결한 구조로 정리한다.

우연, 표본, 인과, 불확실성처럼 누구나 매일 마주하는 문제들이 저자로 인해 숫자라는 언어로 깔끔하게 재배치되는 것을 보는 것은 내게는 자체로 힐링이었다. 마치 뒤섞여 버린 색종이를 색깔별로 정리할 때의 편안함과 비슷하달까.

복잡한 머릿속이 실시간으로 정리되는 느낌이 아주, 썩 좋다.

이세돌

전 프로 바둑 기사

보드게임 작가, 유니스트 특임교수

《이세돌, 인생의 수읽기》 저자

◆

이 책을 쓴 키코 야네라스(Kiko Llaneras)는 스페인 마드리드에서 발행되는 신문 《엘 파이스(El País)》[01]의 기자로서 자신을 '데이터 저널리스트'로 소개한다. 혹시 '데이터 저널리즘'이라는 용어가 좀 생소해서 더 알고 싶다면, 2025년으로 8회째를 맞은 '한국 데이터 저널리즘 어워드'를 검색해서 상을 받은 언론 보도 사례들을 훑어보아도 좋겠다.

데이터 저널리즘을 외국의 사례까지 더해서 폭넓게 알고 싶다면? 당연히 데이터 저널리스트가 쓴 이 책을 읽으면 된다. 저자는 정치 분야는 물론 사회, 경제, 문화, 공중보건, 스포츠 등 온갖 분야의 이슈들을 다채롭게 펼쳐 보여 준다. 물론 흥미로운 데이터와 적절한 분석과 함께.

책을 다 읽고 나면 아마 데이터 저널리스트가 무척 멋있어 보일 테고, 진로를 고민하는 학생들이라면 '혹시, 나도?' 싶어질 수도 있다. 데이터 저널리즘의 바탕은 일단 데이터일 것이다. 그런데 데이터 분석을 거쳐 유용한 정보를 찾아내는 일은 전통적으로 통계학 전공자들의 몫이었다.

그렇다면 데이터 저널리스트가 되기 위해 대학의 통계학과 수업을 열심히 들으면 충분할까? 저자한테 물어보면 그렇지 않다고

---

01 스페인 유력 일간지로, 명칭은 스페인어로 '나라', '국가'를 뜻한다.

답할 것 같다. 아마 그는 확률, 통계 이론과 방법을 공부하는 것도 중요하지만 그와 함께 인간이라는 복잡하기 이를 데 없는 존재, 그리고 그러한 인간들이 모인 사회에 대한 관심과 공부도 필수적이라고 답할 것 같다.

지금 우리가 데이터의 시대를 산다고들 하지만 데이터를 근거로 제시하는 주장이나 기사들이 모두 믿을 만한 것은 아니라는 사실을 누구나 안다. 하지만 우리는 그런 주장과 기사에 곧잘 속거나 설득당하곤 한다. 나름의 편견을 갖고 복잡한 세상을 살아가는 우리 인간은 대개 숫자를 싫어하고 확률을 무서워하며, 그냥 단순한 설명에 혹하고 거짓 인과관계를 쉽게 믿어 버리기 때문이다.

그렇다면 오늘날 강조되는 '데이터 리터러시'는 데이터 과학의 문제인 한편으로 사회과학, 특히 심리학의 문제도 될 듯하다. 결국 취약한 인간의 심리를 가장 잘 꿰뚫고 있는 데이터 저널리스트야말로 취사선택한 데이터를 근거로 사실을 왜곡하는 주장을 펼치는 기사를 가장 잘 쓸 수 있는 사람일 것이다. 이러한 이유로 통계학적 지식과 인간에 대한 이해는 데이터 저널리스트에게만 필요한 것이 아니라, 매일 수많은 보도를 접하는 우리 같은 일반인에게도 필수적인 상식과 마찬가지이겠다.

저자는 특히 데이터로부터 손쉽게 원인과 결과 사이의 인과관계를 찾아내려는 성향을 경계해야 할 사고방식으로 거듭 지적하고 있다. 사실 규모가 크고 다양한 빅데이터를 분석하더라도, 인과관계를 밝히는 것은 쉬운 일이 아니다. 그러다 보니 통계학 서적에서는 대개 상관관계가 있다고 해서 인과관계까지 저절로 드러나지는 않는다는 점만 강조한다. 엄밀한 실험을 거치지 않는 한 인과관계를 밝혀내기란 어렵다는 것이다.

그런데 과학 연구의 목적이 현상의 인과관계를 찾는 것이라면, 통계학이 알려 주는 상관관계의 쓸모는 매우 제한적일 수밖에 없을 듯하다. 하지만 우리는 인과관계를 몰라도 수많은 데이터에서 얻은 상관관계만으로 미래 상황을 잘 예측하고 살아간다. 이 책의 제13장에서는 특히 여러 은행에서 금융을 공부한 적 없는 물리학, 생물학 박사를 채용하는 사례를 들어 상관관계를 가볍게 무시해서는 안 될 이유를 설득력 있게 보여 주고 있다.

상관관계를 다룬 제13장에 이어지는 제14장의 주제는 '회귀(regression)'이다. 키가 무척 큰 부모들이 있다고 하자. 그 자녀들은 유전 법칙과 함께 작용하는 '우연'으로 인해 평균적으로 부모만큼 키가 크지는 않은데, 이를 '평균으로의 회귀'라고 한다. 가령 프로 축구선수들의 어느 해 득점 수와 다음 해 득점 수 사이의 관계를 하나의 직선으로 나타낸다면, 그 직선의 기울기는 1보다 작다는 것이다.

회귀와 상관은 통계학에서 대단히 중요한 주제로서, 저자는 이 개념의 고전적인 사례로 노벨경제학상을 받은 심리학자 대니얼 카너먼(Daniel Kahneman)의 경험을 들고 있다. 혹시 회귀, 상관의 역사에 관심 있는 독자라면 카너먼을 넘어 통계학의 역사에서 가장 흥미로운 인물이라 부를 만한 프랜시스 골턴(Francis Galton, 1822~1911)을 찾아보아도 좋겠다.

사실 이 책 곳곳에는 함께 읽어 볼 만한 책들이 소개되는데 통계학보다는 심리학, 경제학 등에 속하는 책이 더 많다. 가령 선택 편향이나 표본 편향을 비롯하여, 인간이 지닌 각종 편향에 대해 읽다가 '인간이란 무엇인가?'라는 질문을 떠올릴 때쯤이면 노벨경제학상을 받은 리처드 탈러(Richard Thaler)의 《행동경제학(Misbehaving)》 같은 책이 슬며시 언급되는 식이다.

어려운 수식이나 도표가 제시되지 않더라도, 이 책에 나타나는 통계학적, 심리학적 개념이 생소하게 다가올 수는 있다. 하지만 축구, 특히 스페인 프로 축구 리그에 관심이 있는 독자라면 더욱 흥미롭게 읽을 수 있을 것이다. 부담스러운 내용이 나올 만하면 친숙한 축구팀과 메시, 음바페, 수아레스, 케인 등 유명 선수들의 이름을 만날 수 있기 때문이다(손흥민 선수 이름도 나올까? 찾아보시라). 물론 축구 팬뿐 아니라 데이터 시대를 살아가는 누구에게나 도움이 될 책이라는 사실은 변하지 않는다.

스페인 사람인 저자는 스스로 레알 마드리드의 팬임을 밝히면서 축구에 대한 애정을 곳곳에서 드러내고 있다. '신호와 잡음'을 설명하는 제15장에서는 아예 크리스티아누 호날두(Christiano Ronaldo)가 주인공일 정도다. 이 책에는 축구 외에도 선거 여론조사 등 스페인의 사례가 자주 등장한다.

혹시 스페인의 주요 정당 이름조차 모르는 한국인 독자가 읽기 불편하지 않을까? 그럴 만한 부분에는 옮긴이가 역주를 꼼꼼하게 달아 두었으므로 염려할 필요는 없겠다. 《직관과 객관》은 데이터를 사랑하고, 복잡한 세상을 호기심 어린 눈으로 탐색하는 저자가 인간과 세상을 더 넓고 깊이 생각하는 길로 안내해 주는 책이다. 저자의 생각을 따라가다 보면 편협하지 않은 '통계 리터러시'와 '데이터 리터러시'에 한 걸음 다가갈 수 있을 것이다.

조재근

경성대학교 빅데이터응용통계학과 교수

《통계학, 빅데이터를 잡다》 저자

◆

세상을 더 깊이 이해하고 싶은 사람이라면 꼭 읽어야 할 책.

맥스 로저(Max Roser)

옥스퍼드대학교 블라바트닉행정대학원 실무교수, 경제학자 및 철학자

Our World in Data 창립자, Global Change Data Lab 공동대표

데이터를 해석하고 설명하는 능력을 키우고 싶다면, 훌륭한 데이터 저널리즘의 통찰과 사례로 채워 낸 이 책을 추천한다.

애덤 쿠차르스키(Adam Kucharski)
런던 위생열대의학대학원 교수, 수학자 및 역학자
《수학자가 알려주는 전염의 원리》 저자

키코 야네라스는 데이터에서 의미를 포착하고, 이를 대중에게 효과적으로 전달하는 예리한 통찰력으로 스페인 데이터 저널리즘의 선두로 자리매김했다. 이 책은 데이터 중심의 세계에서 비판적 사고력을 키우고자 하는 이에게 귀중한 자원이 될 것이다.

알베르토 카이로(Alberto Cairo)
마이애미대학교 비주얼 저널리즘 나이트 석좌교수
《숫자는 거짓말을 한다》 저자

◆

이 책은 정치, 스포츠, 코로나19에 이르기까지 모든 주제에 걸쳐 지난 10년간 등장한 데이터 저널리스트 가운데 꾸준하게 흥미를 끈 키코 야네라스의 통계적 엄밀함과 탁월한 설명력이 결합하여 새롭고 매력적인 관점을 제시한다. 읽을수록 주제에 대한 이해가 깊어지며 감탄이 절로 나오는 책이다.

존 번머독(John Burn-Murdoch)

《파이낸셜 타임스》 수석 데이터 기자

◆

데이터의 정글을 헤쳐 나갈 상식.

《엘 파이스》

차 례

직관에서 벗어나라

데이터가 현대에 등장한 새로운 개념이라고 생각하는가? 전혀 그렇지 않다. 데이터는 언제나 과학의 기본 요소였으며, 우리가 새로운 지식을 창출하는 방법이기도 하다.

과학의 선구자들은 **비글호**(The Beagles)를 타고 항해한 찰스 다윈(Charles Darwin)처럼 전 세계를 돌아다니며 표본 찾기에 몰두했다. 그들은 수집한 표본을 정리, 분류하고 유형화하였다. 기록과 관리도 필수였다. 그 결과 다양한 종류의 딱정벌레를 식별하고, 수천 개의 나뭇잎을 모았으며, 지구상에 3가지 종류의 암석과 7가지 기후 유형이 존재한다는 등의 사실을 밝혀냈다.

또 다른 연구자들은 손도끼나 목걸이용 구슬을 비롯한 고대 사회의 유물을 수집하여 크기와 무게를 측정하고 연대를 추정했다. 이후 유물의 소유자에 관한 정보를 추론했다. 이를테면 그들이 꾸었던 꿈과 두려움의 대상, 그리고 손발이 닿기 어려운 곳에 그림을 그린 이유 말이다.

지금에 들어 달라진 점이 있다면, 데이터가 우리 주변을 둘러싸고 있다는 것이다. 데이터는 21세기의 거대한 변화인 디지털화로 기하급수적 증가를 겪으면서 삶의 모든 영역에 존재하기에 이른다. 작은 가게를 운영한다면 재고를 관리해야 하고, 운송 회사의 임원이라면 연료 가격을 예측해야 하며, 정원사라면 꽃을 피우는 데 필요한

물의 양을 계산해야 한다.

데이터를 계산할 필요가 없는 직업은 거의 없다. 설령 당신의 직업이 예외적인 유형에 속하더라도, 그 사실에서 벗어나지 못한다. 숫자는 여전히 우리 생활의 일부를 차지하기 때문이다. 주택 담보 대출을 신청할 때나 자녀의 학교를 선택할 때처럼 말이다. 이처럼 데이터는 늘 우리 곁에 존재해 왔다. 그 사실에 예외란 없다.

가령 생물학자가 되어 고래의 삶을 연구하고자 할 때, 데이터를 활용할 일이 얼마나 많을지 생각해 보자. 배에서 고래의 수중 대화를 기록하고, 유전체 분석으로 혈연관계를 밝히며, GPS로 이동 경로를 추적해야 한다. 인간의 창의성을 이해하는 일이나 문어 연구, 소외 계층 아동을 위한 학교 지원을 비롯한 모든 일에 정량적 관점이 필요할 것이다. 따라서 이 책에서는 세상의 복잡성과, 이를 해독하는 열쇠로서의 데이터를 핵심 논점으로 삼는다.

◆

나는 어린 시절부터 호기심과 수집욕에 이끌려 왔다. 이에 기나긴 자동차 여행 도중 휴게소에 들렀던 일화를 이야기하고자 한다. 그때 나는 땅에 널브러진 수많은 병뚜껑에 매료되었다. 어머니는 경악하셨지만, 나는 펩시, 코카콜라, 환타 등 병뚜껑을 브랜드별로 하나씩 집으로 가져가자고 했다. 하지만 수백 개의 병뚜껑은 진흙탕에 뒤범벅이 되어 있었고, 우리는 다시 길을 떠나야 했기에 집으로 가져갈 수는 없었다.

그곳을 바라보며 안절부절못하던 기억이 난다. 당시 나에게 휴게소란 규모를 가늠할 수 없을 정도의 거대한 우주 같았다. 그 너머에는 어떠한 경이로움이 숨어 있을까? 광활한 그 공간은 정말이지 이해할 수 없는 세계였다. 아이들이 자신을 우주와 비교하면서 티끌처럼 작은 존재임을 깨닫는 데서 우러나는 감정 같았다. 하지만 내 초조함의 근원은 대부분 그 세상을 **정리**하지 못한 데 있었다.

나는 집착에 가까울 정도로 정리를 좋아했다. 읽은 만화책부터 보고 싶은 영화까지 모든 것을 목록으로 정리했다. 그리고 세가 메가 드라이브(Sega Maga Drive) 게임기를 사기 위해 용돈을 모으면서, 타의 추종을 불허할 만큼 치밀한 수준으로 용돈 기입장을 쓴 적도 있다. 나는 지금까지 그러한 충동을 다스리려고 노력해 왔다.

하지만 그 성향이 직업으로 이어진 것은 내 인생의 큰 행운이었다. 공학 학부 과정을 마치고 박사 과정을 밟은 이후 10년 동안 수학적 모델을 이용해 특정 유형의 박테리아 행동을 연구했다. 처음으로 집착을 직업적으로 정당화한 순간이었다. 하지만 그것이 끝은 아니었다.

나는 인터넷이 급성장하던 시기인 2006년에 블로그를 시작했다. 이때부터 데이터와 그래프에 목마른 독자들이 많음을 알게 되었다. 결국 그 일이 내 두 번째 직업이 되었고, 나는 2015년에 대학을 떠난 뒤로 저널리즘에 전념해 왔다. 사람들은 종종 내 이력에 놀라며 다음과 같이 묻는다.

"어떻게 공대 교수에서 《엘 파이스》 저널리스트가 되셨어요?"

하지만 지금 하는 일도 이전과 크게 다르지 않다. 내 삶은 스스로 놓은 덫에 걸린 신세나 다름없다. 나는 자발적으로 흥미로운 주제를 선택하고, 수치를 분석하면서 이해하려 애쓴 뒤에 발견한 내용을 글로 공유한다. 이 과정은 선거 결과 예측이나 축구에 관한 글쓰기, 또는 팬데믹 추적에도 동일하게 적용된다. 따라서 이상과 같은 작업을 수행하는 데 도움이 되는 아이디어를 이 책에 모아 두었다.

◆

당신이 예상한 바와 같이 이 책에는 목록이 담겨 있다. 한마디로 이 책은 수십 가지 유용한 지침과 명확하고 효과적인 사고에 도움을 주는 전략 모음집이다. 모든 것을 측정 대상으로 삼고 빠르게 계산하는 것처럼 뛰어난 사고의 지름길이 되어 주는 지침과 함께, 상관관계와 인과관계를 혼동하지 않는 법처럼 함정을 감지하는 경고문의 성격을 띤 것도 있다. 이들 지침은 일종의 체크 리스트로서 크고 작은 문제를 분석할 때 어떠한 질문이 좋은가를 상기시킨다.

'나는 우연에 속고 있는가?'
'나는 역상관관계를 가정하고 있는가?'
'이 일이 발생할 가능성은 어느 정도인가?'

이 책의 목록에는 익숙한 개념도 있지만, 다소 낯선 것도 존재한다. 나는 그 안에 흥미로운 아이디어가 많다고 생각한다. 우리의 뇌가 본능적으로 무엇에 즐거워하고 슬퍼하는지 관찰하는 일은 재미있기 때문이다. 이 책은 다음 8가지 규칙으로 구성되어 있다.

① 세상의 복잡성을 인정하라

② 수치로 사고하라

③ 표본의 편향을 막아라

④ 인과관계의 어려움을 수용하라

⑤ 우연의 힘을 무시하지 말라

⑥ 불확실성을 예측하라

⑦ 딜레마에도 균형을 유지하라

⑧ 직관을 맹신하지 말라

각 규칙의 내용을 개별적으로 읽을 수도 있지만, 규칙마다 서로 연결되어 있다. 따라서 모든 규칙을 관통하는 공통된 주제가 존재한다. 사람들은 암석과 기후 유형을 비롯하여 위의 8가지 규칙처럼 모든 것을 일정한 유형으로 분류하기를 좋아하지만, 실상은 모든 것이 복잡하게 흩어져 있는 경우가 많다.

이 책에서 특히 반복적으로 등장하는 2가지 아이디어가 있다.

이들 아이디어는 전체적인 내용을 이끄는 원동력이다. 첫째는 우리를 둘러싼 복잡성이고, 둘째는 직관의 한계이다. 우리의 두뇌가 완벽하거나 세상이 단순했다면, 명확한 사고란 쉬운 일이 아니었을까. 그렇다면 이 책도 필요 없을 테지만, 현실은 그렇지 않다.

나는 **단순하지만, 너무 단순하지는 않은** 책을 쓰고 싶었다. 책을 집필하는 과정에서 다루고자 하는 아이디어의 범위를 과장하려는 유혹을 피하려고 노력했다. 집중의 힘, 연습의 중요성이나 다방면에 걸친 능력의 가치 등을 다룬 숱한 베스트셀러에서도 그러한 과장이 약점으로 보이곤 한다. 이들 책에서는 자신의 논지를 다소 지나치게 확장하고 있지는 않은가? 개인적으로 단 하나의 아이디어만 선택해야 한다면 다음을 꼽을 것이다.

세상은 대부분 보기보다 더 복잡하다.

◆

이 책을 계기로 당신이 정량적 안목을 갈고닦을 수 있기를 바란다. 정량적 안목의 유용함은 우리에게 실용적인 동기가 되기도 하지만, 그 이상의 의미도 갖추고 있다. 바로 아름다움을 찾는 방법 말이다.

누군가는 우리를 둘러싼 세상의 모든 것을 설명하려는 시도를 불편하게 여기기도 한다. 그들은 이를 '모든 것을 숫자로 환원하는 일'이라고 생각하며, 그것이 세상의 매력을 반감시키는 일이라 주장한다. 마치 강이 형성되는 원리를 이해하면 강물이 졸졸 흐르는 소리를 들을 때의 평온함이 사라져 버리기라도 하는 듯이 말이다.

하지만 나는 그 생각이 진실과 거리가 멀다는 확신으로 이 책을 썼다. 오히려 우리는 인간으로서 현실과 그 미묘함을 들여다보고 해독하려 노력하는, 성공과 실패가 교차하는 과정 자체를 즐긴다고 생각한다. 우리는 자기 손가락을 바라보며 신기해하는 아이와 같기에 세상을 향한 경이로움의 감각은 결코 완전히 사라지지 않는다. 그러므로 우리는 역설과 수수께끼에 이끌린다.

그뿐 아니라 하나의 질문을 마주할 때 더 많은 것을 알고 싶어하며, 예상치 못한 사실을 깨달았을 때는 흥분하며 기쁨을 느끼지 않던가. 특히 인간 세상의 톱니바퀴가 어떻게 돌아가는지 들여다보는 일은 많은 이에게 흥미로운 작업이다. 이는 나도 마찬가지이기에 개인적으로 관심을 끈 사례 몇 가지를 선별하여 이 책에 담았다.

- 우리는 왜 깊이 생각하지 않고 위험을 감수할까?
- 우리는 왜 잘못된 베팅을 할까?
- NBA에서는 왜 마크 가솔(Marc Gasol)의 뛰어난 실력을 아무도 알아보지 못했을까?

이 외에도 코로나19 백신을 살펴보고, 확률을 떠올리면서도 잠자리에 편히 들던 버락 오바마의 일화도 이야기할 것이다. 그뿐 아니라 좋은 기사 제목을 작성하는 방법에서 축구 선수 가운데 1월생이 유독 많은 이유까지 설명하고자 한다. 다만 지금까지 제시한 주제에 앞서 뱀장어 이야기부터 가장 먼저 시작해 보겠다. 뱀장어의 신비로움은 세상의 복잡성을 일깨우지만, 세상이 그만큼 아름답고 매혹적인 공간임을 보여 주는 좋은 예가 될 것이다.

창발성의 세계

세상의 복잡성을 인정하라

만물의 변덕

뱀장어가 선사하는 놀라움은 세상이 보기보다 훨씬 복잡하다는 사실을 일깨운다. 자연은 이상할 정도로 직관에 반하는 방향으로, 때로는 전혀 예측할 수 없는 방식으로 흘러간다.

유럽 뱀장어는 유럽 대륙의 강에 서식하는 뱀 모양의 어종이다. 겉보기에는 여느 동물과 다를 바 없어 보이겠지만, 실제로는 여러 면에서 특이한 생물이다. 수십 년을 살 수 있고, 짝짓기를 위해 수천 km를 이동하며, 생애 동안 세 번의 변태를 겪는다.

뱀장어에 대해 가장 먼저 알아야 할 것은 이들이 강에서 태어나는 것이 아니라, **사르가소해**(Sargasso Sea)라는 특정한 해양 환경에서 태어난다는 점이다. 사르가소해는 유일하게 육지에 둘러싸이지 않은 바다로, 4개의 해류로 경계가 형성된 만이다. 뱀장어의 유생은 투명하고 매우 작아서 멕시코 만류(Gulf Stream)를 따라 쉽게 이동한다. 그렇게 유생은 수천 km에 달하는 바다를 건너 유럽 해안에 정착한다. 터무니없는 이야기 같겠지만 정말이다.

대륙에 도착할 때쯤에도 여전히 투명하기는 하지만, 약간 더 크고 강한 실뱀장어(elver)로 변태하여 물살을 뚫고 강을 거슬러 헤엄칠 수 있게 된다. 이 시점에는 이미 작은 뱀장어의 모습을 하고 있다. 각 개체는 아스투리아스(Asturias), 브리스틀 해협(Bristol Channel) 등 저마다 도착한 지역의 강을 거슬러 올라가다 결국 진흙이 많은 웅덩이를 골라 정착한다. 그리고 뱀장어는 한 번 정착하면 오랜 시간 동안 그 곳을 떠나지 않는다.

이처럼 실뱀장어는 수천 km의 바다를 헤엄쳐 온 후, 단 200m 남짓한 구역에서 10~20년을 머무른다. 그러나 그곳에서 별다른 일은 하지 않는다. 그저 먹으면서 몸집을 키우고 색을 노랗게 바꾸어 생존에 전념할 뿐이다.

뱀장어는 그곳에 머물다가, 어느 날 알 수 없는 본능에 이끌려 번식을 결심한다. 그렇게 정착하던 웅덩이에서 벗어나 사르가소해로 돌아가는 여정을 시작한다. 그 과정에서 다시 변태하여 은빛의 성체로 거듭난다.

이때 소화 기관은 위축되어 기능을 상실했기에 아무것도 먹지 않은 채로 긴 여정을 완수해야 한다. 이러한 상황에서도 뱀장어는 심해를 가로질러 사르가소해나 그 인근 해역에 도달할 가능성 하나만으로 헤엄치며 생애 주기를 완성한다. 그렇게 목적지에 도착한 뱀장어의 삶은 번식을 마친 후에야 끝이 난다.

뱀장어는 수세기 동안 미스터리의 생물이었다. 유럽의 어떠한 어부도 뱀장어의 유생을 한 번도 발견한 적이 없었는데, 이는 당연한 일이다. 뱀장어 유생들은 지도에도 없는 광활한 바다를 수천 km씩 떠돌아다녔기 때문이다. 또한 강에 서식하는 노란 뱀장어는 아직 생식샘이 발달하지 않아 암수를 구별하기도 어렵다. 뱀장어를 둘러싼 미스터리는 시간이 흐르면서 점차 밝혀졌음에도 여전히 이해하기 힘든 생물이라는 점은 매한가지다.

　뱀장어가 그토록 끝없는 노력을 기울이는 이유는 무엇일까? 어째서 수십 년을 보낼 서식지와 멀리 떨어진 바다 한가운데서 태어나는 것일까? 그리고 그것이 어떠한 진화적 이점을 제공할까? 의문은 계속된다. 뱀장어는 거슬러 올라갈 강을 어떻게 선택할까? 바다로 돌아갈 적절한 시기를 어떻게 알까? 그보다도 뱀장어는 이동할 방향을 어떻게 파악할까?

　유럽 뱀장어는 사르가소해에서 태어나는데, 다른 종인 아메리카 뱀장어 역시 같은 곳에서 태어난다. 생각해 보면 흥미롭다. 이들은 모두 북대서양에 뒤섞여 있을 텐데, 어찌 된 일인지 일부는 아메리카 대륙으로, 일부는 유럽으로 헤엄쳐 영국, 핀란드, 스페인 등지의 강을 거슬러 올라간다.

　내가 말하려는 바는 뱀장어가 복잡한 존재라는 사실이다. 뱀장어를 관찰하다 보면 그들이 어떻게 행동하고, 그 이유는 무엇인지 이해하기 쉽지 않음을 알 수 있다. 하지만 뱀장어는 특별한 동물이 아닌, 다음과 같은 패턴을 보여 주는 사례에 불과하다.

세상은 복잡한 곳이다.

　그것이 이 책의 첫 논제이다. 세상의 복잡성에 관하여 할 말은 많지만, 우선 그것이 **비선형적**(non-linear)이라고 선언하는 것부터 시작하도록 하겠다.

강에서 뱀장어를 잡고 있다고 상상해 보자. 첫 뱀장어를 낚는 데 1시간이 걸린다고 할 때, 3마리를 더 잡겠다면 얼마나 걸리겠는가? 3시간 정도가 합리적인 추측일 것이다. 하지만 그렇다고 해서 같은 자리에 계속 머무른다면 3일 동안 뱀장어 72마리를 잡을 수 있을까?

물론 그렇지 않다. 시간의 경과와 잡은 뱀장어의 수는 비례하지 않는다. 처음에는 비례 규칙이 적용될 수 있지만, 그 장소의 뱀장어 수가 줄어들수록 점점 더 잡기 어려워질 것이다. 결국 그 인근에는 뱀장어가 1마리도 남지 않을 것이다. 뱀장어를 잡는 시간과 포획한 뱀장어의 수 사이의 관계는 **포화**(saturation)의 대표적인 사례이다.

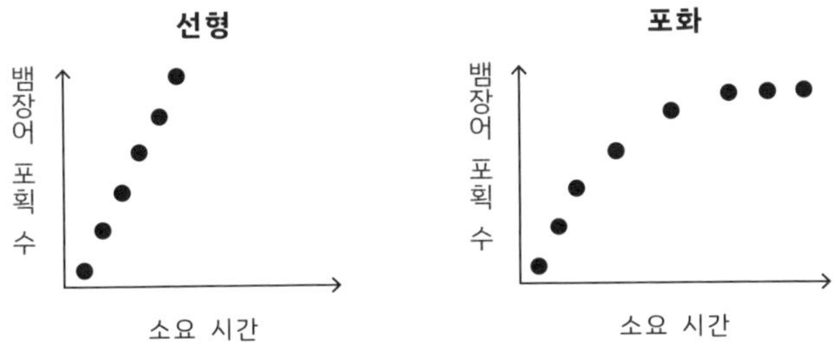

당신이 서 있는 나무 부두의 강도 역시 비선형적이다. 불연속성이 나타나기 때문이다. 나무는 한 사람의 무게를 거뜬히 견딜 수 있으며, 앞으로 수년 동안은 문제가 없을 것이다. 그러나 나무판자를 교체하지 않으면 노후나 부패로 결국 균열이 생길 것이다. 나무는 특정 하중을 1만 번까지 지탱할 수 있지만, 언젠가는 그 무게에도 부서지는 날이 올 것이다.

우리 뇌에서는 모든 것이 비례한다고 기대한다. 이는 우리 뇌의 기본 원칙이며, 대체로 적중하는 편이다. 그 예로 우리는 풍선을 불 때 속도를 2배로 높이고 싶다면, 두 사람이 함께 풍선을 불면 된다고 생각한다.

이때 풍선 부는 일을 선형적이라고 가정한다면, 출력이 입력의 변화에 비례하여 변하는 현상을 의미한다고 할 수 있다. 경제학, 생물학, 공학 수업에서는 대개 앞선 바와 같은 체계를 주로 다룬다. 선형적 체계가 단순하기 때문이다.

한편 비선형 현상은 복잡계(complex system)를 연구하는 학과에서 가르치는 고급 과정으로 남겨 둔다. 마치 예외적인 사례처럼 말이다. 하지만 그러한 구분은 함정이다. 이에 수학자 스타니스와프 울람(Stanisław Ulam)은 다음과 같은 의견을 표한 바 있다.

> "'비선형 과학'이라는 용어는 대부분의 동물학 분야를 '코끼리가 아닌 동물 연구'라 부르는 것과 다름이 없다."

우리가 연구하는 자연 및 인문 현상은 비선형적이고 불연속적이며, 때로는 무질서하기까지 하다. 이러한 사례는 무수히 많지만, 우리 두뇌가 본능적으로 거부한다는 점에서 특별히 주목해야 할 행동 양상이 하나 있다. 바로 '지수적 현상(expotential phenomena)'이다.

2021년 초, 영국에서 코로나19 바이러스의 변종이 발견된 이래로 빠르게 확산하고 있음이 확인되었다. 이 변종은 델타(Delta)라 불리며, 전염력은 더 강했지만 치명적이지는 않았다. 감염자 가운데 사망에 이르는 비율은 기존 바이러스와 같아서 안심할 만해 보였다.

직관적으로는 치사율이 높아진 돌연변이가 전파력이 강해진 것보다 더 나쁘지 않을까 하는 생각이 들 수도 있다. 하지만 실제는 그렇지 않다. 이를 설명하기 위해 런던 위생열대의학대학원의 수학자이자 역학자인 애덤 쿠차르스키(Adam Kucharski)는 간단한 수치를 활용한 예를 제시했다. 지금부터 다음과 같이 가정해 보자.

- 바이러스의 치사율은 0.8%이다.
- 바이러스의 확산은 감염자 1명이 6일 동안 1.1명에게 질병을 전염시키는 방식으로 이루어진다. 즉 재생산지수(reproductive number) R은 1.1이고, 세대 시간(generation time)은 6일이다.
- 초기 감염자 수는 1만 명이다.

쿠차르스키가 설명한 바와 같이 위 수치대로라면 다음 30일 동안 바이러스로 129명이 사망할 것이라는 계산이 쉽게 나온다.[02] 이를 기준 조건으로 삼은 뒤, 변이로 바이러스의 치사율이 50% 증가하여

---

[02] 6일 뒤에는 10,000 × 1.1 = 11,000명의 감염자가 발생한다. 30일 후에는 10,000 × 1.1 × 1.1 × 1.1 × 1.1 × 1.1, 즉 $10{,}000 \times 1.1^5 =$ 16,105명이 감염된다. 이들 중 0.8%가 사망하므로, 사망자는 총 129명이다.

1.2%에 이른다고 가정해 보자. 그러면 사망자는 1개월간 193명으로 증가한다. 이는 기준보다 64명 더 많은 수치로, 50% 증가한 것이다. 이때 우리의 직관은 원활하게 작동한다. 치사율이 일정 비율만큼 더 높으면 사망자 수도 같은 비율로 증가하기 때문이다.

그렇다면 전파력이 50% 더 강한 바이러스는 어떨까? R은 1.1에서 1.65로 상승하여 매주 감염자가 급격히 늘어날 것이다. 5주 후에는 사망자가 거의 1,000명에 이른다. 이는 기준보다 7배나 많은 수치다![03]

이상의 계산은 지수적으로 커지는 요소(전파력)가 증가하는 현상이 단순히 결과를 확대하는 요소(치사율)가 동일한 비율로 증가하는 것보다 훨씬 더 큰 영향을 미칠 수 있다는 쿠차르스키의 주장을 입증한다. 흥미로운 점은 계산이 그리 복잡하지 않음에도 대부분 그 결과에 놀란다는 것이다.

지수 함수는 우리의 직관에 어긋나기 때문이다.

지수적 성장의 관점에서 생각하기를 어려워한다면, 우리는 일상에서도 실수를 저지르고 만다. 우리가 돈을 충분히 저축하지 못하는 이유도 그 때문이다. 나이가 젊고 가진 돈이 많지 않을 때는 연 5%

---

03 6일 후, 감염자는 10,000 × 1.65 = 16,500명이다. 30일 후에는 10,000 × 1.65^5, 즉 122,000명이 감염된다. 이들 중 0.8%가 사망하므로, 사망자 수는 총 976명이다.

이자로 투자하는 일이 지루하게 느껴진다.

35세에 매년 3,000유로의 저축과 투자를 결심한 사람이 있다고 생각해 보자. 첫해에는 150유로, 2년에는 308유로, 3년에는 473유로 정도로 수익이 크지 않을 것이다. 하지만 시간이 지나면서 저축액은 기하급수적으로 늘어날 것이다.

그렇다면 65세가 되었을 때 이자는 얼마일까? 그때까지 투자액은 총 9만 유로이지만, 연 5%의 복리 효과가 기하급수적으로 증가하여 통산 21만 2,000유로가 누적될 것이다! 저축을 25세부터 시작했다면 결과는 더욱 놀라워진다. 그저 1/3에 해당하는 기간을 더 저축했을 뿐인데, 그 액수는 거의 2배인 38만 3,000유로로 불어난다.

이 문제에 관한 최악의 사례는 코로나19 창궐 초기 몇 달 동안 발생했다. 2020년 2월과 3월, 스페인은 유럽에서 가장 먼저 코로나19의 심각한 영향을 받은 국가에 속했다. 확진자가 급격히 증가하기 시작하면서 국가 전역이 코로나19에 빠르게 압도당했다. 이 시기에 나는 《엘 파이스》 소속으로서 그 사태를 취재하기 시작했다. 당시 팬데믹이 지수적 현상이므로, 폭발적 증가의 위험성이 있다는 사실을 독자에게 전해야 할 가장 중요한 메시지로 삼았다.

스페인의 코로나19 확진자는 마치 조용히 떨어지는 낙숫물처럼 모습을 드러내기 시작했다. 몇 건의 해외 유입 사례가 나타났고, 이후 수십 건으로 증가하더니 지역 감염 사례도 보고되기 시작했다. 3월 초에는 확인된 확진자만 100명이었고, 이후 200명에서 500명을 거쳐 1,000명으로 늘어났다.

처음에는 그 수치가 위협적으로 보이지 않았다. 4,700만 명이나 사는 나라에서 고작 1,000명이 무슨 대수겠는가? 하지만 문제는 그 곡선이 기하급수적인 상승세를 보였다는 점이다. 확진자 수는 일주일 만에 3배로 늘었고, 이러한 추세가 계속된다면 단기간 내에 어마어마한 숫자에 도달할 수밖에 없었다.

우리는 그러한 사실을 혹독한 방식으로 깨달았다. 병원에는 중증 환자가 급증했고, 정부에서는 침착함을 유지하기를 권고하다가 불과 며칠 만에 전면 봉쇄 명령으로 입장을 바꾸기에 이르렀다. 국가 봉쇄령이 발효된 3월 13일, 바이러스 감염에 따른 사망자는 132명이었다. 2개월이 지나 우리가 다시 거리로 나왔을 때, 사망자는 4만 6,000명에 달했다.

이것이 바로 지수적 성장의 역학에서 벌어지는 일이다. 즉 곡선이 눈에 띌 정도로 가파르게 상승하고 있음을 눈치채더라도, 폭발적인 확산을 피하기에는 이미 늦었음을 보여 준다.

◆

이 장에서는 현실이 복잡하다는 사실을 납득하기를 목적으로 삼는다. 이러한 점에서 '혼돈 시스템(chaotic system)'이라는 극단적인 사례로 이 장을 마무리하고자 한다.

혼돈 시스템이란 본질적으로 예측할 수 없는 현상을 의미한다. 우리가 그것을 예측하지 못하는 이유는 단순히 이해하지 못해서가 아니다. 그 현상을 지배하는 법칙으로 미래의 행동 예측이 불가능하기 때문이다. 해당 개념의 최초 사례는 혼돈 이론을 대중화한 MIT 과학자 에드워드 로렌츠(Edward Lorenz)가 제시했다.

1961년, 로렌츠는 기상 예측 기법을 연구하고 있었다. 당시 기상 예측은 컴퓨터의 발전에 힘입어 급성장하는 분야였다. 그는 로열 맥비(Royal McBee) LGP-30 컴퓨터로 시뮬레이션을 실행하면서 서로 다른 예측 모델을 비교하고 있었다. 해당 컴퓨터는 당시 강력한 성능을 자랑했지만, 오늘날 스마트폰과 비교하면 수백만 배나 느렸다. 따라서 그는 몇 가지 편법을 사용했다.

어느 날 로렌츠는 이전의 시뮬레이션을 재실행하려 했다. 하지만 처음부터 재실행하는 대신, 시간을 절약하기 위해 중간 지점에서 시작하기로 했다. 그는 첫 번째 실행에서 산출된 중간 결괏값을 새로운 시뮬레이션의 초기 조건으로 사용했다. 당시 컴퓨터에는 화면이 없는 탓에 그는 종이에 출력된 데이터를 보고 수동으로 값을 입력한 후, 시뮬레이션을 실행한 뒤 커피를 마시러 갔다.

다시 돌아왔을 때, 그는 결과를 확인하고 깜짝 놀랐다. 출력된 결과가 이전 결과와 전혀 다르게 나타난 것이다. 이러한 일이 어떻게 가능했을까? 그는 두 번의 결정론적 시뮬레이션을 실행했다. 온도와 기압에 관한 조건을 무작위 초기화 없이 동일하게 설정했기에 결과 역시 같아야 했다. 그러나 프로그램에서는 처음에 맑은 하늘을, 그다음에 허리케인을 예측했다. 처음에는 두 시뮬레이션의 결과가 일치했지만, 계산이 진행될수록 값이 점점 엇나가기 시작하더니 2

주 후의 예측 결과는 서로 완전히 달라졌다.

로렌츠는 처음에 컴퓨터 오류를 의심했지만, 곧 문제의 원인을 깨달았다. '(내가) 입력한 숫자는 원래의 정확한 수치가 아니라 결과지에 출력된 반올림한 값이었구나.'라고 말이다. 즉 첫 번째 시뮬레이션의 정확한 값은 0.506127이었지만, 두 번째 실행에는 0.506을 입력한 것이다. 이는 단 0.01%의 차이였다.

그런데 정말 그것만이 문제였을까? 그렇다. 반올림 오차(rounding error)가 점점 증폭되면서 결과를 지배하게 되었다. 결국 초기 조건의 미세한 차이로 모델에서 일련의 사건이 발생하여 맑은 하늘이 허리케인으로 바뀌어 버렸다.

이것이 바로 로렌츠의 위대한 발견이었다. 그는 현실 세계도 자신의 모델만큼 민감하다면 장기적인 기상 예측은 불가능하다는 사실을 깨달았다. 몇 년 후, 그는 이 아이디어의 핵심을 '나비가 브라질에서 날갯짓할 때, 텍사스에 토네이도가 발생하는가?'라는 제목의 강연을 통해 정리하였다. 이 강연에서 비롯된 개념이 바로 우리가 익히 알고 있는 '나비 효과(butterfly effect)'이다.

일부 현상은 너무나 복잡한 나머지

혼돈 상태에 이른다.

이는 본질적으로 예측이 불가능한 상태를 의미한다.

로렌츠는 일부 현상의 법칙을 이론적으로 정확히 이해하더라도, 실제로는 예측이 불가능할 수도 있다는 사실을 발견했다. 그는 장난감 같은 시뮬레이션 속 우주에서 신이나 다름없었다. 그 안에서는 익히 알고 있는 결정론적 방정식들이 모든 것을 지배했다. 하지만 시뮬레이션 세계라도 미래를 예측하려면 단순히 그곳의 법칙을 아는 것만으로는 부족했다. 각 도시의 풍속, 습도와 온도 외에도 수많은 변수의 초기 조건을 소수점 셋째 자리 이상으로 정밀하게 알고 있어야 했다.

따라서 로렌츠는 혼돈을 '현재가 미래를 결정하지만, 대략적인 현재가 대략적인 미래조차 예측하지 못하는 상태'라고 정의하였다. 다행히도 우주에 존재하는 모든 것이 혼돈 속에서 움직이지는 않는다. 그러므로 우리는 내일 해가 뜨거나, 80%의 확률로 비가 올 것을 예측할 수 있다.

그러나 본질적으로 예측 불가능한 현상이 존재한다는 사실을 안다면, 오만함을 경계하는 데 도움이 된다. 세상은 복잡한 곳이지만, 우리가 이를 이해할 수 있는 능력은 아직 상당히 제한적이다. 이러한 어려움 외에도, 대부분의 현상에는 우리 생각보다 더 많은 원인과 책임이 얽혀 있다.

원인들의 원인

이제 우크라이나로 화제를 돌려 '체르노빌 참사의 원인은 무엇인가?'라는 질문에 답해 보자. 이를 통해 사건의 발생 요인은 대부분 여러 가지라는 사실을 탐구하고자 한다. 하나의 원인만을 떠올림으로써 누군가를 탓하려는 충동이 가장 먼저 일더라도 말이다.

비행기 추락 사고가 벌어지면, 그 원인이 조종사의 실수인지 기계적 결함인지를 두고 논쟁이 벌어진다. 하지만 실제로 항공기에는 안전 시스템이 중복 설계되어 있다. 따라서 단 하나의 원인만으로 치명적인 사고가 발생하는 경우는 극히 드물다. 1986년 체르노빌 원자력 발전소에서 발생한 비극적인 사고도 마찬가지이다.

체르노빌 참사의 원인은 무엇이었을까? 현재는 수년에 걸친 조사 끝에 일련의 연쇄적인 오류가 있었다는 사실이 널리 받아들여지고 있다. 체르노빌 원전 사고는 정전 상황을 모의 실험하는 안전 테스트 중에 발생했다. 그러나 문제는 테스트 시작 전부터 이미 존재하고 있었다.

첫 번째 문제는 발전소 운영진이 원자로의 열 출력을 700MW[04]로 낮추어야 했는데, 그 과정에서 예상치 못한 일이 일어나 출력이 거의 0에 가깝게 떨어졌다는 점이었다. 운영자들은 열 출력을 다시

---

04   메가와트(megawatt).

높이려 여러 자동 안전 시스템을 비활성화하고, 핵분열을 줄이는 대부분의 제어봉을 원자로에서 뽑아냈다.

두 번째 문제는 이후에 진행된 조사에서 드러났다. 제어봉을 뽑아낸 탓에 원자로는 비상 상황이 발생하더라도 냉각할 여력이 거의 없는 '잠재적 불안정 상태'에 놓이고 말았다.

세 번째 문제는 그 상태에서 원자로의 출력이 200MW까지만 회복되어 테스트를 진행하기 위한 기준 출력에 한참 미치지 못했다. 그런데도 운영진은 테스트 강행을 결정했다.

그로부터 40초가 지난 오전 1시 23분, 사고를 촉발한 결정적인 사건이 일어났다. 누군가 수동 비상 정지 버튼인 AZ-5 버튼을 누른 것이다. 누가, 왜 그랬는지는 여전히 알 수 없다. 버튼이 눌리면서 모든 제어봉이 원자로 안으로 완전히 삽입되는 구동 메커니즘이 작동한 뒤, 원자로가 정지되었다.

그러나 불행하게도 발전소 설계 결함으로 예상과는 정반대의 결과가 발생하고 만다. 이것이 네 번째 문제이다. 제어봉은 대부분 붕소로 만들어졌는데, 붕소는 원자로에 생성된 중성자를 흡수하여 핵분열을 감소시키는 역할을 한다. 하지만 제어봉의 하단부는 흑연으로 만들어졌으며, 흑연은 중성자를 흡수하지 않는다.

결국 제어봉이 원자로에 삽입되면서 중성자를 흡수하던 냉각수가 밀려나고 흑연이 그 자리를 차지하게 되었다. 이에 따라 예상과는 달리 초기 반응도가 순간적으로 증가하는 현상이 발생했다. 비상 정지 절차는 원자로를 끄려는 조치였지만, 실행 직후 몇 초 동안의 메커니즘은 노심 출력 상승이라는 결과를 초래했다. 여기에서 다섯 번째 문제가 등장한다. 이는 매뉴얼에도 없던 일이었다.

제어봉이 원자로 내부로 삽입되면서 출력이 급상승한 탓에 제어봉이 파손되어 중간에서 멈춘다. 이러한 문제로 흑연이 원자로 내부에 갇혀 버렸다. 결국 불과 3초 만에 출력이 520MW로 치솟으면서 발전소 정상 운전 출력보다 10배나 높은 3만 MW까지 폭발적으로 증가했다. 이 수치는 계측 패널이 작동을 멈추기 전 마지막으로 기록된 것이었다.

이후에 어떠한 일이 일어났는가는 시뮬레이션을 통해 밝혀졌다. 위키백과(Wikipedia)에서는 그 상황을 다음과 같이 요약하고 있다.[05]

손상된 연료 통로에서 누출된 증기의 폭발적인 압력이 원자로의 냉각 구조로 퍼지면서 원자로의 외벽을 파괴하는 폭발을 일으켰다.

이 과정에서 두 차례의 거대한 폭발이 발생했으며, 막대한 양의 방사능 물질이 방출되었다. 건물 외부로 분출된 핵물질은 공기 중에 계속 연소하면서 9일 동안 방사능을 뿜어냈다. 수년에 걸친 조사 끝에 국제원자력기구(International Atomic Energy Agency)에서 내린 결론은 다음과 같다.

---

05   https://en.wikipedia.org/wiki/Chernobyl_disaster

이 사고는 여러 요인이 동시에 작용한 결과였다. 원자로의 특정한 물리적 특성, 원자로 제어 요소의 특정한 설계상 특징을 비롯하여 원자로가 절차에 명시되지 않았거나, 독립적인 안전 기관의 검토를 거치지 않은 채로 운용되었다는 사실이 주된 요인이었다.

보고서의 세부 내용도 흥미롭지만, 체르노빌 원전 사고는 연속적인 '오류들'의 결과라고 일축할 수 있다. 가장 근본적인 원인은 잘못 설계된 원자로였지만, 여기에 운영진의 부주의한 조작이라는 사실이 더해졌다. 그렇게 상황은 더욱 복잡해졌다. 훈련을 제대로 받지 못한 기술자에게 얼마나 책임을 물어야 할까? 아니, 애초부터 그들을 제대로 교육하지 않은 책임자의 잘못일까?

사고가 발생하는 데는 여러 이유가 있으며, 그 이유에도 역시 나름의 이유가 있는 법이다. 해당 보고서에서는 결국 소련 전체의 원자력 운영 방식을 문제 삼으며 다음과 같은 결론을 도출한다.

이 사고는 체르노빌 발전소만의 문제가 아니라, 소련 전반에 걸친 부실한 안전 문화에서 비롯되었다고 할 수 있다.

체르노빌 참사가 우리에게 일깨운 교훈은
인과적 환원주의(causal reductionism)를
경계해야 한다는 사실이다.
대부분의 현상은 여러 요인이 복합적으로 작용한다.

이제 무엇이 당신을 행복하게 하는지 생각해 보자. 데이터에 따르면 돈이 더 많은 사람이 삶의 만족도가 훨씬 높다. 하지만 행복은 건강과 사랑하는 사람, 성취감 등을 비롯한 여러 요인에도 영향을 받는다. 이뿐 아니라 타고난 기질이나 신체를 조절하는 화학적 요소 또한 중요한 역할을 한다. 건강이 좋지 않아도 행복한 사람이 그 예이다.

물론 건강이 중요하지 않다는 것은 아니다. 사실 행복의 문을 곧바로 여는 열쇠를 찾기란 불가능하다. 열쇠는 애초부터 존재하지 않았기 때문이다.

이제 체르노빌 원전 사고에서 벗어나 또 다른 사례를 살펴보도록 하자. 이번에는 오래된 논쟁이다. 아이의 학업 성취도를 결정하는 요인은 과연 무엇인가?

그중에서 중요한 것은 가정의 경제 수준이다. 물론 경제적 여건이 개인의 운명을 결정짓지는 않지만, 도움이 된다는 점만큼은 분명하다. 이를 뒷받침하는 강력한 증거도 있다. 스페인에서는 가난한 가정의 아이들이 학교를 중퇴하는 경우가 4배나 더 흔하다. 그리고 표준화 시험에서의 성적이 같더라도, 경제적으로 어려운 학생들은 한 학년을 유급할 확률이 7배나 높다.

돈이 아이들에게 주는 이점은 누구나 쉽게 떠올릴 수 있을 것이다. 부모가 더 많은 책을 사 주고, 더 좋은 학교에 보내며, 사교육에도 투자할 수 있는 등 여러 가지가 있다. 이와 다르게 가난한 가정에서 태어난 아이들은 확실히 불리한 환경에서 출발한다. 하지만 돈이 학업 성취에 얼마나 중요한 역할을 할까? 놀랍게도 그 영향력은 그리 크지 않다.

미국에서 진행된 일부 연구에 따르면 가계 소득이 아이의 대학 학위 취득 가능성에 미치는 영향은 10~15%에 불과하다. 모든 미국인이 동등한 경제적 여건을 갖추거나, 장학금 제도 최적화 및 공립 학교 교육의 질 향상에 따라 자본이 교육에 이점으로 작용하지 못하는 수준에 도달하더라도 대학 진학의 기회는 여전히 불평등할 것이다. 이는 소득이 교육에 중요한 요인이 아님을 시사하지 않는다. 오히려 가장 중요한 요인일 가능성이 크다. 하지만 이 외에도 다양한 요소가 학업 성취에 중요한 역할을 한다.

그중 하나가 유전자이다. 심리학자이자 유전학자인 캐스린 페이지 하든(Kathryn Paige Harden)은 저서 《유전자 로또(The Genetic Lottery)》를 통해 태어날 때 물려받은 유전자는 여러 방식으로 개인에게 영향을 미친다고 설명한다. 유전자는 학업 성취도에 긍정적 또는 부정적 영향을 줄 수 있다. 하지만 서구 국가에서 유전자가 학업 성취도 차이에 미치는 영향은 약 10%에 불과하다. 이는 소득이 미치는 영향과 비슷한 수준이다.

그렇다면 10%라는 수치는 많을까, 적을까? 이 질문을 탐구하고자 하든은 가상의 그래프로 유전자와 학업 성취도의 상관관계를 나타내어 해당 수치의 영향력이 어느 정도인지를 시각적으로 보여 주었다. 개인은 점으로 표현되며, 그 위치는 세로축에서 각자의 학업 성취도를 나타낸다. 가로축은 다유전자 지수(polygenic index)를 뜻한다. 이는 특정한 결과, 즉 학업 성취와 관련된 유전 변이가 얼마나 많은가를 나타내는 점수의 일종이다.

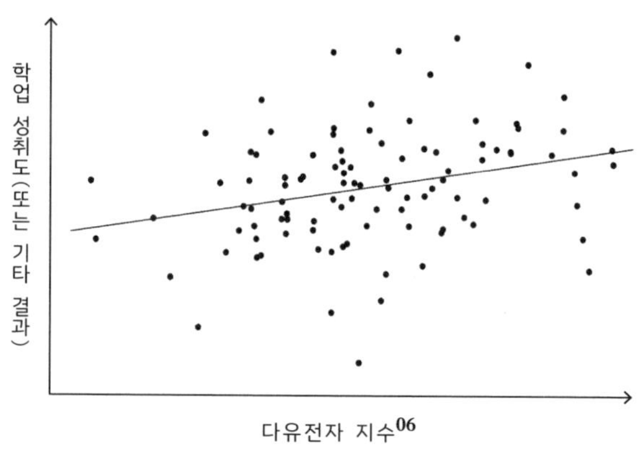

그래프에서 알 수 있는 바와 같이, 특정 유전자를 지니고 태어날 때 학업 성취도가 높아질 가능성이 커짐을 알 수 있다. 하든은 이를 '로또'에 비유한다. 부유한 부모를 만나 유리한 조건을 쥐는 사람이 있듯, 그 조건을 유전자로 타고나는 사람도 존재한다. 아이의 여러 기질 가운데 내성적이고 과민하지 않은 특징이 있다면 학업에 유리할 것이다. 적어도 우리 사회처럼 특정한 문화와 학교 체계, 교육

---

[06] 평생에 걸친 학업 성취도와 성인 이후의 소득 등을 비롯한 특정 결과의 변동성을 10% 정도 설명하는 가상의 수치이다.

방식이 모두 존재하는 환경에서는 그렇다.

하지만 해당 그래프에서 중요한 점은 유전자로 설명되지 않는 변동성이 매우 크다는 사실을 깨닫는 데 있다. 즉 막대한 양의 잡음(noise)[07]이 존재한다는 것이다. 그러므로 두 사람의 유전자가 동일하더라도 중도 퇴학자와 박사 학위 소지자라는 결과로 갈라질 수 있다. 이처럼 우리는 전적으로 경제적 배경이나 유전적 요인만으로 결정되는 존재가 아니다. 다음과 같은 수많은 요인도 우리 삶에 영향을 미친다.

- 어느 동네에서 자랐는가?
- 어느 학교를 다녔는가?
- 형제자매가 어떠한 사람이었는가?
- 할머니께서 얼마나 엄격하셨는가?
- 어린 시절 건강 상태는 어떠했는가?
- 유치원 시절, 선생님이 얼마나 훌륭했는가?

이상의 요인이 모두 중요한 역할을 한다. 이 외에도 출생한 달이 12월이 아니라 1월에 태어났다는 사실까지도 영향을 미칠 수 있다. 이는 다음 장에서 살펴보도록 하겠다.

체르노빌 참사에서 확인한 바와 같이 뛰어난 학업 성취를 이루

---

07   통계나 과학 연구 등에서 예측이나 설명이 어려운 무작위적이고 통제 불가능한 요인을 뜻한다. 옮긴이.

는 데에도 여러 요인이 작용한다. 이는 일반적인 패턴이며, 특정한 단일 요인의 영향력은 대체로 미미하다. 특히 사회적 현상을 논할 때는 더욱 그러하다. 그 이유는 모든 사람이 서로 다르기 때문이다. 다시 말하면 설명해야 할 변동성이 매우 크기 때문이다.

또 다른 이유는 하든이 지적한 바와 같이 우리 삶에는 수많은 상황이 얽혀 있는 '인과적 복잡성(causal complexity)'의 존재에 있다. 단 하나의 요인만으로 개인차를 온전히 설명할 수 있으리라는 생각은 비현실적이다. 복잡성은 거기서 끝나지 않는다. 단순히 많은 원인에서 나아가 모든 원인이 영향을 서로 주고받는 상호 작용에서 시작된 결과도 있기 때문이다.

◆

한편 어느 원인은 누적되어 작용하기도 한다. 단것을 많이 먹으면서 운동까지 하지 않으면 살이 찌는 것처럼 말이다. 이와는 다르게 2인조 시나리오 작가가 서로의 실력을 끌어올리는 것처럼 시너지 효과를 내며 서로를 증폭시키는 원인도 있다.

요인의 중요성은 맥락에 따라 달라질 수 있다. 축구를 할 때의 반응 속도는 학교에서 그리 중요하지는 않겠지만, 세계 최고의 축구 선수가 되는 데 핵심적인 역량에 속한다.

결과가 일어날 가능성을 높이는 요인은
여러 가지일 뿐 아니라
서로 복잡하게 얽혀 상호 작용하기도 한다.

유전자와 환경의 예를 계속 살펴보자. 이 주제는 매우 흥미롭지만, 누군가 절대적인 하나의 답만을 고집할 때는 오히려 지루해지기도 한다. 학업 성취와 같이 우리의 현실은 유전적 요인만으로 결정되지도, 태어나고 자란 환경만으로 형성되지도 않는다.

이는 극단적인 사례를 상정하면 확실해진다. 우주에서 홀로 태어나 돌봐 줄 사람도 없는 데다 자극이나 영양 공급을 하나도 받지 못한다면 DNA는 아무런 의미가 없을 것이다. 이러한 환경에서는 누구도 성장할 수 없기 때문이다. 하지만 타고난 본성이 중요하다는 사실 또한 명백하다. 새우를 학교에 보내도 적분을 배울 수 있으리라 기대할 수는 없지 않은가.

어떠한 현상에서 각 요인의 역할이 얼마나 중요한가를 따지는 순간 논쟁이 벌어진다. 그 예로 내향적인 성향에 더 큰 영향을 미치는 요인이 무엇인지 궁금해졌다고 가정해 보자. 그렇다면 유전의 영향이 30%, 환경의 영향력이 70%인가, 아니면 그 반대일까? 연구자들은 이러한 방식의 수치 계산을 수행한다. 물론 유용한 방식일 수는 있겠지만, 이는 어디까지나 단순화된 개념일 뿐인 데다 고정적인 수치도 아님을 염두에 두어야 한다.

유전과 환경이 성격이나 학업 성취도, 체중 증가 경향 등 특정한 특성에 미치는 영향은 상황에 따라 달라질 수 있다. 이 역시 극단적인 경우를 떠올려 보면 명확해진다. 당신이 우주에서 태어났다면 유전자는 당신의 운명에 아무런 영향을 미치지 않을 것이다. 이때 당신의 삶은 전적으로 환경에 따라 결정될 것이다. 진공 상태에서는 살아남을 수 없기 때문이다. 이처럼 유전자와 환경은 **상호 작용**으로 영향을 주고받는 상호 의존적 요인이다.

연구에 따르면 아동의 인지 능력은 부유층 가정보다 빈곤층 가정에서 유전의 영향을 덜 받는다. 특정한 유전적 변이가 지능 검사에서 유리하게 작용할 수 있지만, 빈곤한 환경에서는 그 효과가 약화된다. 빈곤층 가정에서는 아동의 발달이 기회 부재, 많은 스트레스에 시달리는 부모, 부실한 식단, 독서 부족, 수준 낮은 교사 등의 요인에 제약을 받는다. 유전적 복권의 영향은 타고난 재능이 최대한 발휘될 수 있는 부유한 가정의 아동을 비교할 때 더욱 뚜렷해진다.

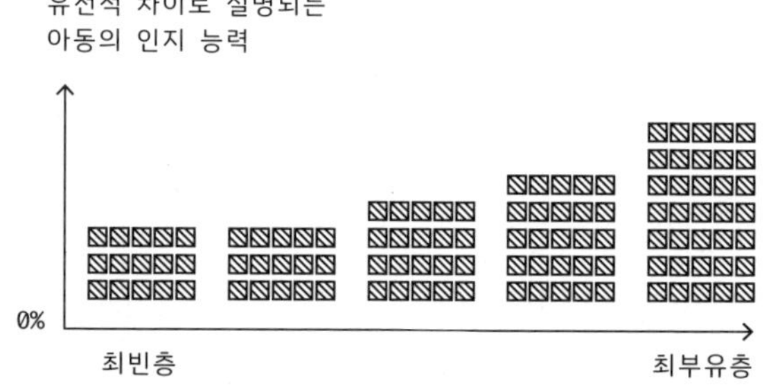

연구에 따르면 유전자가 학업 성취에 미치는 영향은 미국이나 독일보다 덴마크 같은 나라에서 더 크다. 그 이유는 무엇일까? 미국과 독일 같은 국가는 사회 이동성이 낮다. 이들 국가에서는 구체적으로 성인이 된 이후의 삶이 부모의 사회 계층에 더 크게 좌우된다.

이처럼 아이의 성장 환경이 부모의 삶을 그대로 반영하고, 수직적인 계층 이동 가능성도 낮은 정체된 사회에서는 유전적 복권의 영향력이 줄어든다. 다시 말하면 수학을 잘하는 것보다 부모가 어떠한 학교에 보내야 하는가를 아는 것이 더 중요한 환경이다. 반면 덴마크에서는 미국보다 기회의 분배 양상이 균등하며, 경쟁의 장 또한 평등하게 조성되어 있으므로 유전적 요인이 더 중요하게 작용한다.

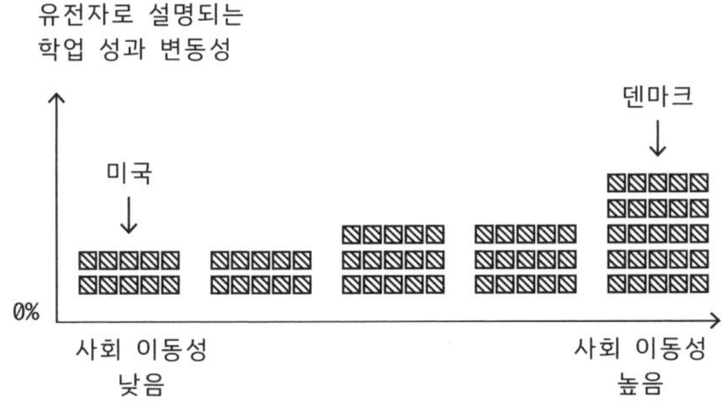

이 장에는 다음과 같이 현상의 원인을 살피는 데 고려해야 할 2가지 교훈을 담고 있다.

① 하나의 현상에도 여러 가지 원인이 작용할 가능성이 크다.

② 여러 원인이 서로 영향을 미칠 수 있다는 사실을 받아들여야
한다.

그런데도 상호 작용의 힘은 흔히 과소평가된다. 우리의 사고는
단일 뉴런이 아닌 여러 뉴런의 연결망이나 상호 작용으로 촉발되는
데도 말이다.

단순함의 역설

집단 최면을 방불케 하는 찌르레기 떼의 비행을 관찰하면서, 수많은 요인의 복잡한 상호 작용으로 말미암아 하나의 현상을 촉발하는 과정을 살펴보자.

21세기 초반, 인간 게놈(genome)의 염기 서열이 처음으로 밝혀지면서 세상은 흥분의 도가니에 빠졌다. 그때 우리는 마침내 인간의 생물학적 특성을 결정하는 요소들을 이해하며, 생명의 비밀이 담긴 설명서를 손에 쥘 수 있으리라는 기대를 품었다. 이를테면 수없이 다양한 유전성 질환의 치료와 함께 당뇨병을 유발하는 유전자, 또는 양극성 장애에 취약성을 더하는 유전자를 밝혀낼 수 있지 않을까 하는 것 말이다.

인류는 혁명을 눈앞에 두고 있는 듯했다. 그 기대는 〈가타카(Gattaca, 1997)〉를 비롯한 여러 SF 영화의 한 장면을 연상케 했다. 심장병에 취약한 유전자를 알 수 있다면, 누구라도 그것을 피하고 싶어 하지 않을까? 영화에서 아기들이 태어나기 전에 '편집'되듯 말이다.

하지만 그 딜레마를 해결하는 일은 미루어졌다. 그 이래로 20년이 지난 지금도 혁명은 실현되지 않았다. 게놈은 우리 생각만큼 단순한 지도가 아니었기 때문이다. 우리는 당뇨병, 낮은 시력, 작은 키 등을 결정하는 유전자는 존재하지 않음을 발견했다. 이처럼 특정 형질을 단독으로 관장하는 유전자는 거의 없다.

그렇게 실마리는 일찍이 드러났다. 최초의 인간 염기 서열을 찾아냈을 때, 우리는 유전자의 수가 예상외로 적다는 사실에 놀랐다. 현재 추정되는 유전자 수는 약 2만 개이며, 정확한 수는 아직 알 수 없다. 그러나 단 2만 가지 특성으로 인간을 구성하는 모든 것을 설명하기란 불가능하다.

그 예로 머리카락의 모든 특징을 정의하는 유전자가 따로 존재할 수 있을까? 머리색, 직모 또는 곱슬머리, 성장 속도, 흰머리가 나는 시기 등을 각각 담당하는 유전자가 있다고 보기에는 그 수가 턱없이 부족하다. 하물며 근면하거나, 예민하거나 동물을 좋아하는 등 성향을 결정하는 유전자가 개별적으로 존재할 가능성은 더욱 희박하다. 이처럼 정체성 형성에 관여하는 요소는 너무나도 많다.

결과적으로 과학자들은 인간 본성이 유전자 서열에 따라 개별 속성이 겹겹이 쌓이듯 정해지지 않는다는 사실을 발견했다. 하나의 특성이 특정한 단일 유전자로 결정되는 것이 아니라, 수십에서 수백에 이르는 유전적 변이의 복잡한 상호 작용의 결과로 **발현**되는 것이다.

우리는 창발적인 존재이다. 우리는 각각 고유한 기능을 지닌 '부분들의 합'이 아니라 오히려 국물을 우리듯 여러 요소가 어우러져 응축된 존재에 가깝다. 내향성을 결정하는 단일한 요소는 없다. 당신이 내향적인 이유는 유전자의 상호 작용 방식 때문이다. 그리고 수줍음을 만들어 내는 유전자가 독서를 좋아하거나 불안에 시달리지 않는 등 다른 성향에도 기여할 것이다. 이처럼 게놈과 개인 특성 사이의 관계는 우리를 혼란케 하는 특정한 형태의 복잡성을 보여 주는 사례다.

수많은 존재는 자신의 구성 요소에 없는 성질을 띠며, 해당 요소가 상호 작용하여 전체를 이룰 때만 발현되는 행동을 보인다. 이러한 시스템은 각 요소를 개별적으로 관찰하는 것만으로 설명할 수 없으며, 오히려 요소 간 상호 작용으로만 정의되어야 한다. 이들은 각 요소의 합을 초월한다. 이는 인간의 신체뿐 아니라, 바이럴 영상, 교통 체증, 특정 시장의 움직임, 그리고 지구의 기후에서도 확인할 수 있다.

20세기 과학의 핵심 주제는 생물학의 거의 모든 것이 창발적이라는 발견이었다. 생태계는 수많은 동식물 사이에 정교한 균형 상태를 이루는 시스템으로, 생물종마다 특정한 주기로 서로를 섭식함으로써 개체 수를 일정한 흐름 속에서 유지하는 것으로 밝혀졌다. 마찬가지로 기후는 가스 배출, 해류, 지각 운동, 극지방 온도 사이에서 형성되는 균형 상태를 뜻한다.

새떼를 예로 들어 보자. 누구나 수천 마리의 새들이 마치 하나

의 거대한 생명체처럼 하늘을 떠다니며 일사불란하게 움직이는 모
습을 본 적이 있을 것이다. 새들의 리듬감 있는 움직임에는 알 수 없
는 매력이 있다.

이스라엘 남부 키르얏 갓 인근 들판을 나는 찌르레기 떼의 군무

로이터© 아미르 코헨

　새들은 각자 어디로 가야 할지를 어떻게 알고 있을까? 그리고
무리의 이동 방향은 누가 결정할까? 무리를 이끄는 리더는 없다. 그
렇다면 새들은 어떻게 움직이는 것일까? 새떼의 비행은 창발적 행
동(emergent behavior)이다. 개체 차원에서는 몇 가지 단순한 규칙을 따
를 뿐이지만, 그 결과로 무리의 비행은 자동으로 조율된다. 컴퓨터
시뮬레이션을 통해 밝혀진 바에 따르면 새떼의 비행을 재현하는 데

필요한 규칙은 단 3가지뿐이다.

① **분리**(Separation): 이웃한 새들과 너무 가까이 붙지 않는다.

② **정렬**(Alignment): 주변 새들과 같은 방향으로 난다.

③ **응집**(Cohesion): 무리에서 너무 멀어지지 않는다.

위 규칙을 마치 본능처럼 따르도록 설계된 가상의 새들을 풀어 놓는다면, 실제 새떼와 구별할 수 없을 정도로 자연스럽게 무리를 지어 날아다닐 것이다. 이는 단순성의 역설(the simplicity paradox)이 담긴 현상이다. 단순한 개체들이 모여 복잡한 패턴을 만들어 낼 수 있을까? 물론 가능하다.

단순성의 역설을 보여 주는 또 다른 증거는 바로 지금 당신의 머릿속을 스치는 여러 생각에 있다. 우리 뇌가 생각을 만들어 낼 수 있는 이유는 비교적 단순한 구조의 뉴런 수백만 개가 서로 연결되어 광대한 네트워크를 이루기 때문이다. 바로 그 네트워크에서 단어, 노래, 심지어 움직임까지도 창발할 수 있다.

창발적 현상은 두뇌처럼 가장 특출난 사례뿐 아니라 일상에서도 꽤 흔하게 발견된다. 해당 개념은 패션 트렌드나 부동산 거품과 같은 다양한 사건을 이해하는 데 필수적이다.

사회적 현상은 집단적 상호 작용에서 창발한다. 우리는 상호 작용을 통해 사회적 네트워크, 시장, 거품 경제와 같은 구조를 만들어 낸다. 이들 현상은 누구도 의도적으로 결정하지 않았음에도 발생한다. 이것이 바로 그러한 현실의 중요한 특징이다. 큰 결정을 내리는 사람은 없고 수천 명의 개인이 작은 선택을 할 뿐이라면, 그 결과의 책임은 누구에게 있는가? 이것은 오래된 질문이다.

완전한 시장에서 가격을 결정하는 것은 누구인가? 아무도 결정하지 않는다. 아니면 모두가 결정한다. 이 책의 가격을 생각해 보자. 출판사가 가격을 정했다고 말할 수 있지만, 자동차를 판 적이 있다면 이 말이 정확하지 않다는 것을 알 것이다. 더 비싼 가격에 팔지 못하게 하는 원인은 다름 아닌 소비자다!

완전한 시장에서 가격을 결정하는 사람은 아무도 없다. 대신 수많은 소비자와 판매자의 거래를 통해 가격이 결정된다. 물론 우리는 완전한 시장이 극히 드물다는 점을 알고 있다. 그럼에도 책의 가격처럼 특정한 **균형 상태**는 누군가 사전에 결정하지 않아도 존재하는 사실임을 강조하고자 한다.

수많은 현상은 일을 미리 계획하지 않은 다수의 행동으로 발생한다. 사람들은 그저 자신에게 적합하다는 점을 이유로, 또는 충동이나 관성에 따라 특정한 방식으로 행동한다. 하지만 우리는 모든 일에 본능적으로 명확하고 단일하며, 결정적인 원인을 찾으려는 경향이 있다. 이에 따라 문제가 발생할 때면 반드시 누군가의 잘못 때문이라고 생각하기 쉽다. 그러나 일부의 경우는 누구의 탓도 아닐 때가 있다.

가끔은 범인이 존재하지 않는 사건도 있다.
그 사건은 우연하거나 단순하거나,
또는 이기적인 상호 작용이 쌓여 나타난 결과일 뿐이다.

세상을 이해하고 싶다면, 그러한 현상이 존재한다는 사실을 받아들일 준비가 되어 있어야 한다. 때때로 그 이면에는 이기적인 이해관계가 작용하기도 하기 때문이다. 최저임금을 지급하는 기업이 시장에서 승리하는 이유는 무엇일까? 그들의 제품이나 서비스가 더 저렴해서 많은 소비자가 별다른 고민 없이 선택하기 때문이다.

그와는 다르게 이차적 피해가 발생할 때도 있다. 연애 시장의 불평등이 그 대표적인 예다. 누군가를 덜 매력적으로 보이게 하려는 음모를 꾸미는 사람은 없지만, 이는 우리가 고등학교 시절부터 목격하는 현실이다. 데이팅 앱의 데이터에 따르면 가장 매력적인 남성은 그렇지 않은 남성보다 10배 더 많은 메시지를 받으며, 여성의 경우 메시지 수신량이 무려 25배나 더 많다.

압도적인 성공을 거두는 프로필도 있다. 상위 5%의 여성이 전체 '좋아요'의 30%를, 남성은 40%를 차지한다. 반면 하위 50% 남성이 전체 '좋아요'의 4%를 두고 경쟁한다. 데이트를 못 하기를 바라는 사람은 아무도 없을 것이다. 하지만 우리는 모두 별생각 없이 손가락으로 화면을 넘기면서 그 결과를 만드는 데 동참하고 있다.

또 다른 유형의 창발적 결과는 경제학자가 '외부 효과(externality)'라고 부르는 것에 있다. 외부 효과란 다른 사람의 행동이 예상치 못한 결과를 초래하는 현상을 의미한다. 외부 효과 중 일부는 긍정적이다. 이웃이 집을 새로 칠하면 거리 전체가 더 밝아지는 것처럼 말이다.

하지만 대부분은 부정적이며, 그 대표적인 예로 기후 변화가 있다. 이는 누군가가 대기 변화를 의도적으로 결정하지 않아도 나타나는 일이다. 책임 소지가 있는 사람들이 있기는 하지만, 그들이 공모한 일은 아니다. 정확히는 기후 변화를 계획한 악당이 있었다기보다는 필요에 따라, 또는 심사숙고나 도덕적 고려 없이 결정을 내린 사람만 있었을 뿐이다.

수백만에 달하는 사람들은 온수와 전기, 따뜻한 옷처럼 합리적인 것을 원했지만, 여기에는 이산화탄소 배출이라는 대가가 숨어 있었다. 이 외에도 운전과 육류 소비, 비행기 여행 등 생존에 필수적이지 않은 편의를 누리는 사람들이 많다. 그중 소수는 한술 더 떠 개인 전용기나 초호화 요트를 소유하기도 한다.

하지만 이토록 수많은 사람이 얽힌 상황에서 책임을 나눌 방법은 없을까? 정부야 환경 보호를 위해 더 많은 조치로 대처할 수 있다. 하지만 그들은 문제의 원인이 유권자인 우리에게 있으며, 우리는 그 대가를 감당할 준비가 되어 있지 않다고 주장할 것이다.

환경오염을 유발하는 기업의 임원 가운데 지구에 관심이 없는 이는 물론, 환경을 걱정하면서도 한편으로 '가격을 올리면 고객을 경쟁사에 빼앗기지 않을까?'라는 생각에 두려워하는 사람도 있을 것이다. 당신도 나와 비슷한 생각일 것이다. 문제가 있음을 알고는 있지만, 정작 일상에서는 대부분 다른 것에 더 많은 신경을 쓰며 지내기 마련이다.

우리는 여전히 값싼 제품을 사고, 많은 양의 고기를 먹는다. 이처럼 너무나 많은 사람이 연루된 탓에 책임을 가볍게 넘겨 버리기 쉽다. 물론 이 문제에 더 많은 책임이 있는 사람도 있다. 그러나 세상이 위기에 거듭 빠져드는 현실의 궁극적인 책임이 자신에게 있다고 느끼는 사람은 아무도 없을 것이다.

인과의 순환

성공을 비롯한 자기 강화 현상, 그리고 스페인 프로 축구 선수 가운데 1월생이 12월생보다 2배나 많은 이유를 살펴본다.

최근 몇 년간 우리는 유튜브와 트위치 스타들의 부상을 목격했다. 그중 대다수는 비디오 게임을 하면서 카메라 앞에서 〈포트나이트(Fortnite)〉 등 게임을 비롯한 이모저모를 이야기하던 청년들이 있었다. 그들은 수백만 명의 팔로워를 빠르게 모았다. 그들은 기획된 성공과는 정반대의 길을 걸었다.

그들은 게임을 좋아하던 팬으로 시작해 검증된 성공 공식을 따르지 않았다. 게임을 하면서 스트리밍할 때 무엇을 해야 하며, 젊은 시청자들이 스마트폰으로 영상을 볼 때 어떠한 톤을 선호할까 하는 고민 속에서도 새로운 것을 시도하고 배우며 앞으로 나아갔다.

유튜브와 틱톡, 트위치에서 성공한 1세대 크리에이터인 퓨디파이(PewDiePie), 닌자(Ninja), 이바이 야노스(Ibai Llanos)는 시청자에게 즐거움을 선사하는 재능이 충만하고 매력적인 스트리머임은 두말할 필요가 없다. 같은 방식을 시도한 수천 명 가운데 그들이 두각을 나타낸 것은 우연이 아니다. 그들 중 다수에게는 또 하나의 공통점이 있다. 바로 그 분야에 일찍 뛰어들었다는 점이다. 경쟁이 거의 없던 시기에 시작했기에 지금 그들이 지키고 있는 자리를 선점할 수 있었다.

이러한 역학은 다양한 분야에서 나타난다. 위의 사례를 통해 우리는 흔히 성공이 성공을 부른다고 말한다. 선구자가 되는 것이 경쟁에서 유리하기 때문이다.

이는 현상 그 자체가
원인이 되는 방식을 보여 주며,
그 핵심은 피드백의 순환을 형성하는 데 있다.

나는 저널리스트 경력을 쌓는 데 정확히 그 점을 활용했다. 2006년 무렵부터 나는 인터넷에서 글을 쓰기 시작했다. 당시에는 블로그가 전성기를 구가하고 있었으며, 소셜 미디어는 거의 존재하지 않았다. 그때는 흥미로운 것을 찾아 인터넷을 뒤지는 괴짜, 대중 과학을 전파하는 과학 애호가, 그리고 왕성하게 글을 쓰는 학자도 있었다. 마치 인터넷 글쓰기계의 캄브리아기 대폭발처럼 모든 것을 시도하던 시기였다.

그렇게 우주, 유머, 기술, 데이터, 도서 등 온갖 주제를 다루는 블로그가 쏟아져 나왔다. 개중에는 모든 주제를 함께 취급하는 곳도 있었다. 우리는 잡지나 신문에서 찾을 수 없는 정보를 원하는 독자가 있다는 사실을 발견했다. 당시 학위 논문을 준비하던 24세의 공학도인 나는 일상적인 주제를 친근한 어조로 풀어내면서도 과학

논문을 인용하고 데이터를 활용했다. 미국 블로그에서 본 방식을 따라 한 것이었다.

2010년이 되어, 나와 친구들은 더 큰 규모의 웹사이트인 '폴리티콘(Politikon)'을 개설했다. 우리가 하는 일은 사람들의 관심을 끌었다. 그렇게 우리는 계속 성장했고, 예상치 못한 수준의 주목을 받게 되었다. 몇 년 후, 여러 우여곡절을 거쳐 폴리티콘을 함께 개설한 친구 중 다수가 신문 칼럼니스트나 TV 분석가가 되었다. 폴리티콘은 어떻게 그 정도로 성공할 수 있었을까?

우리가 하는 일은 전문적이지도 않았고, 여러 면에서 질적으로 뛰어나지도 않았다. 그럼에도 당시 주류 언론과 평론가와는 다른 우리만의 강점이 분명히 있었다. 바로 젊음이었다.

젊음은 그 자체로 강점이 된다. 우리는 두려움 없이 인터넷에 적응했으며, 원하는 것이라면 무엇이든 글로 쓸 수 있었다. 어조의 선택도 마찬가지였다. 외국어 기사에 자유롭게 링크를 걸거나 욕설과 기술적 용어를 섞어 쓰면서, 다소 조악하지만 유용한 그래픽을 활용하기도 했다. 이는 회사 정책이나 전통에 얽매일 필요가 없었기에 가능한 일이었다.

오늘날이야 인터넷에서 글을 쓰는 모두가 그러한 자유를 누리는 시대가 되었다. 하지만 우리에겐 강점이 하나 더 있었다. 바로 누구보다 먼저 시작했다는 것이다.

다른 이들의 도전이 이어지기 시작할 무렵, 우리는 이미 어느 정도 자리를 잡고 있었다. 처음에는 아무 기대 없이 블로그를 시작했지만, 성공을 거두면서 주제를 더 나은 방식으로 다루어야겠다는 생각이 들었다. 내 글을 읽는 사람들이 많아질수록 기분이 안 좋을 때조차 주마다 글을 써야 할 동기가 생겼다. 동시에 심도 있는 조사, 더 좋은 글을 위한 노력을 아끼지 않으면서 기사 제목을 쓰는 방법이나 효과적인 그래픽 제작법도 배우게 되었다. 더 열심히 노력할 이유가 생긴 것이다.

결과적으로 취미라고는 해도 상당한 일이 되어 버린 셈이다. 하지만 이는 선순환 구조를 만든다. 독자가 늘어날수록 글을 더 잘 쓰게 되고, 그러면 독자는 더욱 늘어난다. 하지만 이 피드백 역학은 후발 주자들에게 불리하게 작용한다. 내 독자를 끌어모으고 싶다면 나보다 더 잘해야 하기 때문이다. 그 시점이라면 내가 처음 시작한 때보다 훨씬 더 큰 노력이 필요하다.

나는 종종 그 사실을 떠올리며 과거의 내가 현재의 나와 경쟁하는 모습을 상상하곤 한다. 같은 사람이지만, 2006년에 쓴 글은 현재의 글솜씨에 필적할 수 없다. 나는 순식간에 지나가는 기회를 붙잡은 이래로 양성 피드백의 영향 아래 발전할 수 있었다.

이러한 현상은 많은 것을 설명해 준다. 그중에는 꽤 놀라운 사실도 있다. 스페인에서 1월에 태어난 아이가 12월에 태어난 아이보다 프로 축구 선수가 될 확률이 2배나 높다. 당신은 그 이유를 알고 있는가?

　　나는 그 부분을 집필하면서 2020-2021 시즌 레알 마드리드에 소속된 선수 29명의 출생일을 조사했다. 1월에 태어난 선수는 7명이었고, 12월에 태어난 선수는 단 2명이었다. 또한 1~3월에 태어난 선수는 12명(41%)이었지만, 10~12월생 선수는 단 3명(10%)에 불과했다.

　　이러한 경향은 레알 소시에다드(Real Sociedad)와 아틀레티코 데 마드리드(Atlético de Madrid) 선수의 출생일에도 비슷하게 나타났다. 이는 우연의 일치가 아니라 해마다 반복되는 패턴으로, 다음 그래프에서 이를 확인할 수 있다. 이 그래프에서는 해당 시즌 스페인 1, 2부 리그, 또는 유럽 주요 리그에서 활동하는 스페인 선수가 출생한 달에 따른 비율을 보여 준다. 물론 백분율은 반올림되어 총합은 정확히 100%가 아닐 수 있음을 미리 알린다.

월	비율
1월	13%
2월	11%
3월	10%
4월	10%
5월	10%
6월	8%
7월	8%
8월	7%
9월	7%
10월	6%
11월	5%
12월	6%

출처: 드리블랩(Driblab)

월별 출생률은 대체로 고르게 분포되어 있음에도 1월생 선수(13%)가 12월생(6%)보다 2배나 많다. 이처럼 1월이 아니라 12월에 태어나는 것만으로 프로 축구 선수가 될 확률은 절반으로 줄어든다. 이 일이 어떻게 가능한 것일까? 달력은 사회적 합의의 산물이므로, 생물학적 차원으로는 설명할 수 없다.

12월생과 1월생은 태어날 때 본질적인 차이는 없다. 그렇다면 1월생이 라리가(La Liga)[08]에 출전할 가능성이 더 큰 이유는 무엇일까? 잘 생각해 보면 답을 어렵지 않게 알 수 있다. 별자리의 문제가 아니다. 핵심은 어린 시절의 경험에 있다. 그 원인은 피드백 효과이다.

이것이 사회적 폭포 현상(social cascade)이다. 스페인 학교 체계상 1월에 태어난 아이들이 학급에서 가장 나이가 많으며, 어린 나이에는 이처럼 작은 차이가 큰 영향을 미친다. 1월생인 7세 아이는 6세인 반 친구들보다 15% 더 나이가 많고, 키가 크며, 힘이 세고, 기술이 뛰어난 데다 이해력도 높다. 따라서 그 아이는 공을 다른 아이보다 더 잘 다룰 가능성이 크고, 팀에 가장 먼저 선발되어 코치들의 많은 관심을 받을 것이다.

부모의 반응도 달라질 것이다. 아이가 축구를 잘한다고 생각된다면, 클럽에 등록 절차를 밟거나, 골을 넣을 때마다 칭찬하며 계속 축구를 하도록 격려할 수도 있다. 나이가 더 많다는 생물학적 이점은 시간이 지나면서 줄어들겠지만, 그때쯤이면 연쇄적인 효과가 촉

---

08   스페인 프로 축구 리그.

발된 뒤일 것이다. 그리고 그 효과가 또 다른 효과를 낳으며 평생 이어질 것이다.

이상의 내용에 따라 출생 연도를 기준으로 학년이 나뉘는 국가에서는 1월생 운동선수가 더 많다. 이 패턴은 보편적으로 나타난다. 이 사실을 《엘 파이스》 기사에서 다룬 바 있는데, 프랑스와 독일, 이탈리아 선수에게서도 그러한 경향을 확인할 수 있다. 반면 영국처럼 학년도가 기준이 되는 국가에서는 9월생 선수가 지배적인 패턴을 보인다.

위와 같은 현상을 상대 연령 효과(relative age effect)라고 한다. 상대 연령 효과는 단순히 스포츠를 넘어 다양한 분야에서도 적용된다. 출생일은 학업 성취에도 도움이 될 수 있다. 논리는 축구와 정확히 같다. 6세에 학급에서 가장 나이가 많다면, 읽기나 수학에서 두각을 나타낼 가능성이 크다. 그러면 학교 성적은 더 좋을 것이고, 이러한 초기 우위는 피드백 효과를 일으킬 것이다. 선생님과 반 친구, 가족이 계속해서 우수한 학생이 되도록 격려하고 지원할 것이기 때문이다.

카탈루냐에서 진행된 한 연구에 따르면 14세 청소년 가운데 1월생의 50%가 중등 교육 과정에 진학한 반면, 10월과 12월생의 진학률은 44%에 그쳤다. 또한 연말에 태어난 아이들은 학업을 1~2년 더 반복할 가능성이 크며, 바스크 지방의 데이터에 따르면 그 비율이 거의 2배에 달하는 것으로 나타났다. 게다가 1월생 여자아이들이 입시 시험에서 더 높은 점수를 받으며, 학급에서 가장 어린 학생들은 옥스퍼드대 입학에 더 많은 어려움을 겪는다.

그뿐 아니라 연말 출생자는 대학에 진학하거나, 국회의원 또는 대기업 CEO가 될 가능성이 적다는 연구 결과도 있다. 나는 상대 연령 효과의 더 많은 사례를 찾기 위해 위키백과에 등재된 인물 수천 명의 생년월일을 분석했다. 그중에서도 1960년 이후 태어난 스페인 국회의원 2,500명의 생일을 살펴보니 연초 출생자가 더 많았다. 이 효과는 스페인 작가, 특히 여성 작가 사이에서도 관찰할 수 있다.

여성 작가

1분기 출생	28%
2분기 출생	27%
3분기 출생	24%
4분기 출생	22%

남성 작가

1분기 출생	27%
2분기 출생	26%
3분기 출생	22%
4분기 출생	25%

위와 마찬가지로 위키백과에 등재될 정도로 실력이 뛰어난 세계적인 체스 선수들도 같은 패턴을 보인다.

여성 체스 선수

1분기 출생	30%
2분기 출생	26%
3분기 출생	23%
4분기 출생	21%

남성 체스 선수

1분기 출생	27%	▧▧▧▧▧▧▧▧▧ ▧▧▧▧▧▧▧▧▧ ▧▧▧▧▧▧▧
2분기 출생	27%	▧▧▧▧▧▧▧▧▧ ▧▧▧▧▧▧▧▧▧ ▧▧▧▧▧▧▧
3분기 출생	24%	▧▧▧▧▧▧▧▧ ▧▧▧▧▧▧▧▧ ▧▧▧▧
4분기 출생	22%	▧▧▧▧▧▧▧▧ ▧▧▧▧▧▧▧▧ ▧▧

이상의 연쇄 효과는 흔하지만, 종종 간과된다. 우리는 체스 그랜드마스터 망누스 칼센(Magnus Carlsen)이나 테니스 챔피언 세레나 윌리엄스(Serena Williams) 같은 인물의 성공을 타고난 재능, 엄격한 부모, 강인한 의지 등 단순한 요인으로 설명하려는 경향이 있다. 물론 이 모두는 사실이며, 적어도 부분적으로는 영향을 미쳤을 것이다.

하지만 그들의 어린 시절은 1월에 태어난 점 외에도 격려를 아끼지 않는 형제자매와 뛰어난 스승과의 인연 등 수많은 요인의 영향으로 형성되었을 것이다. 이들 사건은 자기 강화 피드백 루프(self-reinforcing feedback loop)를 형성하여 비범한 결과를 초래할 수 있다. 마치 산불처럼 번져 나가는 특별한 유형의 원인인 셈이다.

당신이 남들보다 먼저 유튜브 채널을 시작했고, 이후 연쇄적으로 이어진 사건들이 나머지를 해결해 주었다고 생각해 보자. 이러한 현상이 일어나지 않았다면, 인생에서 운의 영향력은 줄어들 것이다. 행운과 불운이 결국 서로 상쇄될 테니 말이다. 하지만 현실은 그렇지 않다. 운이 세 번만 연달아 작용해도 당신의 커리어가 완전히 바뀔 수 있다. 당신의 인생에서 미처 인식하지 못한 피드백 루프가 만들어 낸 결과는 얼마나 될까?

지금까지 살펴본 양성 피드백 루프는 혼돈을 불러일으키는 요인이기도 하다. 이러한 메커니즘은 불안정성을 조성한다. 전염병이 기하급수적으로 확산하는 현상을 비롯하여 실력이 거의 같은 두 아이가 각각 월드컵 경기에 출전하는 아이와 아마추어 경기에서 그치는 아이로 나뉘는 결과도 그 때문이다. 그러나 특정 시스템은 앞선 바와 정반대로 작동한다.

음성 피드백(*negative feedback*) 효과로
스스로 안정되는 경우도 있다.

에어컨 시스템을 생각해 보자. 실내 온도를 26℃로 유지하려면 센서와 작동기라는 두 요소가 필요하다. 전자는 실시간으로 온도를 측정하고, 후자는 필요할 때 공기를 냉각한다. 하지만 그것만으로는 충분하지 않다. 논리적 요소, 즉 결정을 내리기 위한 제어 알고리즘이 필요하다.

에어컨의 경우, 특히 구형 모델에서는 매우 단순한 제어 방식을 사용한다. 그러므로 에어컨이 자주 꺼졌다 켜지는 현상을 볼 수 있다. 구형 에어컨 시스템의 기본 논리는 다음과 같이 간단하다.

온도가 27℃를 넘으면 작동기에서 차가운 공기를 내보내고, 온도가 25℃ 이하로 떨어지면 작동기가 꺼진다.

이는 음성 피드백 제어 방식이다. 한 방향으로 변화가 감지되면, 시스템을 반대 방향으로 동작하게 하여 실내 온도를 대략 일정하게 유지하는 것이다.

제어 루프(control loops)는 공학 전반에 걸쳐 존재한다. 실제로 스페인의 여러 산업 공학 학교의 엠블럼에는 원심 조속기(centrifugal regulator)가 그려져 있다. 발명자인 제임스 와트(James Watt)의 이름을 따서 '와트의 진자(Watt's pendulum)'라고도 불리는 원심 조속기는 산업 혁명을 대표하는 발명품으로, 엔진의 속도를 안정적으로 유지하는 데 사용되었다. 기술적인 문제는 대개 원하는 결과를 얻기 위한 변수의 안정화 또는 제어와 관련된다. 비행기 조종과 원자력 발전소의 에너지 관리, 풍력 터빈 속도 조절 등이 그 예이다.

많은 사회적 현상도 자기 조절적(self-regulating) 특성을 지닌다. 장사가 잘되는 주점을 생각해 보자. 항상 손님으로 붐빈다면 가격을 인상할 수 있지만, 너무 많이 올리면 고객의 발길이 끊기고 만다. 그러면 다시 가격을 다시 낮출 수밖에 없게 된다.

균형이 존재하는 곳에는 음성 피드백 루프가 작동하는 경우가 많은데, 생명체에서 비슷한 사례를 쉽게 찾을 수 있다. 인간을 포함한 포유류는 체내 pH, 체온, 식욕, 혈당을 조절하는 시스템 등 다양한 제어 루프 덕에 생존한다. 이처럼 지구상의 생명체는 눈에 보이지 않는 수많은 피드백 루프로 유지된다.

　그런데 일부는 우리 몸속에서 일어나지만, 그 외의 많은 일은 외부에서 작용한다. 산소를 만들어 우리가 숨 쉴 수 있게 하고, 봄이 돌아올 때마다 산에 쌓인 눈을 녹이며, 사자가 너무 많은 가젤을 사냥하지 않고도 생존을 가능케 하는 순환 말이다. 이상의 균형은 모두 우리에게 자연스러운 현상이다. 그렇지 않았다면 우리는 이곳에 존재하지 못했을 것이다.

　하지만 위와 같은 평형 상태는 사실 드물다. 우주의 법칙은 오히려 그 반대 방향으로 밀어붙인다. 열역학 제2법칙에 따르면, 닫힌계(closed system)는 점차 무질서를 향해 나아간다. 무한히 가능한 상태 가운데 생명에 적합한 상태는 극히 일부에 불과하다. 바람은 우리의 쉼터를 만들기 위해 불지 않는다. 오히려 무너뜨리기 위해 불어온다는 것이 적절해 보인다. 그렇기에 우리가 살아가는 세계가 질서를 유지하고 있다는 사실은 크나큰 특권이자 다른 의미에서 미스터리이다.

RULE II

이성의 언어

수치로 사고하라

숫자 놀음의 기술

농구 선수를 외형이 아닌 수치로 평가하는 방식의 이점은 무엇
인가?

2007년, 대릴 모리(Daryl Morey)는 휴스턴 로키츠(Houston Rockets)의 단장 자리에 오른 이후 데이터 기반 선수 영입을 처음으로 도입한 NBA 매니저가 되었다. 이에 전직 선수 찰스 바클리(Charles Barkley)는 그를 두고 '숫자 놀음이나 맹신하는 멍청이'라는 독설을 퍼부었다. 하지만 바클리의 말은 사실이었다.

컴퓨터 과학과 통계를 공부한 모리는 야구계에서 먼저 일어난 혁명을 본보기 삼아 경기의 정량적 분석을 기반으로 의사 결정을 내리고자 하였다. 그는 농구 스카우트가 지나치게 주관적이라고 지적하며, 그들이 데이터를 더 신중히 고려하면 더 좋은 선수를 영입할 수 있다고 믿었다. 그 상황에서 모리는 다음과 같은 말을 남겼다.

"인간은 정보를 통합할 때 훨씬 더 나은 결정을 내린다."

2007년 여름, 휴스턴 로키츠에서는 첫 선수 계약을 준비하면서 정교한 통계 모델을 활용해 선수들의 가치를 수치로 평가하고 있었다. 통계 모델은 한 22세 유럽 선수에게 높은 점수를 주었지만, 모리는 스카우트들을 설득하지 못했다. 그 이유는 황당했다. 선수의 외모가 나이 든 전문가들의 마음에 들지 않았기 때문이다.

그 선수가 약간 살이 쪘던 시절, 인터넷에 상의를 탈의한 사진이 돌아다닌 적이 있었다. 이를 두고 스카우터들은 해당 선수에게 '유방남(man boobs)'이라는 별명까지 붙인 뒤, 하루 내내 그것으로 농담을 해 댔다. 지금까지의 내용은 마이클 루이스(Michael Lewis)의 저서 《생각에 관한 생각 프로젝트(The Undoing Project)》에서 모리가 털어놓은 이야기다.

모리는 끝내 마크 가솔(Marc Gasol)과 계약하지 못했다. 하지만 그가 유일한 사례는 아니었다. NBA의 다른 팀들 역시 로키츠의 스카우트들과 비슷한 생각을 한 듯하다. 가솔은 형 파우 가솔(Pau Gasol)이 소속된 레이커스(Lakers)에서 드래프트 48위로 지명된 뒤, 멤피스(Memphis)로 트레이드되었다. 이에 루이스는 다음과 같이 설명한다.

"드래프트 48위에서 올스타급 선수를 뽑을 확률은 1%도 채 되지 않았다."

그러나 그들의 예상은 빗나갔다. 마크 가솔은 첫해부터 최고의 신인 선수로 선정되었다. 그리고 NBA 최고의 선수들이 모이는 올스타전에 한 번도 아닌 무려 세 번이나 출전하였다. 이에 NBA를 비롯한 여러 스포츠 업계에서는 측정의 중요성을 깨달았다.

통계는 모든 세부 사항을 포착할 수는 없지만,

통계가 없다면 훨씬 더 많은 것을 놓칠 것이다.

위 개념은 이 책의 기본 명제이다. 그렇다고 현실을 숫자로 환원하는 것이 단순한 문제라는 의미는 아니다. 오히려 그 반대이다. 이 책이 존재하는 이유는 그 과정이 매우 복잡하기 때문이다.

비단 농구 선수 외에도 우리가 다루는 대상이 무엇이라도 양상은 마찬가지다. 유럽 최고의 농구 선수를 가려내고 싶다고 가정해 보자. 그렇다면 당신은 어떻게 할 것인가? 로키츠 스카우트 같은 전문가의 직감을 믿을 수도 있겠지만, 정량적 분석을 위해서는 선수의 능력을 측정해야 한다. 한마디로 복잡한 현상을 숫자로 변환해야 한다는 것이다.

농구 경기는 수백 번의 플레이가 이어지는 과정이다. 따라서 마크 가솔의 득점 수, 다양한 위치에서의 슈팅 성공률, 어시스트 수, 블록 수를 기록할 수 있다. 나아가 그가 코트에 있을 때, 팀원들의 경기력이 얼마나 향상되는지도 측정할 수 있다.

그러나 위의 요소를 모두 수치화하더라도 여전히 놓치는 부분은 있을 것이다. 가솔은 압박 상황에서 어떻게 반응하며, 그는 좋은 팀 플레이어인가와 같은 것이 그 예라 할 수 있다. 어떠한 영역이든 숫자로 환원하는 과정에서는 필연적으로 일부 요소를 배제하게 된다. 하지만 그러한 과정도 있어야 체계적인 분석과 함께 앞으로 나아갈 수 있다.

사람들은 그러한 한계를 이유로 데이터를 무시한다. 개인적으로 스포츠계에서 다음과 같은 말을 여러 번 들은 적이 있다.

"축구는 너무 복잡해서 숫자로 환원할 수 없어."

어느 정도는 맞는 말이다. 사용하는 변수만 수십 가지라도 중요한 요소를 놓칠 수 있다. 하지만 그것이 논쟁의 핵심은 아니다. 진짜 문제는 더 나은 대안이 있다고 착각하는 것이다. 데이터를 반대하는 사람들은 오직 직관만으로 그 복잡성을 다루겠다는 것일까? 우리는 본능을 굉장히 신뢰하지만, 근거는 턱없이 부족하다. 우리의 직관은 마크 가솔의 과거 외모 같은 요소를 근거 삼아 무시해 버릴 수도 있기 때문이다.

스포츠계의 사례만으로 납득이 되지 않는다면, 내가 해당 사례를 선택한 이유를 생각해 보자. 스포츠 팬들은 농구나 축구를 워낙 잘 안다고 자신하는 나머지 방대한 데이터베이스는 필요 없다고 여긴다. 아마 수천 번의 경기를 시청했거나, 직접 경험한 바가 있으니 통계가 새로운 것을 가르쳐 주리라 믿기 어려울 수도 있다. 하지만 경험과 과신은 때때로 우리 눈을 멀게 한다.

축구가 면역 체계나 항공기 비행보다 더 복잡한 것은 아니다. 그러나 우리는 백신 접종이나 비행기 탑승 시 당연히 책임자가 필요한 계산을 사전에 모두 마쳤으리라고 여긴다. 이들 주제를 완전히 이해하려면 측정과 실험을 통해 엑셀 스프레드시트에 기록하는 과정이 필수적이었음을 자연스럽게 받아들이기 때문이다.

숫자가 비행에 도움이 된다면, 더 나은 선수를 선발하는 일에도 도움이 되지 않을까. 이처럼 복잡한 사안을 연구하려면 숫자가 필요하다는 사실을 인정하자. 그렇다면 아래의 질문이 뒤따를 것이다.

어떠한 숫자여야 하는가?

◆

좋은 데이터를 선택하는 작업은 분석에서 필수적인 단계이다. 의미가 잘못 해석된 통계에 의존한다면, 그로부터 도출한 결론도 틀릴 수밖에 없다.

지표를 신중하게 선택하고, 정확히 이해하자.

일부 지표의 수준은 형편없다. 스페인이 오랫동안 모든 미디어의 스트리밍 수치를 측정하는 데 사용했던 지표가 대표적인 사례에 속한다. 그들은 월별 사용자 수를 기준으로 매체의 순위를 매겼다.

스페인에서 12월에만 2,000만 명의 개인 이용자가 웹사이트 '울티모 미누토(Ultimo Minuto)'를 방문했고, 경쟁 사이트인 '엘 아날리시스(El Analisis)'에는 1,000만 명만 방문했다고 가정해 보자. 이때라면 울티모 미누토가 높은 순위를 차지하며, 시청자도 더 많다는 의미로 해석될 것이다. 하지만 그 지표는 개인 이용자가 얼마나 자주 방문하는지를 무시한다는 점에서 문제가 있다.

울티모 미누토에 접속한 2,000만 명의 방문자가 페이지를 단 한 번씩만 열어 보았다고 가정해 보자. 그들은 단순히 페이스북 광고 클릭으로 유입된 일회성 방문자일 가능성이 크며, 그달의 총 페이지 조회 수는 2,000만 회에 불과할 것이다. 대부분은 브랜드에 대한 관심이 없고, 그저 클릭을 유도하는 제목에 이끌려 들어왔다가 실망하고 떠났을 것이다.

반면 엘 아날리시스에 접속한 1,000만 명의 방문자가 페이지를 각자 10회씩 열었다고 한다면, 총 페이지 조회 수는 1억 회에 달할 것이다. 그렇다면 이 매체는 매일 가장 많은 방문 횟수를 기록하며 충성도 높은 독자층과 더 큰 영향력을 지닌 매체라고 할 수 있다.

위와 같이 순위를 결정하는 방식은 극단적인 사례에 속한다. 하지만 그러한 문제는 흔히 일어난다. 우리가 원하는 바를 정확히 측정하는 일은 언제나 쉽지 않다.

스페인에서 가장 인기 있는 여름 휴양지를 찾기로 했다고 상상해 보자. 공식 통계를 참고하면 유용한 데이터를 많이 얻을 수 있다. 6월부터 9월까지 스페인 관광객이 가장 많이 숙박하는 도시는 마드리드와 베니도름이다. 2021년을 기준으로 해당 기간 동안 117만 명의 스페인인 관광객이 마드리드를 찾았고, 이는 자그마치 베니도름(48만 4,000명)의 2배 이상이다.

그렇다면 마드리드가 베니도름보다 더 인기 있는 여름 휴양지라고 확정할 수 있을까? 그렇지 않다. 우리는 방금 방문자 수를 측정했을 뿐이며, 체류 기간은 마드리드가 더 짧다. 만약 관광객이 마드리드에는 하루만 머무르고, 베니도름에서 일주일을 보낸다면 어떨까? 이를 반영하려면 총 숙박일(room-nights)[09]과 같은 다른 지표가 필요하다. 숙박일 데이터를 확인하면 결론은 달라진다. 현재 스페인에서 가장 인기 있는 여름 관광지인 베니도름의 총 숙박일은 186만 5,000박으로, 마드리드보다 1,000박이 더 많다.

우리는 2가지 지표로 2가지 결론을 얻었다. 하지만 이는 호텔 투숙객만을 기준으로 한 것이며, 캠핑장이나 콘도에 머무는 관광객은 고려하지 않았다. 이상의 사례를 제시한 목적은 측정의 약점을 인정하는 데 있다. 연구 대상의 모든 복잡성을 완벽하게 포착하는 단 하나의 지표를 찾는 데 매달리지 말자. 그러한 지표는 존재하지 않는다.

문제의 다양한 측면을 이해하려면 대부분 여러 변수를 함께 측정해야 한다. 이 과정에 지름길은 없다. 지표를 선택하는 일은 섬세한 작업이기 때문이다. 모든 지표에는 반드시 한계가 존재하며, 결론을 내리기 전에 그러한 맹점을 인지하는 것이 중요하다.

◆

---

09 관광객이 해당 도시에 머문 총 숙박 일수.

일단 특정 지표를 활용하겠다면, 그다음 단계는 사냥꾼이 칼을 갈듯 그 지표를 정밀하게 다듬는 것이다. 탁월함은 디테일에 있다. 평균과 중앙값 중 무엇을 사용할 것인가? 백분율을 계산해야 하는가? 인플레이션을 고려해야 하는가, 아니면 다른 보정이 필요한가? 이처럼 결정할 사항은 많지만, 대부분의 상황에 도움이 되는 2가지 간단한 팁이 있다.

[TIP 1]
상대 지표를 사용하라

스페인에 의사가 몇 명이 있는가를 파악할 때, 수천 명 또는 수십만 명 단위의 절대 수치보다 인구 10만 명당 의사 수를 아는 것이 더 유용하다. 이 수치는 한 명의 가정의를 몇 명과 공유해야 하는가를 알 수 있어 더욱 직관적이며, 비교 기준으로 삼을 수 있다. 스페인의 인구 대비 의사 수가 독일이나 모로코보다 더 많은지 이해하는 데 도움이 되는 것처럼 말이다.[10] 우리는 본능적으로 비교를 통해 숫자를 해석한다. 상대 지표는 바로 그 비교를 용이하게 한다.

---

10 언론이 흔히 저지르는 실수 중 하나는 절대 수치로 순위를 매긴 목록을 사용하는 것이다. 마드리드, 안달루시아, 카탈루냐가 스페인에서 교통사고 최다 빈발지역이라거나, 복권 당첨자가 가장 많다는 기사 제목을 비롯한 거의 모든 부문에서 1위라는 보도가 그 예이다. 이들 기사는 세 지역이 스페인에서 인구가 가장 많은 곳이라는 사실을 고려하지 않는다.

스페인이 핀란드보다 교육에 더 많은 돈을 쓴다고 말한다면, 그 말은 과연 사실일까? 문자대로라면 맞는 말이다. 스페인은 500억 유로를, 핀란드는 120억 유로를 교육에 지출한다. 하지만 이 데이터는 오해를 불러일으킬 수 있다. 유용한 비교를 위해서는 각 국가의 인구 대비 투자액으로 표현해야 한다. 핀란드의 1인당 교육 투자액은 2,300유로이나, 스페인은 1,000유로에 불과하다. 이 데이터는 더 많은 정보를 제공한다.

거기서 더 나아가 최종 상대 지표인 백분율로 한층 정교한 데이터를 얻을 수 있다. 스페인과 핀란드가 교육을 얼마나 중시하는지를 측정하려면, 각국의 정부 예산 대비 교육 예산을 비율로 표현하여 비교하면 된다. 그러면 결과가 상당히 비슷해진다. 핀란드에서는 교육이 공공 지출의 12%를, 스페인에서는 10%의 비율을 차지한다.

이처럼 대표적인 기준점은 인구이다. 이에 따라 우리는 '1인당 소득' 또는 '인구 대비 의사 수' 같은 표현을 사용한다. 하지만 이 규칙은 다른 여러 영역에서도 똑같이 적용된다.

그 예로 한 축구 선수가 골을 잘 넣는가를 알고 싶다고 해 보자. 단순히 '한 시즌 동안 몇 골을 넣었는가?'라는 질문은 그리 이상적이지 않다. 그가 출전한 경기 수가 20회인지 30회인지에 따라 수치가 달라질 것이기 때문이다. 대신 '90분당 골 수'와 같은 통계를 계산하는 것이 더 적절하다.

이상과 같이 상대 지표는 일반적으로 더 유용하다. 하지만 절대 수치를 완전히 무시하면 터무니없는 결론에 도달할 수 있음을 주의

해야 한다. 한 국가의 군대 규모를 평가할 때는 절대 수치가 중요하다. 키프로스나 에리트레아가 중국보다 인구 대비 군인 수가 많을 수 있다. 이 정보는 흥미로워 보이지만, 중국이 세계에서 가장 큰 군대를 보유하고 있다는 사실이 가장 중요하다.

[TIP 2]

문제마다 요구하는 일반적인 조정 사항을 고려하라

이 팁을 설명하기 위해 2가지 사례를 제시하겠다. 먼저 영화 산업의 예부터 살펴보자. 당신은 역사상 가장 높은 박스 오피스 수익을 기록한 영화가 무엇인지 알고 있는가?

이론적으로는 전 세계적으로 28억 달러를 벌어들인 2019년 개봉작 〈어벤저스: 엔드게임(Avengers: Endgame)〉이다. 이전 기록은 10년 전 거의 같은 수익을 자랑하는 〈아바타(Avatar)〉가 차지하였다. 그보다 더 전에는 1997년에 25억 달러의 흥행 수익을 기록한 〈타이타닉(Titanic)〉이 있었다. 하지만 이 순위는 우리를 착각에 빠뜨린다.

사실 세 작품 중 가장 높은 수익을 올린 영화는 〈타이타닉〉이다. 이는 어디까지나 인플레이션을 반영하여 수치를 조정했을 때의 얘기다. 돈의 가치는 시간이 지나면서 변하는바, 감소하는 것이 일반적인 사실임은 누구나 알 것이다. 할아버지께서는 동전 몇 닢으로 영화를 보러 다니셨다. 나만 해도 영화 한 편 보는 데 3유로였던 시절도 있었지만, 지금은 10유로를 내야 한다. 따라서 수십 년에 걸친 금액을 비교하려면 물가 지수를 참고해 수치를 조정해야 한다.

그렇다면 세 영화의 수익을 조정한다면 결과는 어떨까? 〈타이타닉〉의 수익을 2020년 달러 기준으로 환산하면 40억 달러 이상이다. 이는 〈어벤저스〉의 수익을 크게 상회한다.

게다가 〈타이타닉〉조차 실제로 영화사상 가장 높은 박스오피스 수익을 기록한 작품은 아닐 것이다. 진짜 1위를 찾으려면 수십 년 전으로 거슬러 올라가야 할지도 모른다. 〈바람과 함께 사라지다(Gone with the Wind)〉가 개봉한 1939년으로 말이다. 그 정도로 오래된 글로벌 박스 오피스 데이터는 존재하지 않지만, 이 영화가 미국 역사상 가장 많은 티켓을 판매한 작품이라는 사실은 널리 알려져 있다.

〈바람과 함께 사라지다〉는 〈타이타닉〉보다 50% 더 많은 티켓을 판매했다. 티켓 판매량 기준으로 볼 때, 〈스타워즈(Star Wars)〉, 〈사운드 오브 뮤직(The Sound of Music)〉, 〈E.T.〉가 그 뒤를 이으면서 〈타이타닉〉은 5위로 밀려난다. 박스오피스 기록이 계속 경신되는 듯해 보이는 이유는 배급사에서 인플레이션에 따른 조정을 무시한 채 최신작이 전례 없는 성공을 거두었다고 홍보하기를 좋아하기 때문이다. 어차피 사실 여부는 그들에게 중요하지 않다.

이와 비슷한 조정 방식은 다양한 분야에서 흔하게 사용된다. 실업률 데이터에 **계절 조정**(seasonal adjustments)을 적용하여 여름철 고용 증가와 같은 주기적인 변동성을 제거하는 것이 그 예이다. 그리고 국가 간 화폐 가치를 **구매력 평가**(purchasing power parity)에 따라 조정하는 것이 일반적이다. 소득 자료 역시 민감한 정보이므로, 개인 간 재산을 비교할 때는 신중하게 다루어야 한다.

다음으로 마드리드를 비롯한 대도시에서 행정구역별 소득을 연구한다고 가정해 보자. 이를 위해 스페인 통계청의 데이터를 참고하면 각 구역별 소득을 확인할 수 있다. 나는 아래 지도에 표시된 두 구역을 선택해 살펴보았다. 두 구역 모두 주민 1인당 평균 순소득은 약 2만 4,000유로로 동일했다.

빌바오 지하철역(중심가)

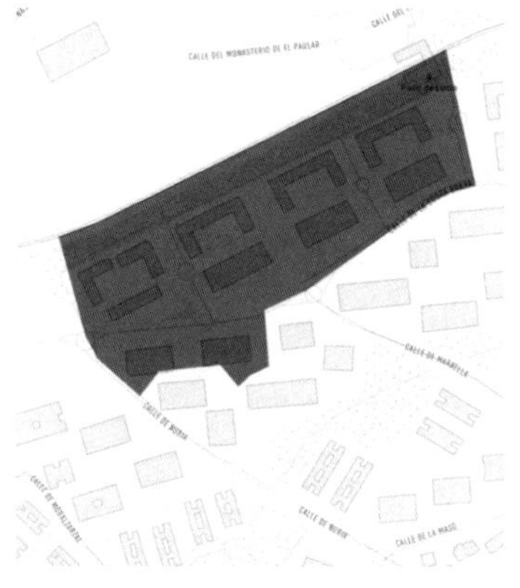

파코 데 루시아 지하철역(북부)

첫 번째 동네는 마드리드 중심부의 두 구역으로, 트리부날(Tribunal) 구역의 루차나(Luchana) 거리와 푸엔카랄(Fuencarral) 거리 사이에 위치한 빌바오(Bilbao) 지하철역 주변이다. 두 번째 동네는 도시 북부 교외의 아파트 단지 네 구역으로, 파코 데 루시아(Paco de Lucía) 지하철역 근처의 코스타 브라바(Costa Brava) 거리에 위치해 있다. 이들 구역은 모두 소득 수준이 높아 마드리드 내에서도 손꼽히는 부촌에 속하지만, 겉보기만큼 비슷하지는 않다. 실제로 두 구역의 부유층 비율은 각각 61%와 31%로, 첫째 동네가 둘째 동네보다 약 2배 더 높다. 무엇이 이러한 차이를 일으켰을까?

문제는 **1인당 소득**이 가구 규모를 반영하지 않는 불완전한 지표라는 데 있다. 합산 소득이 8만 유로인 부부와 두 자녀로 구성된 가구와 길 건너 아파트에 혼자 거주하면서 연 2만 유로의 연금을 받는 은퇴 여성 1인 가구를 비교해 보자. 그렇다면 두 가구의 1인당 소득은 동일하지만, 대부분 전자가 더 부유하다고 판단할 것이다.

그와 비슷한 일이 방금 살펴본 두 동네에서도 벌어지고 있다. 트리부날은 도심에 있으나 가구당 인원이 훨씬 적으며, 대부분이 1~2인 가구로 구성되어 있다. 반면 두 번째 동네는 유자녀 가구가 많은 곳으로, 가구당 평균 3.2명이 거주하고 있다. 이러한 차이는 파코 데 루시아의 자녀 인구가 많으므로 **1인당** 평균 소득은 낮게 나타날 수 있지만, **가구당** 소득은 트리부날보다 훨씬 높다는 점에서 중요하다.

	트리부날	파코 데 루시아
1인당 평균 소득(€)	24,000	24,000
가구당 평균 소득(€)	49,000	81,000

하지만 가구 소득도 완벽한 측정 방식은 아니다. 이 지표는 오히려 반대의 문제를 일으킬 수 있다. 가족 규모가 클수록 소득 총액은 높아질 수 있지만, 그만큼 많은 구성원과 나누어야 한다. 따라서 실제 생활 수준이 과장될 여지가 있다. 연 소득으로 1만 9,000유로를 버는 독신 가구가 2만 유로로 생활하는 4인 가구보다 더 가난하다는 말은 터무니없는 소리일 것이다.

그렇다면 해결책은 무엇일까? 바로 가구 규모에 맞추어 조정된 계산법을 활용하면 된다. 이 지표를 '소비 단위당 소득' 또는 '1인당 균등화 소득'이라고 한다. 이는 유럽 연합 통계청(Eurostat)에서 활용하는 조정 방식으로, 가구 내 첫 번째 성인은 인당 1, 다른 성인은 0.5, 자녀는 0.3의 단위로 계산한다. 이러한 방식은 두 사람이 함께 살거나 아이를 키우려면 추가적인 소득이 필요하지만, 그 금액이 단순히 2~3배로 늘어나지는 않음을 대략적으로 반영한다.

1인당 균등화 소득 계산을 활용한 통계는 트리부날과 파코 데 루시아의 소득 비교에 가장 적절한 지표이다. 1인당 균등화 소득은 전자는 2만 1,000유로, 후자는 3만 3,000유로로 나타난다.

	트리부날	파코 데 루시아
1인당 균등화 소득(€)	21,000	33,000

결과적으로 두 동네 모두 1인당 소득이 같으며, 부촌임에도 대형 현대식 주택이 많은 교외 구역인 파코 데 루시아가 트리부날보다 더 부유하다는 결론을 내릴 수 있다.

정보의 한가운데

평균값(mean)과 중앙값(median)의 한계를 통해 당신은 생각보다 더 부유한 사람이라는 사실을 깨달아 보자.

평균은 가장 널리 사용되는 통계량이다. 하지만 우리는 모두 다음과 같은 농담을 한 번쯤은 들어 보았을 것이다.

"빌 게이츠가 술집에 들어오면, 그 안에 있는 모든 사람이 평균적으로 백만장자가 된다."

이는 평균값이 뜻하는 바가 맞기는 하지만, 그다지 쓸만한 설명은 아니다. 그렇다면 평균을 활용하는 것이 일반적으로 좋지 않은 선택일까? 이에 평균이란 본래 단순화된 수치라는 점을 이해해야 한다. 평균은 흔히 '요약 통계량'이라고 부르는데, 문자 그대로 정보를 요약하는 역할을 한다. 그리고 평균은 여러 데이터 포인트를 하나의 수치로 압축하는 지표인바, 백분율도 그와 같은 개념이다.

한 시의회가 소외된 지역의 학교를 개선하는 프로그램에 자금을 지원하고 나서 10년 뒤에 그 결과를 평가한다고 가정해 보자. 그렇다면 학생의 대학 진학률을 높인다는 목표를 달성했을까? 이때 해당 학교의 대학 졸업자 비율이 20%에서 40%로 증가했다는 결과를 상상해 보자. 분명 모든 학생에게 효과가 있었던 것은 아니더라도, 우리는 이를 성공이라고 부를 것이다. 학생마다 각자의 사연이야 있겠지만, 명확하게 사고하기 위해서는 세부 사항을 어느 정도 포기해야 한다. 그렇지 않으면 개별 상황의 복잡성이 너무 커져서 다루기 어려워지기 때문이다.

**우리는 요약 지표의 가치와 한계를
모두 이해해야 한다.**

평균값과 더불어 다른 유형의 평균으로 '최빈값(mode)'과 '중앙값'이라는 통계량이 있다. 이 주제에 대한 내 첫 번째 조언은 다음과 같다.

최빈값을 사용하지 말라.

물론 최빈값이 최선의 선택이 될 때도 있기는 하지만, 개인적으로 그러한 경우를 단 한 번도 본 적이 없다. 최빈값은 집합 안에서 가장 높은 빈도로 나타나는 수를 의미한다. 즉 스페인의 모든 급여 데이터를 종합했을 때, 가장 많이 등장하는 금액이 최빈값이 된다. 그 금액을 1,000유로라고 가정한다면, 가장 흔한 월급 액수라는 점에서 직관적으로는 의미가 있다. 하지만 상황에 따라 쉽게 변동하기에 지표로서는 부실하다. 다음은 두 소기업에서 각각 지급한 6건의 월 급여 액수를 나열한 것이다.

A사:　　500,　　1000,　　1000,　　1501,　　9999,　　10000

B사:　　500,　　999,　　1000,　　1501,　　10000,　　10000

단위: €

두 기업 모두 평균값은 4,000유로, 중앙값이 1,250.50유로로로 같아 거의 동일한 분포를 보이지만, 최빈값은 완전히 다르다! A사는 1,000유로고 B사는 10,000유로이다.

그렇다면 평균과 중앙값은 어떨까? 둘 다 장단점은 있지만, 간단히 말하면 중앙값이 과소평가되는 경우가 많다. 사실 중앙값이 대체로 더 유용하고 신뢰할 만한 경우가 많다.

당신을 포함한 형제의 수가 7명인 상황을 상상해 보자. 그렇다면 형제들의 평균 재산을 계산할 때는 모든 금액을 합산한 뒤 7로 나누어야 한다. 그런데 형제 가운데 하나가 천만장자라서 은행에 7,000만 유로를 비축하고 있다면, 나머지 형제들이 무일푼이라도 평균 재산은 최소 1,000만 유로가 된다는 뜻이다. 이때 평균값은 왜곡되어 있다. 극단적인 값 하나가 포함되어 있기 때문이다.

반면 중앙값은 평균의 함정을 피할 수 있다. 중앙값을 구하려면 모든 형제의 재산을 가장 적은 금액부터 가장 많은 금액까지 순서대로 배열한 뒤, 가운데에 위치한 값을 찾으면 된다. 그 금액이 바로 형제 재산의 중앙값이다.

형제:	1	2	3	4	5	6	7
재산:	0	0	0	0	0	0	7,000만

↑

중앙값=0

단위: €

극단적인 값이 존재할 때, 중앙값은 더욱 **신뢰할 만한** 통계량이 된다. 천만장자인 형제가 70명의 평범한 이웃이 사는 동네로 이사를 간다면, 어떠한 일이 일어날까? 보유 재산의 평균값이 단번에 100만 유로 이상으로 뛸 것이다. 그러나 중앙값은 일곱째 형제의 등장에도 흔들리지 않는다. 그저 다음 데이터 포인트, 즉 36번째로 부유한 이웃의 재산으로 조금 올라갈 뿐이다. 이 값은 여전히 집단의 정중앙에 위치한다.[11]

평균값은 다른 요약값을 이용해 계산하는 요약값이므로 계산이 쉽다는 장점이 있다. 그저 총량을 개인의 수로 나누기만 하면 되기 때문이다. 그러나 중앙값은 전체 데이터의 중간에 위치하는 값을 찾아야 한다. 이 과정은 더 까다로울 것이다.

가령 영국인들이 피임을 하며 성관계를 갖는 횟수를 알고 싶다

---

11 천만장자 형제가 오기 전 70명의 이웃처럼 정확한 중앙값이 존재하지 않는 짝수 집합에서는 중간에 위치한 두 수치의 평균을 중앙값으로 삼는 것이 관례다.

고 해 보자. 평균을 계산하려면 콘돔의 총 판매량을 영국 인구수로 나누기만 하면 된다. 민감하거나 구체적인 정보는 필요하지 않다. 반면 중앙값은 개인의 성관계 횟수를 알아야 하며, 그 값을 모두 모아 분포의 중간에 있는 값을 찾아야 한다. 그 값이 바로 영국인 1인당 성관계 횟수의 중앙값이다.

이러한 복잡성은 평균값이 더 자주 사용되는 이유이자 중앙값이 더 가치 있는 이유이기도 하다. 중앙값은 데이터의 분포에 관한 정보를 제공한다. 이상에서 살펴본 바와 같이 중앙값은 데이터의 중심이 어디에 있는지를 알려주는 유용한 데이터 포인트이다.

어느 동네의 중앙값 소득이 5만 유로라고 한다면, 그 동네 사람의 절반은 그보다 더 많이 번다는 사실을 확연히 알 수 있다. 그러나 평균 소득이 그러하다면 이야기는 달라진다. 그곳은 어쩌면 천만장자인 형제가 사는 동네일 수도 있으니 말이다.

◆

지금까지 우리는 평균값과 중앙값이 유용한 지표이지만, 결국 하나의 숫자일 뿐이라 많은 것을 설명하지는 못함을 확인하였다. 따라서 우리는 종종 데이터 집합을 하나하나 살펴보거나, 적어도 개별 값이 얼마나 자주 나타나는가를 뜻하는 분포를 확인해야 한다. 분포는 흔히 히스토그램으로 표현하는데, 다음은 전 세계 인구를 연령별로 나타낸 히스토그램이다.

14세 이하	25%	▨▨▨▨▨▨
15 ~ 24세	15%	▨▨▨▨
25 ~ 54세	41%	▨▨▨▨▨▨▨▨▨▨
55 ~ 64세	9%	▨▨
64세 이상	9%	▨▨

위에서 가장 많은 인구 집단은 25~54세 연령층이며, 전체 인구 가운데 어린이는 4명 중 1명꼴이다.

다양한 현상은 서로 다른 분포를 만들어 낸다.
분포의 형태를 관찰하면
다른 방법으로 쉽게 파악하기 어려운
유용한 정보를 얻을 수 있다.

자연에는 정규 분포(normal distribution) 또는 종형 분포(bell-shaped distriburion)를 따르는 현상이 많다. 다음 그래프에 나타난 여성의 키가 그렇다. 이때 분포는 대칭적이며, 중심 지점인 165cm에서 평균값과 중앙값이 일치한다. 그리고 해당 분포의 형태는 대부분의 값이 중심에 몰려 있음을 의미한다. 실제로 여성의 68%가 158~172cm에 속한다.

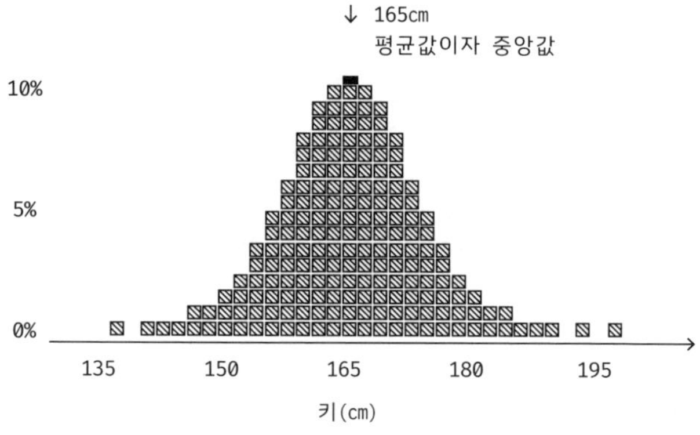

정규 분포는 가장 잘 알려진 분포 형태이지만, 이 외에도 다양한 분포가 존재한다. 그중 하나는 소득이나 재산 분포에서 볼 수 있는 형태로, 비대칭성을 특징으로 한다. 소득이 적은 사람이 많고, 그보다 더 버는 사람은 점차 줄어드는 형태다.

그러한 분포는 다음에서 확인할 수 있다. 아래 그래프는 스페인 통계청 자료를 바탕으로 스페인 인구 1인당 균등화 순소득을 나타낸 것이다. 1인당 균등화 순소득 값은 가구 전체 소득에 가구 규모를 고려하여 조정한 계수로 나누었다.[12]

---

12   이 값은 가구 전체 소득을 등가 가구원 수로 나눈 값이다. 등가 가구원 수는 가구의 첫 번째 성인을 1명, 다른 성인을 0.5명, 아이를 0.3명으로 계산하는 공식에 따라 산출된다.

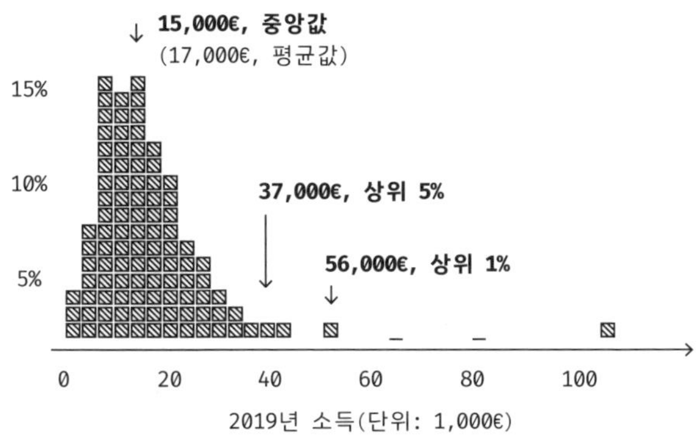

위와 같이 모든 데이터를 한눈에 보면, 많은 세부 사항이 드러남을 알 수 있다. 평균 소득은 고소득자가 소수이므로 1만 7,000유로이며, 이는 중앙값인 1만 5,000유로보다 높다는 사실이 확인된다. 스페인 인구의 절반은 1인당 균등화 순소득 기준 1만 5,000유로 미만으로 생활하며, 다수가 그 정도 또는 그보다 조금 더 버는 수준이다.

그러나 소득이 높아질수록 분포는 좁아진다. 가구의 1인당 균등화 소득이 2만 4,000유로 이상이라면 상위 30%에 속한다. 3만 유로를 넘어서면 상위 10%, 5만 6,000유로가 넘는다면 상위 1% 소득자에 속한다. 이처럼 히스토그램은 평균값이나 중앙값으로는 쉽게 파악하기 어려운 소득 분포의 불균등이라는 중요한 특징을 보여 준다.

분포를 시각화하는 일은 '탐색적 데이터 분석(exploratory data analysis)'이라는 작업의 일환이다. 이는 구체적인 목표 없이 데이터 집합을 이해하고, 초기 관찰 결과를 얻고자 탐색하는 과정을 말한다. 표를 살펴본 후 그래프를 그리고, 변수 간의 관계를 비교하며, 패턴이나 이상치(outlier)을 찾는 등 시각적 분석 절차를 포함한다.

데이터를 시각적으로 탐색하라.

이 기법은 단순하고 직관적이며 기본적이다. 그러나 데이터를 연구하는 이라면 반드시 익혀야 할 사항이다.

근사한 계산법

스마트폰 계산기로도 가능한 '냅킨 뒷면 계산법(back of the napkin calculation)'[13]으로 우리는 일상에서 마주치거나, 누군가가 던지는 숫자를 빠르게 검토할 수 있다.

이 책은 독자를 시험할 목적으로 출간되지는 않았지만, 당신에게 몇 가지 질문을 던질 것이다. 그중에서도 매우 어려운 질문이 있다. 2019년 스페인 가정에서 소비한 커피 캡슐은 몇 개일까? 답을 전혀 모르겠다면 정상이다. 대부분은 그냥 '엄청 많다'라고 대답할 것이다.

그러나 한 번만 더 생각해 보자. 100만 개일까, 아니면 1,000억 개일까? 우리 뇌는 큰 숫자를 탐색하는 일에 서투르기에 자기도 모르게 '엄청 많음' 정도로 처리해 버린다. 우리의 직관만으로는 두 수 중 하나를 고르기 어렵지만, 종이나 계산기를 이용해 대략적으로 계산해 보는 것은 어렵지 않다.

지금부터 나만의 계산법을 얘기하겠다. 스페인 인구는 약 4,700만 명이다. 그중 커피를 즐기는 이는 20명 중 1명꼴이며, 그들의 1일

---

13 정확하지는 않지만, 빠른 속도로 대략적인 수치나 가능성을 추정하는 계산법을 말한다. 이 계산법은 식당이나 카페에서 냅킨 뒷면에 끄적이는 행위에 빗대어 명명되었다.

평균 커피 소비량은 1잔 정도라고 추정한다. 이에 따르면 스페인에서는 1년 동안 약 8억 6,000만 개의 커피 캡슐이 소비되는 셈이라고 할 수 있다.

스페인 통계청에 따르면 2019년 스페인에서 소비된 커피 캡슐은 총 23억 9,000만 개였다. 내가 추정한 수치의 약 3배에 달하는 수치이지만, 그래도 엉터리 계산은 아니었다. 적어도 계산을 끝내고 나니 100만 개는 턱없이 부족하고, 1,000억 개는 지나치게 많은 수임을 알 수 있었으니 말이다.

끊임없이 계산해 보자.

이상의 내용을 '차수 추정(order of magnitude estimates)'이라고 하며,[14] 세상을 정량적으로 바라보는 데 도움을 준다. 차수 추정은 당신이 전혀 모르는 주제에 대한 논쟁을 판단하는 데 필수적이다. 누군가 스페인의 커피 캡슐 산업이 연간 120억 유로의 매출을 올린다고 주장한다고 상상해 보자.

그 말을 의심해야 할까? 당연하다. 수치가 맞지 않기 때문이다. 커피 캡슐 20억 개를 개당 35센트에 판매한다면, 매출은 대략 6~7억 유로 수준이다. 이는 주장하는 바와 거리가 아주 먼 수치이다.

---

14 차수(order of magnitude)란 10의 거듭제곱 단위 차이를 의미한다. 0.01과 0.1, 또는 100과 1,000 사이의 차이가 그 예이다. 핵심은 추정치가 차수만 맞아떨어져도 충분히 근사치로 본다는 점이다.

매출 데이터를 검토하는 또 다른 방법은 비교 대상을 찾는 것이다. 120억 유로는 스페인 GDP인 약 1조 2,000억 유로의 1%에 해당한다. 그런데 커피 캡슐 산업이 국가 전체 경제의 1%나 차지할 리는 없다.

이상의 내용을 통해 나는 천재처럼 머릿속으로 복잡한 계산을 하라는 말을 하려는 의도는 없다. 그저 스마트폰 계산기로 주변의 숫자들을 따져 보기를 바란다.

차수 추정의 목표는 오류를 피하는 데 있다. 오류는 때때로 위험하기도 하다. 그 예로 코로나19 팬데믹 초기에는 일반 독감의 치명률을 둘러싼 혼란이 있었다. 2020년 2월이 되어 여러 국가에서 신종 코로나바이러스 감염 사례가 발견되기 시작했다. 이에 전 세계에서는 해당 사례가 심각한 문제로 이어지지는 않을까를 우려하고 있었다.

그 불확실한 상황 속에서 많은 사람은 새롭게 창궐한 질병의 심각성을 부정하면서 독감보다 심하지 않을 것이며, 공포심이 바이러스 자체보다 더 해로울 수 있다는 주장을 펼쳤다. 그들은 초기 방역 조치에 반대했으며, 우려를 표하는 사람들을 조롱했다. 그리고 자기 입장을 옹호하기 위해 잘못되었다고 밝혀진 데이터를 반복적으로 인용하기까지 했다. 애초부터 허술해 보이던 데이터를 근거로 일반 독감이 코로나19보다 더 치명적이라고 주장한 것이다.

그 당시 이미 중국에서는 코로나19 치명률이 대략 0.5~1%로 추정되고 있었다. 이는 감염자 100~200명 중 1명이 사망하는 수준이었다. 하지만 바이러스의 위험성을 과소평가하던 사람들은 스페인의 독감 치명률이 오히려 1~2% 더 높다고 말했다.

물론 그들이 그 수치를 지어내지는 않았다. 바로 스페인 보건부 산하 카를로스 3세 보건 연구소(Carlos III Health Institute)의 보고서에 근거한 것이었다. 해당 보고서에 따르면 2017~2018년 스페인에서 70만 건의 가벼운 독감 사례와 약 1만 5,000명의 사망자가 발생했다. 이 데이터를 바탕으로 치명률을 계산하면 2%로, 코로나19의 2배에 달하는 수이다. 이것이 과연 맞는 수치일까?

곧 설명하겠지만, 위와 같은 비교는 잘못되었다. 그 사실을 몰랐더라도 독감 치명률이 2%라는 말은 믿기 어려웠을 것이다. 너무 높은 수치이지 않은가? 무언가 의심스럽다. 독감에 걸린 사람 50명 중 1명꼴로 사망한다면, 그 사실이 모두에게 퍼지면서 독감을 훨씬 두려워했을 것이다. 물론 나이에 따라 다르겠지만 말이다.

당신의 아버지나 할머니가 독감에 걸릴 때마다 사망할 확률이 10%였다면, 그 사실을 과연 모를 수 있었을까? 증상이 나타나는 순간부터 겁에 질렸을 것이다. 그토록 치명적인 질병을 대수롭지 않게 여긴다는 것은 이상한 일이다.

'그저 독감일 뿐'이라고 주장하던 사람들의 실수는 코로나19의 '감염 치명률(Infecton Fatality Rate, 이하 IFR)'과 독감의 '사례 치명률(Case-Fatality Rate, 이하 CFR)'이라는 서로 다른 두 지표를 비교한 데 있다. 독감의 2%라는 수치는 모든 독감 환자 가운데 사망한 비율(IFR)이 아니라, 진단을 받은 사례에서의 사망 비율(CFR)이었다.

그런데 카를로스 3세 보건 연구소에서 보고한 70만 건의 독감 사례는 병원 측의 진단만 포함된 수치였으며, 실상은 독감에 걸려도 병원을 찾지 않는 사람이 많았다. 역학자 애덤 쿠차르스키에 따르면 매년 전 세계 인구의 약 30%가 독감에 걸린다. 이를 스페인에 적용하면 1,000~1,500만 명 정도가 감염된다는 뜻이다.

그렇다면 2017~2018년에 독감으로 발생한 1만 5,000명의 사망자를 감염 치명률로 환산하면 0.1%이다. 2018~2019년에는 사망자가 6,000명으로 줄어들어 0.05%까지 낮아진다. 2020년 3월, 쿠차르스키를 비롯한 다른 역학자들은 그 문제를 명확히 하기 위해 독감 치명률을 0.02~0.05%로 추정한 바 있다.[15] 한편 코로나19는 초기 IFR 추정치가 0.5%~1%였음을 상기해 보면, 신종 코로나바이러스가 독감보다 최소 10배에서 최대 50배 더 치명적인 셈이었다.

따라서 나는 당신에게 빠르게 계산하는 습관을 권한다. 빠른 계산은 개인적인 의사 결정은 물론, 직장에서 앞서 나가서나 급격하게 확산된 왓츠앱(WhatsApp) 메시지 등을 검증할 때 유용하다. 요즘은 인터넷으로 원하는 정보를 바로 찾아볼 수 있어서 빠른 계산이 어느 때보다도 쉬워졌다. 구글에서 단 5분만 검색해도 독감 사망자 수를

15 　유럽 질병 예방 통제 센터(European Centre for Disease Prevention and Control, ECDC)에서는 매년 독감에 따른 증상 발현 사례를 약 5,000만 건으로, 사망자 수는 1만 5,000~7만 명으로 추정하고 있다. 이를 바탕으로 계산한 CFR은 0.03~0.14%이며, 이는 무증상 감염 사례를 제외한 수치이다.

확인할 수 있으니 말이다. 심지어 스페인 통계청 웹사이트를 살펴보면, 2019년에 스페인에서 커피 캡슐이 23억 9,000만 개 소비되었다는 사실도 알 수 있다.

RULE Ⅶ

어긋난 이끌림

표본의 편향을 막아라

낙관과 의혹

축구 선수가 되기란 참 어렵다. 그런가 하면 〈FIFA(현 EA Sports FC)〉 유저는 게임이 자신을 속인다는 착각을 그대로 믿기도 한다.

어디에서나 프로 축구 선수가 되기를 꿈꾸는 아이들이 참 많다. 정상급 선수의 삶은 만인의 부러움을 살 만하니 그럴 만도 하다. 그들은 돈도 많이 벌고, 멋져 보이는 데다 스타로 칭송받기까지 한다. 우리는 축구 선수를 비롯한 스포츠 선수가 하는 일에서 초월적인 가치마저 찾기도 한다. 채드 하바크(Chad Harbach)의 소설 《수비의 기술(The Art of Fielding)》에서 야구를 사랑하던 한 인물은 다음과 같이 말했다.

"겉보기에 무의미한 일이지만, 이 일은 결국 특별한 재능을 지닌 이들이 해내는 것이었다. 그것은 가치를 설명하려는 모든 시도를 비껴가면서도 어쩐지 인간 존재의 진실한, 심지어 본질적인 무언가를 전달하는 듯해 보였다."

그러한 일을 하면서 생계를 유지하는 삶은 누구에게나 매력적이다. 하지만 축구 선수가 되겠다는 꿈은 빙산처럼 겉으로 드러난 부분만을 보여 주는 함정과 같다. 우리가 부러워하는 선수들은 소수의 선택받은 자들이다. 한때 같은 목표를 꿈꾸던 재능 있는 수많은 청년의 실패를 딛고서 말이다. 그렇게 위로 올라선 이들의 수를 냉정히 살펴보노라면, 축구 선수의 삶은 마치 수년간의 청춘을 담보로 얻은 복권을 긁는 일과 다를 바 없어 보이기도 하다.

하지만 대부분은 그렇게 계산하지 않는다. 낙관은 인간의 본성이기 때문이다. 우리는 빙산의 일각만을 보며 자신도 꿈을 실현할 수 있으리라 믿는다. 누구나 '뜻이 있는 곳에 길이 있다.'라는 말을 머릿속으로 되뇌지만, 현실은 그렇지 않다.

그렇다면 수치를 따져 보도록 하자. 스페인의 남자 프로 축구 선수는 1부 리그부터 2부 B리그까지 모든 리그를 통틀어 약 5,000명이 있다. 선수 경력이 평균 5년이라고 가정하면, 해마다 약 1,000명의 청년이 프로 축구 선수로 데뷔하는 셈이다.

문제는 스페인에 16~18세 유소년 선수가 무려 11만 명이나 된다는 점이다. 결국 40명당 1명만이 프로 선수가 된다. 더군다나 1, 2부 리그에 속하는 선수는 전체 프로 선수의 약 20%에 불과하다. 최종적으로 1부 또는 2부 리그에서 데뷔하는 프로 선수는 200명 가운데 1명꼴인 셈이다.

한편 엘리트 선수의 문턱에 선 소년의 입장에서 생각한다면 다른 계산이 가능하다. 당신을 레알 마드리드나 바르셀로나처럼 상위 20개 유소년 축구단에서 활동하는 선수라고 상상해 보자. 이때 당신은 또래 선수 가운데 상위 600명 안에 드는 유망주이다. 그리고 당신의 재능은 같은 지역과 동네, 학교 친구에 비하면 확실히 특별하다. 이제 당신에게는 마지막 관문만이 남았고, 확률도 당신 편을 들어 주리라는 생각도 들 테다.

그렇다면 1부 리그에 당신의 자리가 준비되어 있을까? 안타깝게도 그렇지 않다. 16~18세 유소년팀은 3년마다 새로운 선수로 교체되지만, 엘리트 팀에는 10년 이상 같은 포지션을 유지하는 선수도 있다. 이처럼 긴 커리어를 이어가는 1명의 선수로 3명의 젊은 유망주가 데뷔조차 못 하고 사라지는 셈이다.

TV에 출연하는 선수의 모습에 혹해 축구 선수의 꿈을 키우는 것이 바람직한 길이라는 생각은 착각이다. 우리는 편향된 표본을 보고 있기 때문이다. 게다가 우리는 같은 꿈을 좇다 무너진 아이들의 사정을 알 리 없다. 우리는 실패의 고배를 마신 선수가 몇 명인지도, 그 아이들이 얼마나 많은 희생을 치렀는지조차 알 길이 없다. 그런데도 뇌에서는 20명의 성공한 축구 선수를 표본 삼아 그들의 길을 따라가면 될 것이라는 생각을 심는다. 하지만 이러한 일반화는 정보가 부족한 상태에서 이루어진다. 우리는 이 같은 함정을 항상 경계해야 한다.

우리의 인식은 표본을 취하는 방법을 모른다.

지금부터 5가지 사례를 통해 우리에게 흔히 나타나는 한계가 드러나는 방식이 무엇인가를 살펴보자.

[CASE 1]
주변의 사건

우리는 주변에서 일어나는 일이 세상 전부를 대표한다고 가정한다. 하지만 현실은 그렇지 않다. 자신의 경험을 기반으로 한 판단은 타당하지만, 우리는 모두 자기만의 울타리 안에 살고 있다는 점을 기억해야 한다.

2007년 당시 스페인의 총리였던 호세 루이스 로드리게스 사파테로(José Luis Rodriguez Zapatero)에게 커피 1잔의 가격을 물었을 때, 그는 80센트라고 답했다. 국회 구내식당에서 판매하는 커피 가격이 80센트였기 때문이다. 하지만 카페에서는 그 2배였다.

이처럼 우리는 저마다의 섬에 살고 있다. 그리고 당신은 지금 이 책을 읽고 있다. 당신은 아마 보통 사람보다 책을 더 많이 읽는 편일 것이다. 그렇다면 당신은 대학교를 졸업했을 확률이 높다. 대졸자는 책을 더 많이 읽기 때문이다. 대졸자는 소득 역시 더 많으므로, 당신과 이웃은 국가 평균보다 더 많은 돈을 벌 확률이 높다.

하지만 당신은 잘 모를 것이다. 자신의 소득이 어느 수준이라고 생각하는가? 영국에 거주하면서 연간 총소득이 5만 2,000유로인 사람이라면 스스로 평균 수준이라고 생각할 것이다. 그러나 세계 불평등 데이터베이스(World Inequality Database)에 따르면, 그 사람은 실제로 영국인 상위 20%에 속한다. 물론 주변 사람 대부분이 자기보다 돈을 더 많이 번다고 느낄 수 있으며, 실제로 그러할 가능성도 크다.

사람들은 비슷한 부류끼리 어울리는 경향이 있기 때문이다.

[CASE 2]
주의를 끄는 사건

뉴스를 보고 있으면 온 세상이 위기에 빠졌다는 생각이 들 때가 있다. 어제는 화재로 12명이 사망한 소식과 지진 소식, 그리고 한 여성이 이웃들을 살해한 소식과 더불어 한 아이가 튜브를 타고 바다로 떠내려가 고립된 소식이 보도되었다. 이들 사건을 TV에서 자주 접하다 보니 매일 일어나는 일이 아닌가 싶기도 할 것이다. 하지만 역설적이게도 그 사건이 TV에 보도되는 것은 그만큼 드물게 일어나기 때문이다.

[CASE 3]
개인적인 경험

우리는 의사 결정의 순간에서 자기 경험에 많은 비중을 둔다. 단 한 번뿐이라도 직접 겪은 일이라면 수많은 보고서나 통계 자료보다 더욱 신뢰하게 된다. 이러한 경향으로 비행기 타기를 자동차 운전보다 두려워하는 사람이 많다. 비행기가 자동차보다 훨씬 더 안전한데도 말이다. 이에 우리 뇌는 다음과 같이 받아들인다.

"비행기를 탄 적은 몇 번 안 되지만, 무슨 일이 생길지 어떻게 알아? 하지만 운전은 매일 하는데 여태 아무 일도 안 일어나잖아."

[CASE 4]
편의주의적 발상

누군가와 영화의 황금기에 관한 논쟁 속에서 당신이 1990년대가 바로 그때라고 주장하는 상황이라면, 머릿속에는 자연스럽게 그 시절의 명작만 떠오를 것이다. 하지만 이들 영화는 진정한 데이터 집합이라고 할 수 없다. 이는 체리 피킹(cherry-picking)의 한 예로, 자신의 논지에 부합하는 사례인 90년대 명작만 취하고 나머지 형편없는 영화들은 무시하는 오류이다.

흥미로운 사실은 그러한 오류를 뇌에서 우리도 모르게 만들어 낸다는 것이다. 헬스장에 가기 귀찮을 때는 머릿속에 온갖 핑계가 떠오르기 시작하는 것이 그 예다. 내일 가는 게 낫겠다며 괜스레 자신을 꼬드기거나, 밖에 비가 오는 것처럼 헬스장과 크게 상관없는 사실을 떠올리게 한다.

[CASE 5]
피해자라는 생각

이는 머피의 법칙을 설명하는 방법의 하나이기도 하다. 잘못될 수 있는 일은 진짜로 그렇게 될 것이라는 느낌 말이다. 이와 관련하여 다음과 같은 말을 한 번쯤은 들어 본 적이 있을 것이다.

"왜 토스트는 꼭 버터 바른 면부터 아래로 떨어질까?"

물론 이 말은 사실이 아니다. 온 우주가 우리를 골탕 먹이려고 수작을 부린 결과는 아니니 말이다. 단지 그러한 일이 벌어질 때만 기억에 남는 것이다. 우리가 토스트를 놓쳤을 때, 아무것도 바르지 않은 면이 바닥으로 떨어지면 그냥 별생각 없이 넘겨 버린다. 문제는 그 반대의 상황이다. 그때부터는 짜증이 나면서 머피의 말이 옳았다는 생각이 들 것이다.

EA 스포츠의 인기 축구 시뮬레이션 게임인 〈FIFA〉 플레이어 사이에서도 그와 비슷한 재미있는 예를 찾을 수 있다. 1993년부터 본 게임의 시리즈가 발매된 이후부터 주말마다 수백만 명이 온라인 모드로 수 시간씩 경쟁전을 벌인다.

해당 게임을 직접 해 본 적이 없다면, 실제 축구팀을 조종한다고 상상해 보자. 게임에 접속하면 당신과 상대는 선수 1명을 조종한다. 그러나 게임에는 2명의 플레이어뿐 아니라 컴퓨터도 관여한다.

커뮤니티에서는 컴퓨터를 'CPU(Central Processing Unit)'라고 부르는데, CPU는 나머지 선수들을 무작위로 조작한다.

CPU는 게임에서 신과 같은 존재이다. 슛이 빗나가거나, 상대가 드리블에 실패하는 현상도 CPU의 결정이 어느 정도 작용한 결과이다. 이를 이유로 플레이어 사이에서는 불만이 터져 나오다가, 급기야는 음모론까지 생겨났다.

게임에서 1:0으로 당신이 앞서고 있고, 경기 종료까지 1분이 남은 상황에서 코너킥 기회를 얻었다고 생각해 보자. 당신은 조심스럽게 컨트롤러를 집어 들고 버튼 하나를 눌러 공을 최적의 위치에 놓은 뒤, 나머지 두 버튼을 더 눌러 완벽한 슛을 시도한다. 하지만 공은 하필 골대를 때리고 튕겨 나온다. 이에 상대는 곧장 역습에 나서며 먼 거리에서 슛을 날린다. 그리고 당신 팀의 골키퍼가 상대 팀의 슛을 놓치면서 1점을 내주고 만다.

당신의 승리는 컴퓨터의 2가지 결정으로 물거품이 되면서 게임은 결국 무승부로 마무리된다. 마치 그러한 결과가 일어나도록 유도한 것처럼 말이다. 커뮤니티에서는 이 현상을 '스크립팅(scripting)'[16]이라고 부른다. 플레이어는 게임 제작자가 몰래 숨겨 둔 알고리즘을 통해 게임이 무승부로 끝나도록 조작한다고 여긴다. 따라서 플레이어는 자신이 이기고 있을 때 희한한 일이 벌어지는 이유는 컴퓨터가 상대편을 도와주기 때문이라고 믿는다.

---

16 게임의 전개나 결과가 미리 정해진 흐름에 따라 조작된다는 의심을 일컫는 표현. 옮긴이.

이는 얼핏 큰 문제가 아닌 듯해 보인다. 게임을 더 재미있게 만들기 위한 '속임수'가 있다 한들 무슨 대수겠는가? 하지만 플레이어는 게임에서의 경쟁이 공정하기를 바라기에 그 사안을 매우 진지하게 받아들인다. 그렇게 커뮤니티에는 조작을 의심하는 불만 의견이 넘쳐난다. 'civicmon'이라는 이용자는 레딧(Reddit)에 다음과 같은 글을 올렸다.

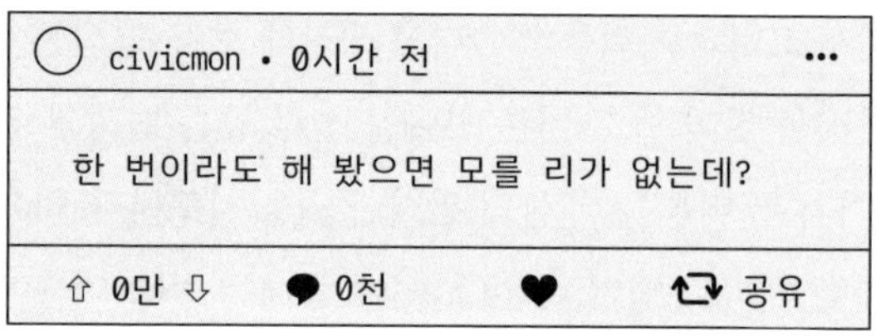

한편 다른 이용자는 아래와 같은 말을 남겼다.

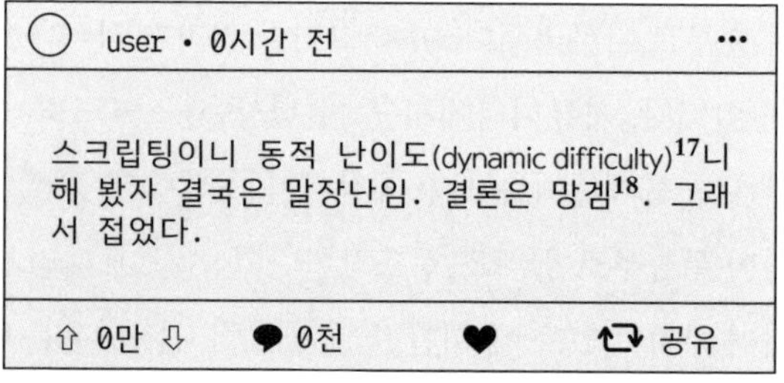

---

17   플레이어 실력에 따라 게임 난이도가 자동 조절되는 시스템. 옮긴이.

18   '망한 게임'의 줄임말.

누군가는 회사의 의도를 추측하기까지 했다.

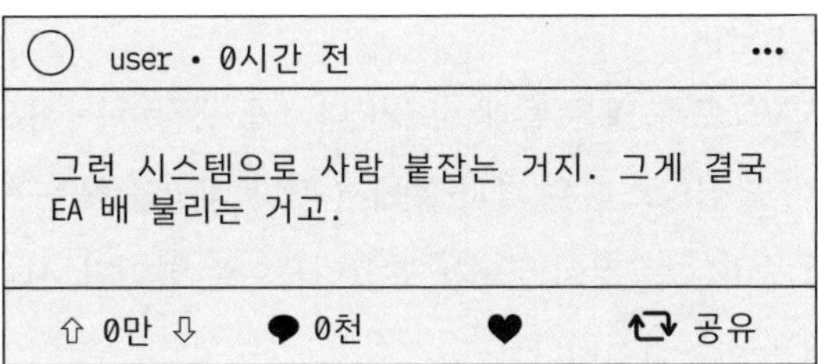

하지만 흥미롭게도 제작사 측에서는 이상의 의혹을 완전히 부인하고 있다. 구체적으로는 제작사가 플레이어를 속이는 것이 아니라, 플레이어의 인식 때문이라고 말한다. 이에 〈FIFA〉의 크리에이티브 디렉터 매트 프라이어(Matt Prior)는 2017년 한 인터뷰에서 이렇게 말했다.

"게임 안에서 결과를 조작하는 무언가가 작동하는 거 아니냐는 질문을 자주 받아요. 확실히 말씀드릴 수 있는데, 그런 건 절대 없습니다."

제작사에서는 그 말을 지겹도록 반복해 왔다. 그들은 알고리즘을 사용해 슛이 빗나가거나, 골키퍼가 헛다리를 짚는 등 가상의 선수가 저지르는 실수를 시뮬레이션한다. 하지만 그 목적은 게임에 현실감을 더하는 데 있을 뿐이다. 그런데 실수가 일어날 확률은 경기 상황에 따라 달라지지 않는다. 프라이어는 '어? 지금 90분인데 1:0 이네? 이 선수가 실수할 확률을 높여야지.'라는 식으로 작동하지 않는다고 단언한다.

하지만 그토록 많은 플레이어가 다르게 생각하는 이유는 무엇일까? 아마도 실망스러운 결과 앞에서 탓할 대상을 찾는 것이 인간의 본성인 듯하다. 그것이 신이든 알고리즘이든 말이다. 사실 우리의 기억은 매우 비논리적이다.

우리는 불공정한 경기에서 이득을 보면 잠시 기뻐하다가도 곧바로 '다음' 버튼을 누르며 EA 스포츠 따위는 떠올리지도 않는다. 하지만 그 반대 상황이 벌어지면 패턴을 찾으려 하고, 또다시 망할 CPU가 자기를 방해한다고 생각한다. 변명할 거리는 언제 어디에나 존재하기 마련이다. 이와 관련하여 프라이어는 다음과 같이 말한 바 있다.

"이기면 자기 실력 덕분이고, 지면 조작이라고들 하죠."

EA 스포츠의 발언을 읽다 보면 논란을 은근히 즐기고 있음이 분명하다. 플레이어의 분노는 오히려 제작사에게 자부심의 근거가 된다. 이는 〈FIFA〉를 할 때, 제작진이 실제 축구만큼이나 좌절감을 느낄 정도로 시뮬레이터를 잘 만들었다는 방증이기도 하니 말이다.

선택 편향

이제 1943년으로 돌아가 '역사상 가장 뛰어난 통계학자 집단'을 만나 보자. 그리고 하버드대 학자의 시선으로 자주 간과되는 함정인 콜라이더 편향(collider bias)을 피하는 법을 살펴본다.

1943년, 미군 항공기가 너무나 자주 격추당하자 미군에서는 방어 구조를 보강해야 한다는 결론을 내렸다. 그러나 어느 부분을 보강해야 하는가를 결정하는 일은 매우 까다로운 문제였다. 기체의 중량이 늘어나 기동성이 떨어지면 오히려 역효과가 날 수 있기 때문이었다.

미군에서는 전쟁 문제 해결을 위해 조직된 컬럼비아대 수학자 및 공학자 집단인 통계 연구 그룹(Statistical Research Group, 이하 SRG)에 도움을 요청했다. 이 그룹은 연구 책임자인 앨런 월리스(Allen Wallis)가 '역사상 가장 뛰어난 통계학자 집단'이라고 자부할 정도로 막강한 팀이었다. 1942년부터 1945년까지 SRG에는 대표적으로 다음과 같은 학자들이 드나들었다.

- 해럴드 호텔링(Harold Hotelling): 자신의 이름을 딴 법칙과 규칙 및 보조 정리의 주창자

- **노버트 위너**(Norbert Wiener): 사이버네틱스(cybernetics)[19]의 선구자
- **줄리안 비글로**(Julian Bigelow): 초기 디지털 컴퓨터 공동 발명자[20]
- **조지 스티글러**(George Stigler), **밀턴 프리드먼**(Milton Friedman): 노벨 경제학상 수상자

한편 항공기 프로젝트는 출중한 수학자로 손꼽히는 아브라함 왈드(Abraham Wald)에게로 돌아갔다. 그는 빈에서 자란 헝가리계 유대인으로, 나치의 박해를 피해 오스트리아에서 망명한 인물이다. 미군은 왈드에게 작업할 데이터를 제공했다. 전투에서 귀환한 수백 대의 항공기를 점검하여 동체의 엔진, 보조날개, 조종석 등 동체의 여러 부위에 남은 탄흔을 기록한 데이터였다.

미군의 초기 계획은 피격이 집중된 부분을 분석한 뒤, 그곳을 보강하는 것이었다. 겉보기에는 합리적인 판단이었다. 적군의 항공기 격추 방식이 조종석을 집중 공격하는 것이라면, 조종석을 더 튼튼하게 만들면 될 테니 말이다. 하지만 이 논리에는 오류가 있었다. 몇 년 뒤 월리스는 그 일을 다음과 같이 설명했다.

---

19 인공지능과 제어 이론의 선구적 학문 분야. 옮긴이.

20 다른 공동 발명자는 존 폰 노이만(John von Neumann)이다.

"왈드는 충분한 근거를 바탕으로 전투 중 피격이 항공기 전체에 균등하게 일어난다고 가정했다."

적군은 항공기의 주요 부분을 조준하고, 총탄은 우연히 이곳저곳에 흩어져 박혔다. 따라서 조종석이 피격을 당하고도 귀환한 항공기가 많았던 이유는 그 부분이 약한 탓이 아니라 오히려 튼튼했기 때문이었다. 그렇기에 조종석을 맞고도 항공기가 기지로 돌아올 수 있던 것이다.

반면에 점검한 항공기의 꼬리 부분에 피격 흔적이 거의 없었던 이유는 꼬리를 맞으면 대체로 추락했기 때문이었다. 따라서 왈드는 귀환한 항공기가 타격을 입지 않은 곳이야말로 보강이 필요한 부분이라는 결론을 내렸다. 그곳이 바로 치명적인 약점이었기 때문이다.

결국 미군이 처음에 내린 판단은 '생존 편향(survivorship bias)'에 따른 오류였다. '귀환한 항공기'의 탄흔은 전체 피격 사례를 대표하는 표본이 아니었다. 격추된 항공기의 데이터가 빠져 있었기 때문이다.

위와 같은 일은 경영학 강의에서 가르치는 성공담에도 나타난다. 스티브 잡스와 마크 저커버그는 회사를 창업하기 위해 대학을 자퇴했다. 그들은 비전을 품고 목표를 밀고 나갔다. 빌 게이츠와 리처드 브랜슨을 비롯한 트위터, 오라클, 델의 창립자도 마찬가지였는데, 모두 남성이라는 점도 언급할 만하다. 그들을 보면 마치 대학을 졸업하는 것이 오히려 손해라는 생각이 들 법도 하다.

그렇다면 당신은 오해를 불러일으키는 집단을 보고 있는 것이다. 꿈을 좇기 위해 대학을 자퇴했다가 꿈도 학업도 이루지 못한 사람은 몇 명이나 될까? 아마 대다수일 테지만, 우리는 결코 알 수 없다. 스티브 잡스나 마크 저커버그와 같은 선택을 하다 실패한 사람들을 인터뷰한 이는 아무도 없기 때문이다.

이상의 오류는 흔하다. 우리는 특정 관측값을 바탕으로 더 넓은 현실을 이해하려 하지만, 그 집합의 예외적인 경우는 고려하지 않는다. 항공기의 사례에서 표본은 생존한 기체에 편향된바, 이는 선택 편향에 속한다. '항공기 귀환'이라는 표본 생성 과정으로 표본의 범위가 '전투에서 귀환한 항공기'로 제한되었다. 이러한 이유로 전체 연구 대상인 피격된 모든 항공기를 대표할 수 없었다.

**데이터가 결론을 왜곡하기 전에
그 안에 숨은 편향부터 밝혀내야 한다.**

그렇다면 편향이 없는 표본 가운데 타이어 접지력을 높이는 홈의 수명이 얼마인지 살펴보려는 타이어 제조사를 상상해 보자. 가장 단순한 방법은 타이어를 트랙 위에 굴리면서 얼마나 빨리 마모되는가를 측정하는 것이다. 수십 개의 타이어를 표본으로 삼아 그 과정을 반복하면 홈의 수명을 계산할 수 있다.

이때는 평가에 활용할 타이어가 전체 집합을 대표해야 하며, 대표성은 재고를 무작위로 선택하는 것만으로도 확보할 수 있다. 하지만 그 과정이 쉽지 않을 때가 많다. 표본을 추출하는 과정에서 편향이 흔히 발생하기 때문이다.

그 예로 가장 인기 있는 자동차 모델을 조사해 달라는 요청을 받았을 때를 생각해 보자. 한 사설 주차장에 등록된 수천 대의 차량을 관찰 대상으로 삼을 수 있을까? 그렇지 않다. 비싼 차들이 너무 많을 것이기 때문이다.

이 외에 사람들의 평균 독서량을 알고 싶다면 어떻게 해야 할까? 대학생 1,000명을 대상으로 설문 조사를 하면 될까? 이 방법도 적절하지는 않다. 대학생들은 평균보다 책을 더 많이 읽기 때문이다.

이처럼 대표성을 갖춘 표본을 찾는 일은 어렵다. 지금부터 살펴볼 내용과 같이, 일부 편향은 매우 미묘하면서 예상치 못한 방식으로 생겨나기도 한다.

◆

당신을 청년의 학업 능력과 운동 능력 간 연관성을 분석하려는 하버드대 연구원이라고 생각해 보자. 이때 당신은 두 능력이 반비례한다는 가설을 세운다. 다시 말하면 운동을 잘하는 사람은 대체로 공부를 못하고, 공부를 잘하는 사람은 그 반대라고 믿는다는 것이다.

개인적인 인상은 그렇다지만, 당신은 과학자인 만큼 그 편견을 검증할 데이터를 찾기로 한다. 이에 당신은 학계의 흔한 방식대로 학생을 연구 대상으로 삼는다. 대학 행정실에 문의하여 당신에게 필요한 졸업생의 학업 성적과 운동 능력 정보를 담은 파일의 열람 권한을 얻는다.

컴퓨터 앞에 앉아 데이터를 교차 분석해 보니, 당신의 생각이 맞아떨어진다. 학업 성적이 가장 좋은 학생들은 실제로 운동을 참 못했다. 캠퍼스를 거닐다가 멀리 굴러간 공을 되돌려 주는 폼이 어설픈 학생을 본다면, 학업 성적이 아주 우수한 학생이라고 짐작해도 좋다. 다음 그래프가 그 관계를 잘 보여 준다.

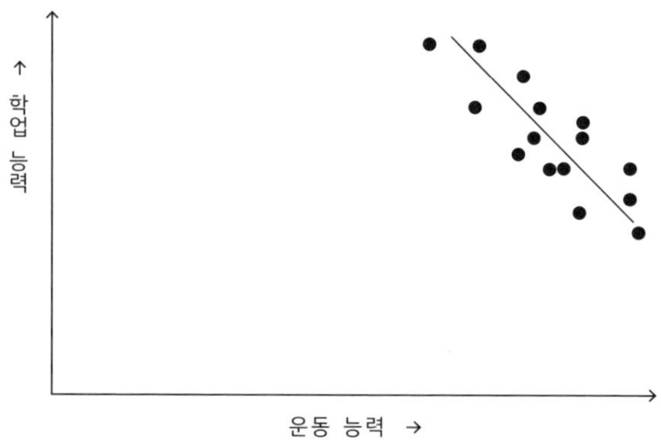

하지만 주의해야 한다. 당신은 실수하고 있을지도 모른다. 당신은 하버드대 학생뿐 아니라 일반 청년의 학업 능력과 운동 능력의 관계를 조사하려고 했다. 그러나 표본 추출 방식이 무작위 표집도 아니고 하버드대 학생을 표본으로 선택함으로써 당신은 거의 확실하게 착각을 만들어 내고 있다. 하버드대에서만큼은 두 능력 사이에 음의 상관관계가 있는 듯해 보이지만, 그것이 외부에도 적용되리라는 보장은 없다. 그 이유는 무엇일까?

그 문제에 접근하는 방식 중 하나는 학업 능력과 운동 능력 간 상관관계가 애초에 존재하지 않는다고 가정하는 것이다. 그렇다면 두 능력이 서로 독립적인 변수이고, 각자 정규 분포를 따르면서 서로 영향을 주지 않는다고 생각해 보자. 청년들은 대부분 평균 수준으로 고른 능력을 보일 것이다. 공부를 잘하는 학생과 못하는 학생이 있듯 운동 능력도 그와 마찬가지일 테지만, 두 능력 사이에는 아무 연관이 없다.

누군가의 100m 달리기 기록이 몇 초인지를 안다고 하더라도, 그 사람의 학업 성적이 좋은지 나쁜지는 알 수가 없다. 결과적으로 학업 능력과 운동 능력은 서로 무관하다. 청년 70명을 대상으로 조사한 결과를 그래프로 나타낸다면, 점들이 구름 모양으로 분산되어 있을 것이다. 이는 학업 능력과 운동 능력이 서로 완벽하게 **무관**하다는 사실을 보여 주는 분포이다.

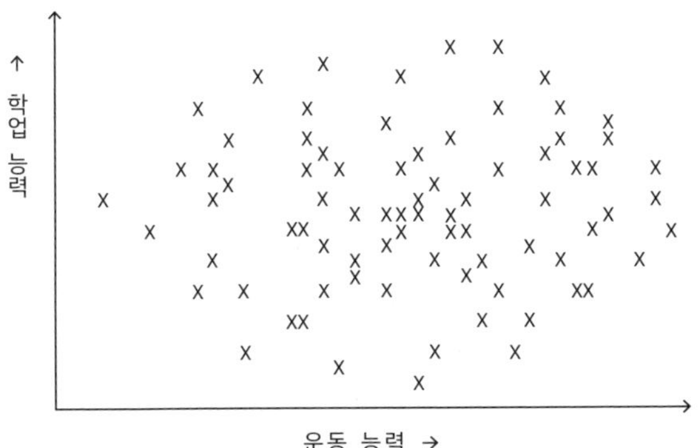

하지만 그래프에 흩뿌려진 점 가운데 하버드대 표본에 속한 학생들만 강조해 보자. 그러면 앞서 확인한 바와 같이 하버드대에서 학업 성적이 우수한 학생일수록 운동 능력이 떨어져 보이는 패턴이 나타난다. 이때 핵심은 하버드대에서 공부하는 청년이 선택 편향으로 치우친 표본임을 인식하는 것이다.

미국의 상위권 대학에서는 학업이나 운동 능력이 뛰어난 학생만을 모집한다. 그런데 선발 과정 자체에서 실제 존재하지 않는 상관관계가 형성될 수 있다. 하버드대가 학업이나 운동 능력에서 상위 20%에 속하는 학생을 선발한다고 가정하면, 대부분 한 능력이 뛰어난 것과 대조적으로 다른 능력은 평균에 가까울 것이다. 이에 학업 능력과 운동 능력은 서로 무관하다고 전제한 사실을 명심하자.

뛰어난 운동 능력으로 하버드대에 입학한 학생을 일반 학생과 비교할 때, 학업 능력은 평균 수준일 가능성이 크다. 물론 입시에 학업 성적도 반영되었다면 평균보다 약간 더 우수할 수는 있다. 하지만 하버드대 안에서라면 그들은 평균 이하로 전락할 것이다. 하버드대에는 본래 높은 학업 성취도로 선발된 학생의 수가 압도적으로 많기 때문이다. 두 번째 그래프는 그러한 역설을 보여 준다.

우리는 지금 콜라이더 편향의 사례를 보고 있다. 표본 선택 과정에서, 표본 내적으로 유효한 상관관계가 형성되는 듯해 보일 것이다. 그러나 이는 일반화할 수 없으며, 전체 집단에의 적용도 불가능하다.

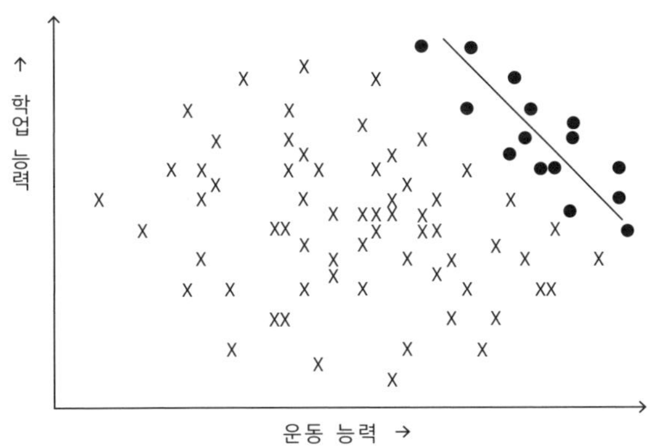

위의 개념은 방향성 비순환 그래프(Directed Acyclic Graph, DAG)를 활용하여 더 명확히 시각화할 수 있다. 방향성 비순환 그래프는 인과성 문제를 다루는 연구자가 사용하는 도구로, 변수 간 연관성과 인과관계 분석에 쓰인다. 이때 한 변수는 우리가 살펴보고자 하는 대상의 잠재적 원인으로, '노출(exposure)' 또는 '처치(treatment)'라고 부른다. 또 다른 변수는 그에 따라 나타날 '효과(effect)' 또는 '결과(outcome)'이다.

그 외 나머지 변수는 간섭 요인에 해당한다. 이들 변수는 우리의 관심 대상인 두 변수와 관련이 있으며, 존재만으로 교란 요인(confounding factor)이 될 가능성이 있다. 다음은 하버드대의 사례에서 볼 수 있는 콜라이더 편향을 보여 주는 도식이다.

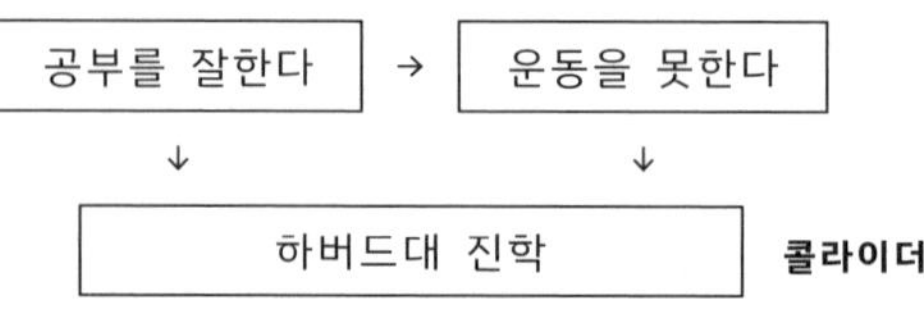

'공부를 잘한다'라는 노출과 결과인 '운동을 못한다'가 '하버드대 진학'이라는 공통 효과를 불러올 때, 효과 변수를 '콜라이더'라고 부른다. 콜라이더의 존재는 문제가 되지 않는다. 그러나 특정 표본을 취하는 등의 방식으로 그 값을 고정하는 실수를 저지르면, 콜라이더 편향이 발생하면서 노출과 결과 사이에 거짓 연관성이 생겨날 수 있다.

하버드대처럼 선별된 집단에 속한 학생들만 본다면, 공부를 잘하는 학생만 운동을 못한다고 생각하게 될 것이다. 성적도 나쁘고 운동까지 못하는 학생은 그 집단에 포함되지 않기 때문이다. 그 연관성은 전체 학생 집단에 적용될 수 없으며, 하버드대 학생만을 대상으로 한 편향적인 집단에서만 발견할 수 있다. 이것이 바로 교묘한 문제점이다.

연구 대상인 두 변수가

하나의 공통 효과를 공유한다면,

그 값을 고정하는 실수를 피하자.

그렇지 않으면 콜라이더 편향이 발생할 수 있다.

또 다른 예로 내 친구 에바를 소개하도록 하겠다. 에바는 유머 감각과 외모가 기준 이상인 남자와만 데이트한다. 앞선 기준은 그녀에게 거의 상호 교환 가능한 요소다. 남자가 아주 잘생겼다면, 유머 감각이 없더라도 데이트를 한다. 그 반대라도 외모는 그녀에게 그다지 중요하지 않다.

따라서 친구들의 눈에 비친 에바의 데이트 상대는 당신이 예상하는 바와 같다. 유머 감각이 뛰어난 남자는 못생겼고, 잘생긴 남자는 재미없다. 물론 일반적으로 유머 감각과 외모 사이에 직접적인 연관성이 있지는 않다. 하지만 에바의 눈이 워낙 높아서 그러한 인상이 생겨나는 것이다.

에바가 만나는 다소 재미없는 남자들은 모두 외모가 출중하다. 하지만 그렇다고 세상에 못생긴 데다 전혀 유머러스하지 않은 남자가 없다는 뜻은 아니다. 당연히 있다. 어쩌면 그러한 남자들이 더 많을지도 모른다. 하지만 에바는 애초부터 못생기고 재미없는 남자에게는 눈길조차 주지 않는다.

Xbox와 대통령

Xbox 이용자만을 대상으로 선거에서 당선될 후보를 예측할 수 있을까? 당연히 불가능해 보이겠지만, 사실은 가능한 일이다.

2016년, 도널드 트럼프가 미국 대통령으로 당선되었다. 여론조사에서 트럼프의 패배를 예측했던 중서부 3개 주인 미시간주, 펜실베이니아주, 위스콘신주에서도 모두 승리했다. 이들 주에서 공화당은 민주당 후보 힐러리 클린턴의 예상 우위를 완전히 뒤집고 여론조사 결과보다 최대 6%p나 더 앞섰다. 이러한 예측 실패는 여론조사 업계 전반에 신뢰 위기를 불러왔고, 그 여파는 지구 반대편에까지 미쳤다.

여론조사는 왜 틀렸을까? 사람들이 거짓말을 했거나 투표 의사를 숨겼기 때문이라고 생각하기 쉽지만, 실제로는 그렇지 않았다. 문제는 여론조사 표본이 미국 유권자 전체를 충분히 대표하지 못했다는 데 있었다. 인터뷰 대상자 가운데 결정적인 변수로 작용한 집단 하나가 거의 포함되지 않은 것이 이유였다. 그 집단은 바로 대학을 나오지 않은 백인 유권자층이었다. 이러한 일은 수년간 계속되어 오기는 했지만, 그때까지는 큰 문제가 되지 않았다. 백인은 학위 유무와 관계없이 투표에서 비슷한 지지율을 보였기 때문이다.

그 예로 2012년 선거에서 백인 대졸자층은 민주당보다 공화당을 13%p, 백인 비대졸자층은 23%p 더 지지했다. 이러한 차이는 비교적 작은 편이다. 그러나 2016년에는 두 집단의 간극이 크게 벌어졌다. 백인 대졸자층은 트럼프와 클린턴에게 거의 비슷한 비율로 투표했지만, 백인 비대졸자층은 70% 대 30%이라는 압도적인 차이로 트럼프에게 표를 몰아 주었다. 갑자기 문제가 생긴 것이다.

만약 비대졸자 백인층이 트럼프를 지지했음에도 여론조사에 제대로 반영되지 않았다면, 트럼프 지지율은 실제보다 낮게 나타났을 것이다. 그리고 그 일은 실제로 일어났다. 2016년 여론조사의 실패는 좋은 표본의 확보가 얼마나 중요한가를 보여 준다. 하지만 문제는 그보다 더 심각하다.

이 사례는 대표성 있는 표본을 만드는 일이
얼마나 복잡한지를 한 번 더 일깨운다.

다음 대통령 선거의 승자를 예측하기 위해 펜실베이니아주에서 여론조사를 한다고 가정해 보자. 이론적으로는 복잡하지 않다. 무작위로 선별된 2,000명이 각자 투표할 후보를 말한 뒤, 현장에서 그대로 투표한다면 조사 결과는 통계 법칙에 따라 실제 결과에 가깝게 나올 것이다. 하지만 이 방식이 제대로 작동하려면 펜실베이니아주의 전체 유권자를 잘 대표하는 사람을 조사해야 한다. 여성, 청년, 진보 성향 유권자 등 다양한 집단이 적절한 비율로 포함되어야 하고,

그 안에서도 보수 성향의 여성부터 중년 히스패닉계까지 세부적인 조합이 고르게 반영되어야 한다.

그렇다면 균형 잡힌 표본은 어떻게 얻을 수 있을까? 이상적인 방법은 무작위 선별이지만, 말처럼 쉬운 작업은 아니다. 그냥 아무나 고르는 것처럼 간단하지 않다는 말이다. 무작위 표본이 되려면 펜실베이니아주의 모든 유권자가 추첨기에 든 공처럼 인터뷰 대상이 될 확률이 똑같아야 한다. 충분한 수의 사람을 뽑는다면 남성, 고소득층, 석사 이상 학위를 소지한 중년 여성 등 다양한 집단이 적절한 비율로 자연스럽게 포함될 것이다. 그러나 이는 매우 까다로운 조건이며, 무작위 선별로 대표성 있는 표본을 얻기는 결코 쉽지 않다.

민주당에서 1만 명의 팔로워를 대상으로 X(구 트위터)를 통해 여론조사를 하더라도, 가치 있는 결과가 나오지는 않을 것이다. 응답자의 대부분이 민주당 지지자일 테니 말이다. 그렇다면 X에서 제공하는 유료 서비스를 구매한 뒤, 무작위 사용자를 대상으로 여론조사를 진행했을 때의 결과는 어떨까? 더 나은 표본을 얻을 수는 있겠지만, 편향은 사라지지 않을 것이다. X 사용자는 일반 대중을 완전히 대표하지 않기 때문이다. 그들은 보통 젊고, 부유하면서 **유행에 민감한** 사람들일 것이다.

그런데 인터넷을 벗어나도 해결책은 생겨나지 않는다. 길거리에서 무작위로 사람들을 조사하는 일도 크게 다르지 않다. 조사 지역에 따라 응답자의 연령대나 소득 수준 등이 얼마든지 달라질 수 있기 때문이다.

전통적인 해결책은 전화 여론조사였다. 이 방법은 거의 완벽에 가까웠다. 전화번호부에서 번호를 무작위로 골라 통화를 시도할 때, 전화기가 있는 사람이라면 누구나 똑같은 확률로 응답자가 될 수 있기 때문이다. 이 상황은 추첨기의 공과 같은 이상적인 조건과 상당히 가까웠다.

실제로 전화 여론조사는 수십 년 동안 널리 쓰이며 큰 성공을 거두었다. 물론 이 방식에도 편향의 여지는 있었는데, '표본 편향(sampling bias)'이 바로 그것이다. 통화를 무작위로 시도하더라도, 주부가 전화를 받을 확률이 높다면 설문에 주부 응답자가 과도하게 포함될 것이다. 따라서 통화 결과를 분석하여 어떠한 사람들이 과대표집 또는 과소표집되었는가를 파악해야 한다.

또 다른 문제는 훨씬 더 미묘하다. 여론조사 응답은 자발적인 행위라는 점에서 '무응답 편향(non-response bias)'이 생길 수 있기 때문이다. 무응답자와 응답자가 평균적으로 차이를 보인다면, 조사 결과는 현실과 어긋날 수 있다. 우리는 응답자가 무응답자를 대표한다고 가정해야 하지만, 그 가정이 항상 성립하지는 않는다.

신중한 성향의 소유자들이 설문에 잘 응하지 않으며, 보수 정당에 자주 투표하는 경향이 있다고 가정해 보자. 물론 그러할 가능성은 충분히 있다. 하지만 실제로 그렇다면 표본에서 보수 성향 유권자가 부족하다는 의미가 된다.

요컨대 대표성을 갖춘 표본을 구하기란 대단히 어렵다는 사실을 인정해야 한다. 하지만 그 사실에 절망할 필요는 없다. 그런데

Xbox 이용자처럼 극히 제한적인 집단 하나만을 대상으로 한 조사로도 선거 결과를 예측할 수 있다면 어떨까?

◆

Xbox 이용자를 통해 미국의 투표 결과를 예측한다니, 이상해 보이기도 하겠다. 과연 그들이 대표성 있는 표본일까? 전혀 그렇지 않다. 그 집단에는 여성과 노년층을 비롯하여 제외된 계층이 너무나 많다.

마이크로소프트에서 제공한 자료에 따르면 Xbox 이용자의 65%가 청년층이었고, 그중에서도 남성이 93%로 압도적인 비중을 차지한다. 하지만 2015년에 발표된 한 연구는 놀라운 가능성을 보여주었다. 이 연구에서는 Xbox 이용자를 조사하더라도 기존 여론조사만큼이나 선거 결과를 정확하게 예측할 수 있다고 말한다.

해당 연구는 컬럼비아대 소속의 통계학자 웨이 왕(Wei Wang)과 앤드루 겔먼(Andrew Gelman), 그리고 마이크로소프트의 두 연구자가 공동으로 진행한 것이다. 그들은 2012년 미국 대통령 선거를 앞두고 Xbox 플랫폼을 활용한 온라인 여론조사를 실시했다. 당시에 무려 34만 5,000명의 응답을 수집했는데, 이는 여론조사 역사상 규모가 가장 큰 표본에 속한다. 이 정도 규모의 조사를 전화로 진행했다면, 비용만 수십만 달러가 들었을 것이다. 이처럼 저비용이라는 특징은 온라인 여론조사의 장점이라 할 수 있다.

하지만 표본이 잘못되었다면 규모가 크더라도 아무 소용이 없다. 표본이 편향되어 있다면 예측 결과도 당연히 그렇기 때문이다. 사실 왕과 겔먼의 연구에서 선별한 표본은 확실히 편향되어 있었다. 남성이 지나치게 많았으며, 청년층과 대졸자, 민주당이나 공화당 중 어느 정당도 지지하지 않는 응답자의 비율이 높았다.

따라서 Xbox 플랫폼에서 추출한 원자료에서는 공화당 후보 밋 롬니가 55% 대 45%, 즉 10%p 차이로 승리하리라는 부정확한 예측을 내놓았다. 반면 기존 여론조사에서는 버락 오바마가 근소하게 앞설 것이라 예상했다. 그런데 실제로 오바마가 47% 대 51%로 선거에 당선되었다.

그렇다면 왕과 겔먼을 비롯한 연구진은 그 문제를 어떻게 해결했을까? 그들은 기본적으로 '가중치 기법(weighting)'을 활용하였다.[21] 구체적으로 각 응답자에게 서로 다른 가중치를 부여함으로써 Xbox 이용자 표본이 전체 유권자 집단을 모방토록 하여 대표성을 높일 수 있었다. 그 아이디어는 간단하다. 표본에 존재하는 편향이 무엇인지 알고 있다면, 편향을 보정하기 위해 응답자의 답변에 서로 다른 중요도를 부여할 수 있다.

Xbox 플랫폼 표본에서는 여성 이용자 비율이 7%밖에 되지 않았다. 그러나 실제 유권자의 절반이 여성임을 알고 있다면, 여성의

---

21 이 기법은 '랭글링(wrangling)'이라고 불리는 데이터 처리 기법에 속한다. 랭글링은 여론조사 전문가가 기법의 엄격함을 떠나서 원자료에서 더 나은 예측을 도출하기 위해 사용하는 모든 방법을 통틀어 이르는 말이다.

응답에는 7배의 가중치를, 남성의 응답에는 그 절반의 가중치를 부여하는 것이다. 그러면 가중 평균에서는 두 집단의 의견이 동등한 비중으로 반영된다.

이 과정은 대학을 나오지 않은 젊은 백인 여성처럼 여러 특성이 겹치는 교차 집단을 고려해야 하는 상황이라면 조금 더 복잡해진다. 하지만 그리 까다롭지는 않다. 이때는 보정(calibration), 레이킹(raking)[22] 등을 사용하거나, 왕과 겔먼의 연구에서와 같이 '다층 회귀 및 사후 층화(multilevel regression and poststratification, 이하 MRP)'를 활용할 수 있다. 무시무시할 정도로 길고 어려운 이름이지만, 학계에서는 간단하게 'Mr.P'라고 부른다.

MRP는 전체 모집단을 세부 집단인 '셀(cell)'로 나누는 가중치 기법으로, 각 셀의 규모를 사전에 알고 있다는 전제를 바탕으로 한다. Xbox 이용자를 대상으로 한 연구에서는 유권자에게 다음과 같은 범주를 설정하였다.

---

22 레이킹은 달리 레이킹 비 가중법(Raking ratio weighting), 림 가중법(Rim Weighting), 반복비례추정법(Iterative Proportional Fitting, IPF)이라 불리기도 한다. 이는 출신지, 성별, 연령, 학력, 직업 등 여러 변수에서 표본과 모집단의 분포가 일치하도록 가중치를 반복적으로 조정하는 통계 기법이다. 한편 보정은 레이킹을 포함하여 연속형 변수(continuous variable)와 합계 제약조건(total constraint)도 활용하는 가중치 기법 전반을 가리킨다.

범주	개수	범주	개수
성별	2	거주 지역	51
인종	4	정당 지지 성향	3
연령	4	이념 성향	3
학력	4	2008년 투표 기록	3

위의 범주를 바탕으로 표본을 모든 경우의 수로 세분화할 때, 셀의 총 개수는 17만 6,256개이다. 여기에 MRP를 활용하면 인구조사나 다른 여론조사에서 확인된 각 셀의 실제 규모를 기준으로 원래 표본에서 과대표집된 집단과 과소대표된 집단을 파악할 수 있다. 이후 각 셀에 속한 응답자에게 적절한 가중치를 부여한다.

위와 같이 MRP는 성별, 인종, 연령 등 측정 가능한 변수를 기준으로 편향된 표본도 대표성 있게 조정할 수 있다. 결과적으로 왕과 겔먼은 편향된 표본이라도 MRP를 활용하면 기존 여론조사만큼 선거 결과를 정확하게 예측할 수 있음을 입증했다.

우리도 이상의 아이디어를 그대로 활용할 수 있다.
사람, 자동차, 볼트 등 무엇이라도
표본으로서 대표성이 의심된다면,
가중치의 적절한 활용으로 문제를
개선할 수 있음을 명심하자.

이 장의 도입부에서 언급한 내용을 기억하는가? 2016년 미국 여론조사가 실패한 이유는 바로 대학을 나오지 않은 백인 유권자의 의견이 표본에 제대로 반영되지 않았기 때문이었다. 가중치를 활용하여 그 집단의 목소리를 실제 비중에 맞게 반영했더라면, 문제는 충분히 피할 수 있었을 것이다.

《뉴욕 타임스》의 분석에 따르면 교육 수준을 기준으로 가중치를 조정했을 때, 실제로 그해 여론조사의 오차가 유의미하게 감소하였다. 안타깝게도 당시 대부분의 여론조사 기관에서는 가중치 기법을 활용하지 않았다. 그러나 선거 이후 몇 달 이내로 여러 기관에서 해당 방식을 도입하였다.

닮음과 닮음 사이

인과관계의 어려움을 수용하라

살인 아이스크림

아이스크림 판매는 금지되어야 할까? 사건의 원인을 밝히기란 쉬워 보여도 실제로는 대단히 어렵다.

아이스크림 판매를 금지하면 범죄 근절에 도움이 될까? 두 현상 사이에는 연관성이 있을지도 모른다. 아이스크림 판매량이 증가할 때 살인 사건이 더 많이 발생한다는 연구 결과가 있기 때문이다. 하지만 아이스크림이 살인을 유발할 가능성은 적어 보인다. 오히려 '살인 아이스크림'은 통계에서 가장 잘 알려진 말을 증명하는 대표적인 예이다.

상관관계는 인과관계를 의미하지 않는다.

이 말은 두 변수 사이의 연관성이 관찰되었다는 이유만으로 인과관계가 있다고 단정할 수는 없음을 의미한다. 아이스크림 판매량이 상승할 때, 살인 사건도 덩달아 증가한다고 해서 아이스크림이 살인을 유발한다는 의미는 아니다. 이러한 추정은 논리적 오류(logical fallacy)로, 고대 로마 시대에도 'cum hoc, ergo propter hoc(이 사건과 함께 일어났으니, 그 사건으로 발생한 일이다)'라는 표현이 있다.

두 사건이 동시에 일어나더라도, 한 사건이 다른 사건의 원인이 된다고 말할 수는 없다. 단순한 개념이기는 하지만, 실제로 현상의 원인을 규명하는 데는 크나큰 노력이 필요하다는 사실을 이해하고자 한다면 사정을 조금 더 자세히 들여다볼 필요가 있다.

우리는 연관성(association)과 인과성(causality)의 개념을 구분하는 일부터 시작해야 한다. 두 변수가 통계적으로 독립적이지 않을 때 연관되어 있다고 말한다. 이때는 한 변수의 값을 알면 다른 변수에 관한 정보를 얻을 수 있는 경우를 가리킨다. 내게 프로 농구 선수인 친구가 있다고 말한다면, 당신은 그 친구의 키가 크다고 짐작할 것이다. '프로 농구 선수'와 '큰 키'라는 두 요소는 서로 연관되어 있기 때문이다. 이와는 달리 내가 왼손잡이라는 사실을 알더라도 내 나이는 알 수 없다. 왼손잡이와 나이는 서로 완전히 독립적이기 때문이다.

인과성은 더욱 복잡한 개념이다. 오죽하면 무려 770쪽에 달하는 철학서인 《옥스퍼드 인과관계 핸드북(Oxford Handbook of Causation, 국내 미출간)》까지 출간되었겠는가. 그러나 이 책에서는 대략적인 정의만으로도 논의를 전개하는 데 지장은 없을 것이다. 일반적으로 한 변수의 변화가 다른 변수의 변화를 일으킬 때, 우리는 전자를 후자의 원인이라고 본다. 마치 담배를 피우면 암에 걸릴 확률이 높아지므로, 담배가 암을 유발한다고 말할 수 있는 것처럼 말이다.

이 외에도 '반사실 세계(counterfactual world)'라는 개념을 생각해 보면, 인과성의 이해에 큰 도움이 된다. 물을 충분히 주지 않아서 키우던 식물이 죽었다고 의심하는 상황을 상상해 보자. 이를 입증하는 가장 이상적인 방법은 시간을 거슬러 올라간 뒤, 조건을 하나만 변경해 보는 것이다. 즉 식물에 물을 주어 상황을 바꾸는 것이다. 이러한 반사실 세계에서 식물이 살아남는다면, 수분 부족이 원인이라는 결론을 내릴 수 있다.

하지만 시간 여행은 현실적으로 불가능하다. 그러므로 인과관계를 다룬 질문은 복잡할 수밖에 없으며, 절대적으로 확실한 답을 내리기도 어렵다. 따라서 인과관계를 연구할 때는 우회적인 기법을 동원해야 한다.

이제 연관성과 인과성의 정의를 이해했으니, 연관성의 일종인 상관관계는 인과관계를 의미하지 않는다는 말을 다시 생각해 보자. 이 말을 계속해서 상기해야 하는 이유는 무엇일까? 그리고 우리가 두 개념을 혼동하는 이유는 무엇일까? 이는 실제로 일부 연관성이 인과관계에서 비롯되기 때문이다.

젖은 도로는 교통사고와 연관되어 있다. 젖은 도로가 교통사고를 유발하기 때문이다. 이때는 인과관계라는 추론이 성립한다. A가 B를 유발할 때, 연관성은 두 현상이 함께 발생한다는 경향에 따라 나타난다. 따라서 일부 연관성이 인과관계의 증거로 작용할 때도 있다. 하지만 문제는 모든 연관성이 그러한 관계를 보여 주지 않는다는 점이다. 연관성은 다음 4가지 원인에서 발생할 수 있다.

① **역인과성**(reverse causality): 때때로 A와 B가 연관된 이유는 A 가 B를 유발해서가 아니라 그 반대이기 때문이다.

$$A \leftarrow B$$

② **공통 원인**(common cause): A와 B에 공통 원인 Y가 있다면, Y 가 동시에 두 변수에 영향을 미치면서 간접적인 연관성이 생 길 수 있다.

$$Y \rightarrow A \,\&\, Y \rightarrow B$$

③ **콜라이더**(collider): A와 B가 공통 효과 Z, 즉 콜라이더가 있 을 때 그 값이 고정되면 A와 B 사이에 간접적인 연관성이 생 길 수 있다.

$$A \rightarrow |Z| \,\&\, B \rightarrow |Z|$$

④ **우연의 일치**: A와 B가 순전히 우연으로 연관되어 보이는 사례 도 있다. 해당 사례는 문자 그대로 두 값이 우연의 일치로 맞아 떨어진 결과일 뿐이다.

지금부터 그 흔한 오류의 사례를 몇 가지 살펴보자. 그중에서 오세아니아의 화산 군도인 바누아투 제도의 원주민에게서 유래하였다고 알려진 이야기부터 시작하겠다.

◆

바누아투 사람들은 몸에 머릿니가 있는 사람을 건강하다고 믿었다. 그들은 머릿니에 치유 능력이 있어 병을 낫게 한다고 여겼는데, 그 이유는 분명했다. 머릿니가 없는 사람은 그 반대와 다르게 병에 자주 걸리는 모습을 관찰했기 때문이다.

그러나 바누아투 사람들은 실제 연관성은 목격했지만, 인과관계는 거꾸로 해석한 셈이다. 사실 머릿니가 건강을 지켜 줄 리는 없다. 그저 사람이 병에 걸리면 체온이 올라감에 따라 다른 숙주로 옮겨 가는 것뿐이다. 이처럼 단순한 사례에서도 알 수 있듯, A가 B를 유발한다는 인과 가설을 검증하려면 두 변수를 관찰하는 것만으로는 충분하지 않다. 그 외에 가능한 여러 원인과 이론적 설명까지 함께 고려해야 한다.

비슷한 사례로, 운동선수의 체형을 둘러싼 오류가 있다. TV에서 올림픽 수영 선수를 볼 때, 수영을 많이 하면 그들과 같은 체형이 될 수 있다고 생각하기 쉽다. 하지만 인과관계는 그렇게 일방적이지 않다. 엘리트 수영 선수의 체형은 그저 수영만 많이 한 결과물은 아니다. 사실은 **체형을 타고났기에** 가능한 측면도 있다.

이는 그들의 발 크기만 봐도 알 수 있다. 역대 최고의 선수인 마이클 펠프스(Michael Phelps)는 미국 14 사이즈(320mm) 신발을 신었다. 호주 선수 이언 소프(Ian Thorpe)는 대부분의 사이즈 변환표에서도 찾기 힘든 미국 17 사이즈(350mm)를 신었다. 결과적으로 펠프스와 소프는 수영 선수라서 발이 큰 것이 아니라, 오히려 오리발처럼 큰 발을 타고난 덕분에 수영 선수로 성공했다고 볼 수 있다는 것이다.

◆

다시 아이스크림 이야기로 돌아가 보자. 우리는 아이스크림 판매량과 살인율이 동시에 증가한다는 사실을 확인하였다. 하지만 이 연관성이 인과적인지는 따져 볼 필요가 있다.

정말 아이스크림 판매가 살인을 유발하는 걸까, 아니면 두 변수의 관계를 설명하는 다른 방식이 있는 것일까? 이때 우리는 후자의 착각을 마주한다. 이 착각은 분명한 연관성이 있음에도 가장 빈번하게 발생하는 오류로, 교란 요인이라는 제3의 변수로 만들어진 것이다. 살인율과 아이스크림 판매량의 증가를 동시에 유발하는 요인 말이다. 당신은 그것이 무엇인지 짐작이 가는가?

그 미스터리한 변수는 바로 더위다. 기온이 높아지면 아이스크림 판매량이 늘어나는 것쯤은 쉽게 설명할 수 있다. 하지만 연구에 따르면 더운 날에는 폭력적인 행동도 급증한다. 이러한 경향에는 경적을 울리거나 SNS에서 남을 비난하는 사소한 공격 행동에서 강간이나 폭행, 살인 같은 중범죄까지를 아우른다. 따라서 '더위'라는 변수를 포함한 인과관계를 도식화하면 다음과 같은 구조를 보인다.

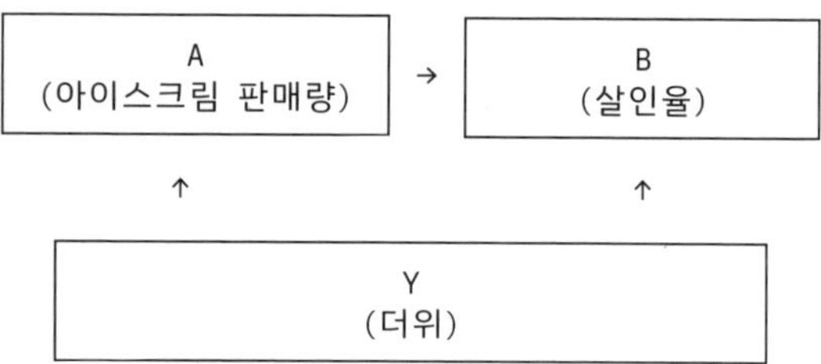

이 도식은 아이스크림 판매량과 살인율의 연관성이 사실은 더위서 비롯될 가능성이 있음을 경고한다. 더위는 두 변수를 동시에 움직이는 공통 원인이다. 기온이 높아질 때 아이스크림 판매량과 살인율이 동시에 증가한다면, 두 변수가 **원인-결과** 관계가 아니라도 서로 **연관**된 듯해 보일 수는 있다.

두 현상에서 연관성을 발견한다면
교란 요인을 반드시 고려하자.
원인과 결과처럼 보이는 관계도
결국은 생략된 제3의 변수가 낳은
2가지 결과일지도 모른다.

교란 요인은 우리가 상관관계를 인과관계로 착각하게 하는 주된 원인에 속한다. 하버드대 역학자이자 인과 추론 분야의 전문가인 미겔 에르난(Miguel Hernán)과 제임스 M. 로빈스(James M. Robins)의 공저서 《인과 추론: 만약에(Causal Inference: What If, 국내 미출간)》에는 그와 관련된 다양한 사례가 제시되어 있다. 이 책은 인과성이라는 주제를 훨씬 깊이 있게 탐구한 명저로, 두 저자는 약물의 부작용을 연구할 때 발생하는 문제를 설명한다.

특정 약물(아스피린)이 특정 건강 문제(심장 마비)를 겪을 위험성에 미치는 영향을 분석하려고 할 때를 예로 들어 보겠다. 이때 이전 병력(심장 질환)이 건강 문제의 원인이자 약물 처방 사유라면, 인과관계 분석에 교란이 발생한다.

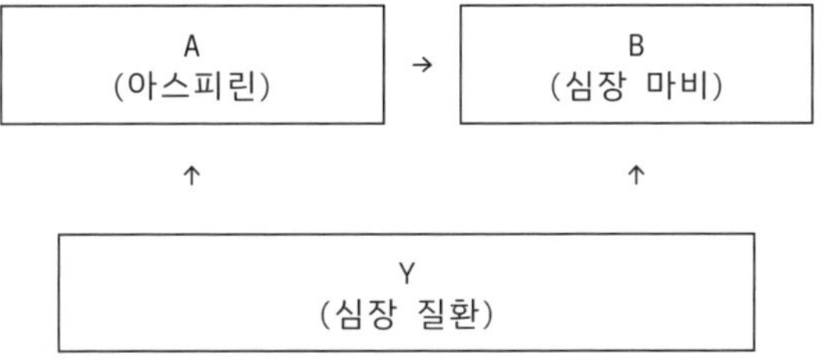

에르난과 로빈스가 말한 바와 같이 인과성 문제를 고민할 때는 도식을 그려 보는 것이 매우 유용하다. 교란 요인이 개입할 때, A(처치)와 B(결과) 사이에는 다음과 같이 2가지 경로의 연관성이 존재한다.

① 직접적인 경로: A → B

② 공통 원인으로 형성된 경로: A ← Y → B

이러한 상황이라면 데이터에서 A와 B가 연관되어 있더라도, A 가 B를 유발한다는 결론을 내릴 수는 없다. 그 연관성은 Y라는 공통 원인으로 형성되었을 가능성이 있기 때문이다. 하지만 Y가 존재하지 않는다면 어떨까? 그때는 인과관계를 가정할 수 있다. 이것이 바로 우리가 사용할 전략이다.

◆

다음 질문에 답을 내리려는 한 연구자의 모습을 상상해 보자.

한 사람이 고개를 들어 하늘을 올려다보면 다른 사람도 그 행동을 따라 할까?

이때 연구자는 '하늘을 본다'라는 행동이 '다른 사람도 하늘을 본다'라는 결과를 유발하는가를 알고 싶어 한다. 그는 이를 살펴보기 위해 관찰 연구를 진행하기로 한다. 방법은 간단하다. 수많은 인파가 길을 걷는 모습을 관찰하는 것이다.

연구자의 제자들이 길을 걷는 사람들을 따라다니다 누군가 하늘을 올려다본다면, 그 주변 사람도 같은 행동을 하는가를 기록하는 모습을 떠올려 보자. 학생들은 여름 내내 데이터를 수집하여 스프레드시트에 정리한다. 연구자는 최종적으로 데이터를 교차 검토한 끝에 두 행동 사이에 실제로 양의 상관관계가 있다는 사실을 발견한다.

누군가 하늘을 올려다보면 주변에 있는 사람도 같은 행동을 할 가능성이 크지만, 학생들은 또 다른 현상도 관찰했다. 그런데 사람들이 하늘을 쳐다본 이유 가운데 천둥이 친 사례도 많았다는 것이다. 이때 사람들이 하늘을 올려다본 이유를 해석하는 데 교란이 생길 수 있다. 앞 사람의 행동을 따라 한 것인지, 아니면 자기도 그 소리를 들어서인지 알 수 없기 때문이다.

연구자는 결국 문제에 부딪힌다. '누군가 하늘을 본다'라는 효과는 '소리를 듣는다'라는 요인으로 교란될 수 있기 때문이다. 이 상황을 나타내는 도식은 다음과 같다.

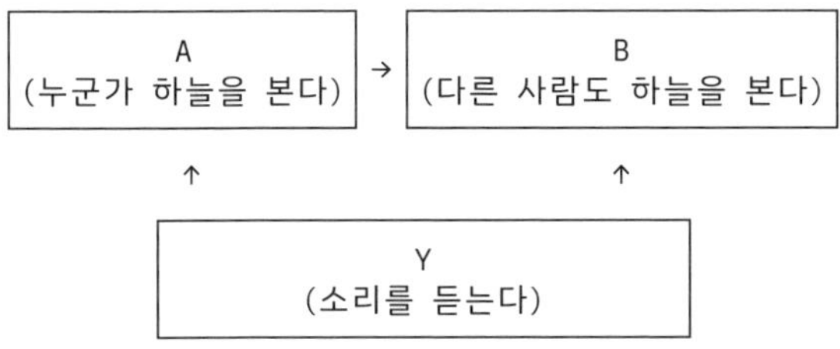

그렇다면 연구자는 무엇을 해야 할까? 연구자는 A와 B의 연관성이 발생하는 이유, 즉 Y가 A, B의 원인인가를 확인해야 한다. 이 문제는 '조건화(conditioning)' 또는 '변수 통제(controlling for a variable)'라는 공식적인 통계 기법으로 해결할 수 있다. 이들 개념은 수학을 몰라도 이해가 가능하다. 핵심은 교란 요인을 제거하는 데 있다. 우리가 교란 요인의 값을 고정하여 변동하지 못하도록 한다면, 교란은 더 일어나지 않는다.

조건화나 변수 통제는 해당 사례에 쉽게 적용할 수 있다. 바로 학생들에게 하늘에서 큰 소리가 들렸는가를 함께 기록하도록 지시하면 된다. 그러면 관찰 결과를 천둥소리가 들린 경우와 그렇지 않은 경우로 나눌 수 있다. 이때라면 Y의 값을 '예'나 '아니오'로 고정할 수 있다.

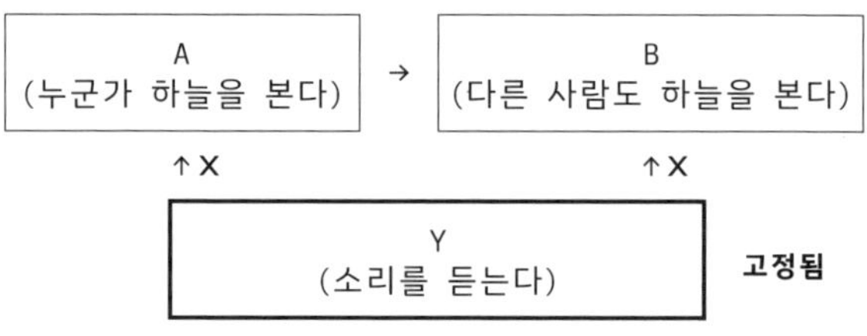

천둥소리가 들리지 않았을 때의 관찰 결과는 A가 B를 유발하였는가를 판단하는 데 사용된다. 위 도식에서는 '누군가 하늘을 본다'와 '다른 사람도 하늘을 본다' 사이의 유일한 연관성은 A가 B를 유발한다는 인과관계뿐이다. 따라서 천둥이 치지 않은 상황에서도 두 행동 사이에 연관성이 나타난다면 A가 B를 유발한다는 결론을 도

출할 수 있다.[23]

변수의 통제나 조건화 기법에 관한 세부적인 수준의 설명은 이 책의 범위를 벗어난다. 하지만 그 원리는 몇 가지 간단한 도식을 이용해 충분히 적용할 수 있을 정도로 직관적이다.

숫자에 관련된 예시를 통해 위의 기법을 풀어 나가도록 하자. 다음 그래프는 유럽 각국 리그에서 미드필더로 활동하는 축구 선수 100명의 데이터를 시각화한 것이다. 그래프에 표시된 점은 선수를 나타내는 동시에 다음 2가지 특성을 나타낸다.

① 축구 이적 정보 전문 사이트 트랜스퍼마크트(Transfermarkt)에서 산정한 유로화 기준의 시장 가치
② 축구 통계 업체인 드리블랩에서 집계한 지난 시즌의 볼 탈환 및 압박 등을 포함한 수비 행동 횟수

23　조금 더 신중하게 접근하면, 소리의 유무와 관계없이 여전히 A와 B 사이에 연관성이 있다는 수준으로만 말할 수 있다. 우리가 생각지 못한 또 다른 교란 요인이 있을 가능성은 항상 존재하기 때문이다.

흥미로운 점은 두 특성 사이의 관계가 음의 상관관계라는 점이다. 이는 수비력이 뛰어난 미드필더일수록 시장 가치가 더 낮게 나타난다는 얘기다.

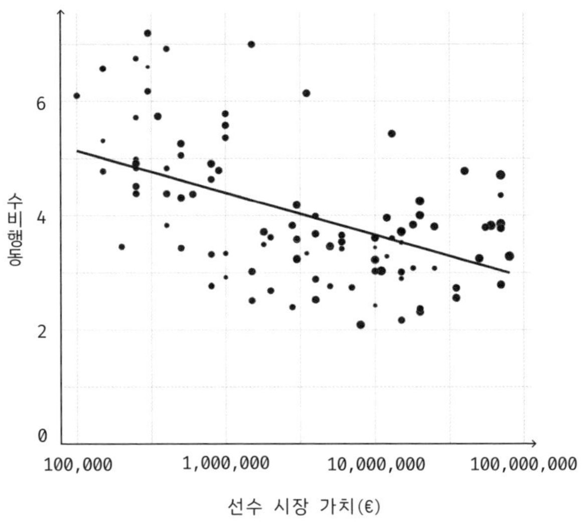

이상하지 않은가? 다른 조건이 동일하다면, 으레 긍정적인 지표에서 더 뛰어난 성과를 보이는 선수의 가치가 더 높을 것이라고 여기기 마련이다. 이처럼 역설적인 현상에는 분명 이유가 있을 것이다.

그 가능성이란 선수의 시장 가치는 사실 우리가 고려하지 않은 다른 요소에 달려 있다는 점이다. 이때 생략된 변수는 선수의 공격력이 있다. 단순화를 위해 미드필더를 공격형과 수비형 집단으로 나누어 보자. 실제로 흔하게 일어나는 일이기는 하지만, 다음 상황이 일어난다면 해당 현상을 설명할 수 있을 것이다.

① 공격력과 수비력이 상충할 때
② 시장에서 득점 수가 많거나 플레이가 창의적인 선수에게 더 높은 가치를 부여할 때

위의 상황이라면 수비 기여도가 낮은 선수는 오히려 공격 기여도가 높을 수 있고, 그러한 선수가 대체로 더 높은 시장 가치를 지닌다. 그러나 수비력이 뛰어난 미드필더의 시장 가치가 낮은 현상에서는 그러한 요인이 작용하지 않는다. 그래프를 만들 때만 해도, 나는 공격과 수비를 모두 수행하는 박스 투 박스(box to box)[24] 미드필더만을 선별하여 분석했다.

하지만 결과가 다른 변수에 따른 것이 아님을 확실히 하기 위해, 우려되는 변수인 '득점력'을 **통제**할 수 있다. 방법은 간단하다. 미드필더 선수를 득점 여부에 따라 나누어 그래프를 그리면 된다. 그러면 해당 요인을 통제했을 때 기존의 연관성이 사라지는지를 확인할 수 있다. 그런데 아래 결과에서 확인할 수 있듯, 음의 상관관계는 여전히 유효하다.

---

24 '박스'는 양 골대 앞의 사각 형태의 구역인 페널티 박스(penalty box)를 뜻하며, 박스 투 박스 미드필더는 양 페널티 박스 사이의 공간에서 활동하는 미드필더이다.

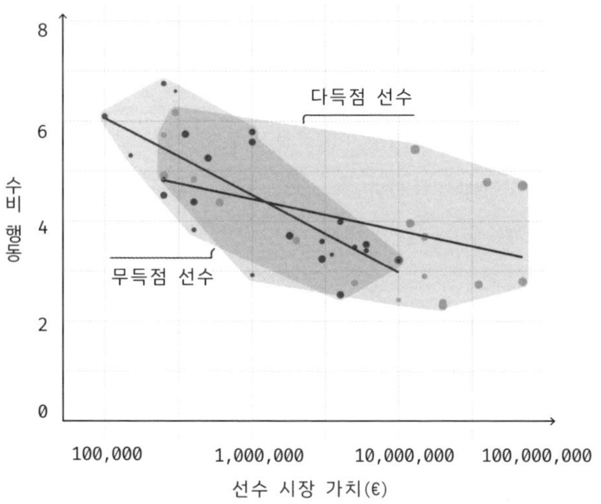

위 그래프가 나타내는 바와 같이 무득점 선수 사이에서도 시장 가치가 높은 선수일수록 수비 지표는 여전히 더 낮은 경향을 보인다. 이 외에도 미드필더의 수비력과 시장 가치가 반비례하는 현상을 설명하는 방법이 하나 더 있다. 바로 그래프에서 포착할 수 있는 음의 상관관계가 단순한 우연이라는 것이다. 데이터가 부족할 때는 우연에 따라 신기루 같은 착시 현상이 생겨나기도 하는데, 해당 그래프 역시 일부 선수만 포함하고 있다. 하지만 그러한 상황은 우연으로도 설명할 수 없다.

수수께끼의 해답은 선수의 또 다른 특성, 즉 소속된 리그에 있다. 첫 번째 그래프를 만들 때는 핀란드, 오스트리아, 스페인 리그의 선수를 포함했는데, 세 리그의 수준은 매우 다르다. 무슨 이유인지는 잘 모르지만, 핀란드와 오스트리아 리그의 미드필더는 유독 공을 많이 탈취하는 경향이 있다. 반면에 시장 가치가 높은 선수는 대부분 스페인 리그에 속해 있다. 이처럼 소속 리그가 교란 요인으로 작용하여 잘못된 연관성을 만들어 낸다. 이는 다음에 제시할 그래프에서 확인할 수 있다.

따라서 리그에 따라 선수들을 다시 나누어 **리그 요인을 통제하**니, 역설이 사라졌다. 이를 **같은 리그 안에서** 비교하면 수비를 가장 잘하는 미드필더의 시장 가치가 높다는 점을 확인할 수 있다. 그러나 리그별로 선수를 구분하지 않으면 심각한 착시 효과를 일으킨다. 이에 따라 미드필더의 수비력과 시장 가치가 사실은 비례한다는 진짜 패턴이 가려질 뿐만 아니라, 오히려 그 반대를 암시하는 잘못된 인상을 준다. 이는 교란 효과의 극단적인 사례로, '심슨의 역설(Simpson's paradox)'이라고도 부른다.[25]

---

25 본문에서 소개한 내용과 같이 교란 효과의 극단적인 사례는 심슨의 역설을 대표하는 사례로 자주 언급된다. 그만큼 눈길을 끄는 표현이기 때문이다. 하지만 에르난은 〈심슨의 역설, 그 진실(The Simpson's Paradox Unraveled)〉이라는 논문에서 해당 명칭이 적절하지 않음을 논하고 있다. 그 내용은 다음과 같다.
첫째, 심슨의 역설에서 정의하는 개념은 에드워드 H. 심슨(Edward H. Simpson)이 발견하기 훨씬 전부터 이미 잘 알려져 있었다.
둘째, 심슨의 연구에는 역상관관계(inverse association)의 사례를 제시하지 않았다.
셋째, 그 연구의 핵심 논점마저 교란 효과가 낳은 역설에 있지 않았다. 심슨의 주장은 통계적 추론만으로 인과관계를 도출할 수 없다는 데 초점이 맞추어져 있었다.

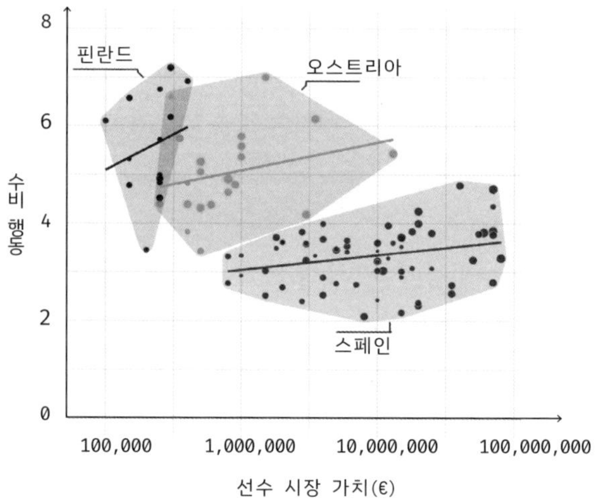

　　지금까지 살펴본 교란 요인은 인과관계를 연구할 때 가장 큰 골칫거리이다. 이를 해결하는 방법 하나는 수립한 가설에 끊임없이 반론을 제기하며 검증을 반복하는 것이다. A와 B 사이에 인과성이 있어 보이는 연관성을 발견했을 때, 어느 변수가 교란 요인이 되는가, 즉 A와 B 사이에 공통 원인이 있지는 않은가를 반드시 자문해야 한다.

　　이처럼 오해를 불러일으킬 만한 변수가 무엇일지를 따져 본 후, 그것들이 실제로 교란 효과를 일으키지 않음을 입증하는 것이 분석가가 할 일이다. 하지만 주의해야 한다. 이 방법은 남용한다면 오히려 독이 되는 약과 같다.

◆

계량경제학이나 역학, 통계학을 공부했거나 통계 모델을 다루어 본 경험이 있다면, 변수를 통제하는 절차가 익숙할 것이다. 어쩌면 너무나 익숙한 나머지 삶의 일부가 되었을지도 모르겠다. 예방이 치료보다 낫다는 논리에 따라 상상할 수 있는 모든 변수를 통제하는 관행은 오래도록 이어져 왔다. 교란 요인을 통제하여 문제를 피할 수만 있다면 다음과 같은 생각도 들 것이다.

애초부터 나에게 있는 변수를 모두 통제해서 데이터를 건강하게 유지해도 되지 않을까?

그러나 인류학자이자 베이즈 통계학(Bayesian statistics)을 탁월하게 설명한 책의 저자인 리처드 맥엘리스(Richard McElreath)는 그 발상을 '인과 샐러드(causal salad)'[26]라고 부른다. 좋은 생각은 결코 아니라는 뜻이다.

인과 샐러드에 주의하자.
과도한 변수 통제는 오히려 독이 되기도 한다.

---

26   수많은 인과관계가 잡탕처럼 무질서하게 뒤섞여 원인과 결과가 무엇인지 명확하게 파악하기 어려운 상황을 샐러드에 빗대어 이른 말이다.

예를 들어 운동을 잘하는 사람일수록 수학을 못한다는 가설을 세웠다고 생각해 보자. 이 가설을 검증하려고 미국 내 대학생 수천 명의 학업 성적과 운동 능력을 정리한 데이터베이스도 만들었다. 그리고 분석 결과에 따라 뛰어난 운동선수일수록 수학 성적은 평균적으로 낮은 경향이 나타났다.

하지만 우리는 이제 그러한 정보만으로 결론을 내릴 수 없다는 사실을 알고 있다. 혹시 누락된 변수가 있지는 않을까? 다음과 같은 도식을 생각해 보자.

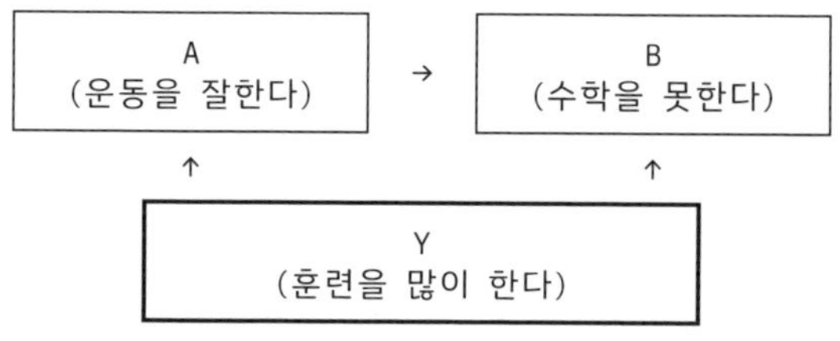

훈련을 많이 하면 좋은 운동선수가 되는 데 보탬이 되지만, 공부할 시간은 그만큼 줄어든다고 생각하는 것도 무리는 아니다. 훈련 시간이라는 변수는 A와 B에 모두 영향을 줄 수 있으므로, 교란 요인이 될 가능성이 크다. 따라서 Y를 통제한 뒤, 훈련 시간이 동일한 학생 사이에서도 가설이 여전히 성립하는가를 확인할 필요가 있다.

위의 논리를 따르다 보면 데이터베이스의 모든 변수를 통제하고 싶어질 것이다. 여학생이 수학을 더 잘하더라도 운동은 그보다 덜

할 수 있으니, 성별을 통제해야 하겠다는 생각이 들기도 하겠다. 그리고 전공이나 명문대 재학 여부 같은 다른 요인도 영향을 미칠 여지가 있다. 따라서 모든 변수를 최대한 통제하여 혼란을 피하려는 시도가 합리적으로 보이기도 할 것이다.

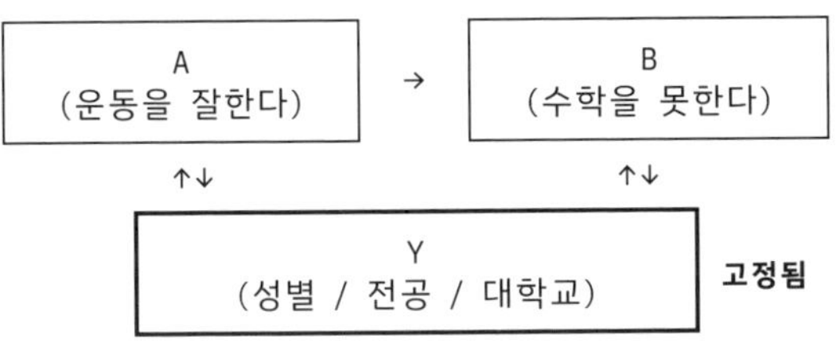

안타깝게도 위와 같은 '지름길'은 오히려 큰 문제를 일으킬 수 있다. 모든 변수를 통제한다면 교란의 위험을 줄일 수는 있지만, 대가도 그만큼 따른다. 이는 변수를 통제하는 행위가 오히려 오류의 원인으로 작용할 가능성이 있다는 뜻이다.

콜라이더 편향을 기억하는가? A와 B의 공통 결과에 해당하는 변수를 콜라이더라고 불렀다. 이와 관련하여 앞 장에서는 운동 능력이나 학업 성과 중 하나가 뛰어난 학생을 선발하는 하버드대를 예로 들어 설명한 바 있다. 그 결과 음의 연관성이 나타남을 확인하였다.

하버드대에서 성적이 우수한 학생의 운동 능력은 대체로 평균적인 수준이다. 이를 뛰어난 운동 능력으로 입학한 학생과 비교하면, 오히려 평균 이하로 보일 수밖에 없다. 결과적으로 하버드대 학생 표본에 선택 편향이 나타났으므로, 학업 성적과 운동 능력 사이에 음의 연관성을 보인 것이다.

그렇다면 문제는 무엇일까? '명문대 재학 여부'라는 변수를 **통제**하려 든다면, 사실상 선택 과정을 직접 시행하겠다는 것과 다름없다. 이는 하버드대를 비롯한 명문대 재학생과 다른 학생을 분리하는 작업으로, 애초부터 편향적인 두 표본으로 나누는 셈이다. 일반적인 모집단에는 존재하지 않을 연관성이 인위적으로 만들어지는 것도 바로 그 때문이다.

따라서 콜라이더일 가능성이 있는 변수는 절대로 통제하거나 조건화해서는 안 된다는 점을 명심하자. 그렇지 않으면 인위적인 연관성이 생겨날 수 있다. 많은 변수를 무분별하게 통제하는 행위 역시 피해야 한다. 방심했다가는 콜라이더를 통제하는 실수를 저지르고 말 것이다.

이제 이상의 내용을 정리해 보자. 다소 어렵다는 생각이 든다면, 이 장의 의도를 떠올려 보자. 인과관계에 관한 깊이 있는 탐구는 이 장의 맥락을 살짝 벗어나는 것이지만, 중요한 교훈을 하나 전하고자 한다. 바로 무엇이 잘못된 것인지를 아는 태도다.

인과관계를 섣불리 단정하지 말자.
인과관계를 판단하기란 매우 복잡하다.
지름길도, 자동화된 해법도 없다.
그러므로 사례에 따라 신중하게 추론하는 자세가 중요하다.

맥엘리스는 어떠한 통계 기법도 원인 추론이라는 근본적인 문제를 자체적으로 해결하지 못한다고 말한다. 통계 기법은 연관성만을 이해할 뿐이다. 현재로서 인과성은 인간의 개입이 필요한 문제다. 무엇이 어떠한 결과를 유발할 수 있는가를 가정하고, 이에 따라 타당한 인과 모델을 구성하는 일은 바로 당신의 몫이다.

그때부터 데이터가 여러 모델 가운데 상대적으로 그럴듯한 것을 알려 줄 수 있다. 하지만 단 하나의 정답을 가려내는 상황은 드물다. 주어진 증거와 양립할 수 있는 설명이 여럿인 경우가 일반적이기 때문이다.

그렇다면 2가지 선택지가 있다. 결정을 서둘러야 한다면, 여러 설명 가운데 선호하는 것을 하나 선택할 것이다. 어쩌면 신중함을 앞세운 사전 예방 원칙이나 그 밖의 합리적인 기준을 따를 수도 있겠다. 하지만 시간이 허락된다면 어떨까? 그때는 인과성을 탐구할 최고의 방법을 고려해 볼 수 있다. 바로 다음 장의 주제인 '실험'이다.

일상의 실험실

백신의 효과는 어떻게 입증할 수 있을까? 그 방법은 저널리스트가 대중의 눈길을 끄는 기사 제목을 선정하는 방식과 동일하다.

코로나19 백신은 불과 12개월 만에 개발되었다. 과학계는 그 어느 때보다 빠르게 행동에 나선 덕분에 수백만 명의 생명을 구할 수 있었다. 하지만 우리는 하나의 현실을 직시해야 한다. 유럽과 미국에서 처음으로 백신이 승인된 2020년 12월, 그 백신은 이미 몇 달 전부터 존재하고 있었다.

그렇다면 그해 5월 무렵에 접종을 시작할 수 있었을까? 지금에야 우리는 그러할 수 있음을 알고 있다. 그리고 백신 접종이 더 일찍 시작되었다면, 수천 명의 생명을 더 살릴 수 있었을 것이다. 하지만 여기에는 중요한 사실 하나가 빠져 있다. 당시에는 백신의 효과와 안정성이 아직 입증되지 않았다는 점이다. 우리는 임상시험 결과를 기다려야만 했다. 이 장에서는 바로 그 임상시험인 대조 실험에 관해 이야기하도록 하겠다.

유럽에서는 2020년 12월에 첫 백신이 승인되었지만, 화이자-바이오엔테크(Pfizer-BioNTech)에서는 그보다 훨씬 전부터 개발을 시작했다. 2020년 1월 10일, 중국의 한 연구소에서는 우한에서 유래한 바이러스의 유전체를 분석하여 온라인 데이터베이스에 공개했다.

그리고 바로 다음 날이 되자, 몇몇 연구자가 백신 개발에 착수했다. 연구는 바이러스의 이름조차 정해지지 않은 때부터, 시험관에 손가락 하나 대지 않은 채 유전자 정보만을 바탕으로 시작되었다. 독일의 바이오엔테크에서는 휴가를 취소하고 '라이트스피드(Lightspeed)' 프로젝트에 돌입했다.

바이오엔테크는 과학자 우우르 샤힌(Uğur Şahin)과 외즐렘 튀레지(Özlem Türeci)가 창립한 기업이다. 이 기업은 mRNA 기술을 오랜 시간 연구해 왔지만, 아직 시장에 출시한 제품은 없는 소규모 연구소였다. 두 창립자는 2월에 코로나바이러스 백신 후보 물질 20가지를 제시하였고, 4월에는 지구의 절반이 봉쇄 조치에 놓인 가운데 거대 제약사 화이자와 백신 공동 개발 계약을 맺었다.

그 시점에서 백신은 이미 현실화를 앞두고 있었다. 하지만 그들은 백신이 효과가 있으면서 심각한 부작용은 없다는 사실을 보건 당국과 전 세계에 입증해야 했다. 화이자-바이오엔테크 백신의 임상시험은 7월에 제3상 임상시험이라는 최종 단계에 접어들었고, 4만 3,000명의 자원자를 대상으로 매우 정교한 절차에 따라 진행되었다.

화이자-바이오엔테크에서 실시한 방법은 **무작위 대조 시험**(randomized and controlled trial)이었다. 무작위 대조 시험은 특정 처치와 결과, 즉 백신과 증상 발생 억제 사이의 인과관계 입증에 가장 효과적인 방법으로 여겨진다. 단순히 관찰을 통한 연구만으로는 인과관계를 밝히기는 매우 어렵다. 다른 변수의 개입으로 결과에 영향을 미치기 때문이다. 이러한 함정은 대조 실험으로 상당 부분 피할 수 있다.

대조군은 일종의 인위적인 반사실 조건이다. 백신 시험에서는 임상시험 참여자를 무작위로 두 집단으로 나눈 뒤, 모든 참여자가 어느 집단에 속하였는지를 모르게 하는 것이 핵심이다. 실험군에는 실제 백신을 접종하고, 대조군은 위약(placebo) 주사를 맞는다.

두 집단은 그 밖의 다른 모든 면에서 유사해야 한다. 따라서 나이와 소득 수준, 만성 질환 유무, 사회적 접촉 양상 등이 비슷한 사람으로 구성된다.[27] 그리고 외부 환경의 변화에 따른 영향도 두 집단 모두 동등하게 받을 것이다. 바이러스가 더 치명적으로 변이하더라도, 그 영향은 실험군과 대조군 모두에게 미친다.

두 집단은 우리가 주목하는 백신 접종 여부라는 단 하나의 조건만 제외하면 동등하다. 이러한 조건 아래 실험군에서 증상을 동반한

27　무작위 배정(randomization)은 이러한 조건의 성립에 핵심적인 요소이다. 자원자에게 백신을 접종하고, 그 결과를 일반인과 비교하는 것만으로는 충분하지 않다. 자원자는 일반인 집단과 다를 수 있기 때문이다. 일반인의 경우 병에 걸리는 것을 유난히 염려하거나, 감염의 위험을 피하려는 조심성 많은 성향의 소유자일 가능성이 있다. 따라서 백신이 효과가 없더라도 감염될 확률은 애초부터 낮을 수도 있다.

감염 사례가 1/10로 줄어든다면, 그 차이는 백신의 효과 덕이라 볼 수 있다. 화이자-바이오엔테크 임상시험에 따르면 실제로 다음과 같은 결과가 나왔다.

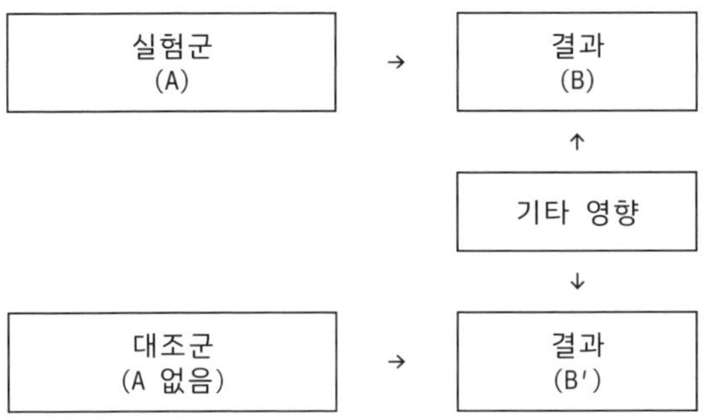

※ B와 B′ 사이에 차이가 있다면,
　그 원인은 A(처치)에 있다고 볼 수 있다.

　　대조 실험으로 백신의 효과를 증명하는 일은 의외로 간단했다. 사실 결과 그래프 하나로도 충분했다. 지난 10년간 가장 중요하다고 해도 과언이 아닌 다음 그래프는 두 집단에서 관찰된 코로나19 확진 사례 수를 보여 준다.

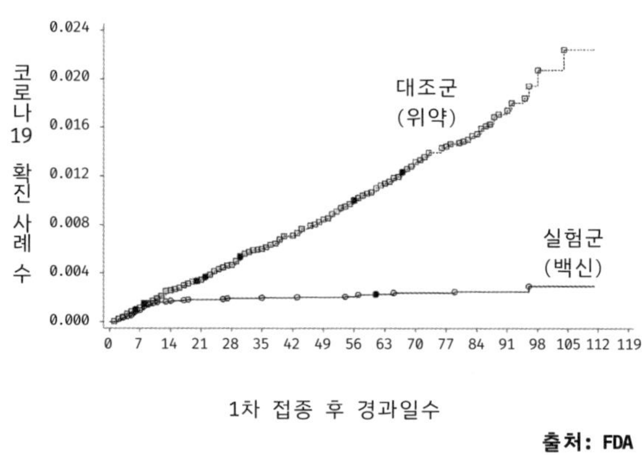

백신이 효과가 없었다면 두 선은 처음처럼 평행하게 증가했을 것이다. 1차 접종 직후에는 접종자와 비접종자 간 감염 사례 수에 거의 차이가 없었다. 이는 백신의 효과가 아직 나타나지 않았기 때문이었다. 하지만 14일 즈음에 접어들자, 두 집단의 확진 사례에 급격한 차이가 벌어지기 시작했다. 대조군에서는 동일한 비율로 신규 감염 사례가 계속해서 증가했지만, 실험군에서는 거의 발생하지 않았다. 백신이 효과를 발휘한 것이다.

20세기에 들어 대조 실험은 의학 분야에 혁신을 일으키면서 약물과 치료법의 효과를 검증하는 표준적인 방법으로 자리 잡았다. 이후에는 공학과 소프트웨어 개발, 마케팅 등 거의 모든 분야에서 활용하기 시작했다. 2019년, 에스테르 뒤플로(Esther Duflo), 아브히지트 바네르지(Abhijit Banerjee), 마이클 크레이머(Michael Kremer) 교수는 대조 실험으로 세계 빈곤 문제에 대응한 공로를 인정받아 노벨 경제학상을 수상했다. 이에 스웨덴 노벨위원회는 대조 실험을 '신뢰할 수 있는 해답을 얻기 위한 새로운 접근법'이라고 평가했다.

세 교수는 구체적인 문제를 선택하고 나서 특정 해결책을 적용하고, 실제 현장에서 결과를 관찰하는 방식을 제안했다. 이는 포괄적인 이론을 만들고 나서 그에 따라 정책을 설계하는 방식과는 달랐다. 그중 바네르지와 뒤플로는 인도의 저소득층 아동의 학업 격차를 좁히기 위한 보충 학습 프로그램을 시범적으로 운영하면서, 다른 방법과 달리 실효성이 있음을 증명하였다. 이 연구 덕분에 수백만 명의 아이들이 유사한 프로그램을 통해 혜택을 받았다.

그러나 세 연구자는 결과를 일반화하기 어렵다는 비판을 자주 받는다. 인도의 몇몇 마을에서 효과를 거두었던 계획이 콜롬비아 메데인의 어느 마을에도 통할 것이라고 확신할 수 있을까? 그렇지 않을 것이다. 맥락이 중요한 변수로 작용할 수 있기 때문이다.

그렇더라도 세 교수를 향한 비판에는 과장된 측면이 있다. 인도에서 효과가 있었다는 사실을 아는 것은 아무것도 모르는 것보다 낫다. 일반화가 어렵다는 유형의 비판은 흔하지만, 대부분 근거가 부족하다. 이는 특히 거시적인 공공 정책보다 일상에서 내리는 사소한 결정에 초점을 맞추어 볼 때 그렇다. 개인적으로는 아주 단순한 작업인 기사 제목 선정에서 실험의 도움을 받는다.

2022년을 살아가는 기자에게는 진실을 밝히고, 그것에 사람들의 이목을 집중시키는 일이 가장 중요해졌다. 그런데 대중의 주목을 받는 일은 무척이나 어려워졌다. 지금은 어디에서나 정보가 넘쳐나고, 모두가 스마트폰으로 기사를 읽기 때문이다. 물론 스마트폰은 훌륭한 기기이지만, 그 안에서는 우리의 관심을 사기 위해 남몰래 치열한 전투를 벌이고 있다.

30년 전만 해도 신문을 보는 사람에게는 기사를 읽거나, 지면을 넘기는 것 외에 다른 선택지는 없었다. 하지만 지금은 스마트폰으로 인터넷 뉴스 사이트 메인 페이지에 접속하는 순간, 수많은 선택지가 우리를 기다린다. 그곳에서 여러 기사 중 하나를 열람할 수 있다.

이 외에도 스마트폰으로 친구들과 메신저 앱으로 대화를 나누고, 소셜 미디어를 살펴보거나 이메일을 확인할 수도 있다. 아니면 팟캐스트를 듣고, 책을 읽거나 다른 뉴스 사이트를 둘러보기도 하다가 틴더에서 데이트 상대를 찾는 것도 가능하다. 이처럼 경쟁은 치열하다. 따라서 주의를 끄는 일이 무엇보다 중요해졌다. 좋은 기자란 정확한 정보는 말할 것도 없고, 독자가 가장 먼저 던지는 질문에 답할 수 있어야 한다.

"내가 이걸 왜 알아야 하지?"

요즘은 유용하고 중요한 주제를 깊이 있게 다루는 것만으로는 부족하다. 대중의 관심을 정직한 방식으로 끌어낼 방법도 찾아야 한다. 그렇기에 오늘날에는 기사 제목의 중요성이 어느 때보다 부각되고 있다.

이를 직접 검증해 보자. 나는 2021년 카탈루냐 지방 선거를 며칠 앞두고 최신 여론조사를 분석한 기사를 썼다. 그때 선정한 기사 제목은 다음과 같다. 둘 중 어느 쪽이 더 많은 독자를 끌어들였을까?

① 14-F[28], 부동층과 기권이 승부 가른다
② 카탈루냐 여론조사, 이렇게 나왔다

①은 고전적인 정보 제공형 표제로, 부동층과 기권이 선거에 큰 영향을 미칠 것이라는 사실을 알려 준다. 하지만 기사의 형식에 관한 단서가 없어서 의견 칼럼인지 데이터 분석인지도 전혀 드러나지 않는다. 반면 ②는 구체적인 정보를 담고 있지는 않지만, 읽게 될 내용을 '여론조사'라는 주제어로 명확하게 알려 준다. 결과는 ②가 훨씬 효과적이었다.

그렇게 기사 제목만 ①에서 ②로 바꾸었을 뿐인데, 조회 수가 150%나 늘었다. 같은 날에 한 기자가 같은 매체에 쓴, 더군다나 사이트 메인 화면의 같은 위치에 실린 한 편의 기사였는데도 말이다. 이

---

28 2021년 카탈루냐 지방 선거일로, 2월(Febrero) 14일을 뜻한다.

처럼 작은 차이만으로 거의 2~3배 가까이 되는 사람이 기사를 읽은 것이다. 나는 이를 직접 검증했기에 그 사실을 확실히 안다.

언론계에서는 기사 제목 선정에 'A/B 테스트'라는 방식을 사용한다. 하나의 기사에 여러 표제를 배정하면, 그중 하나가 무작위로 웹사이트에 노출된다. 몇 분이 지나고 각 제목의 조회 수를 확인할 때, 어느 쪽이 더 많은 관심을 끄는가를 금방 파악할 수 있다. 이는 단순하면서도 굉장히 유용한 방법이다.

A/B 테스트는 다양한 상황에 두루 적용할 수 있다.
실제로 당신의 결정을 뒷받침하는 데
도움이 될 것 같다면,
반드시 활용해 보자.

실험은 특히 어쩔 수 없이 결정을 내려야 하는 상황에서 빛을 발한다. 나는 직업상 매일 기사 제목을 써야 한다. 그런데 A/B 테스트를 활용하면 별다른 노력 없이도 조회 수를 30%나 끌어올릴 수 있다.

기사 제목에서 벗어나 슈퍼마켓 프랜차이즈에서 내릴 법한 결정의 사례를 살펴보자. 특정 브랜드의 맥주를 계속 판매할지, 아니면 더 비싸지만 비슷한 판매량으로 더 많은 매출액이 예상되는 다른 브랜드로 대체할지를 결정해야 한다고 상상해 보자. 물론 비싼 값을 치르고 시장 조사를 의뢰할 수도 있지만, 일반적으로는 시범 판매가 훨씬 간단하다. 무작위로 매장을 선정하여 새로운 브랜드의 맥주를 판매하면서 실제로 수익이 증가하는가를 경험적으로 확인하면 되기 때문이다. 기사 제목이나 맥주 브랜드를 비롯한 수많은 분야에는 실험으로 답을 찾을 기회가 얼마든지 있다.

실험의 또 다른 장점은 학습의 기회를 제공한다는 점이다. 특히 기존의 고정관념을 깨는 데 매우 유용하다. 사람은 스스로 떠올린 아이디어를 훌륭하다고 믿는 경향이 있다. 그러므로 아이디어의 효과를 실제로 검증하는 절차는 굉장히 유익하다. 자기 생각이 틀렸다는 사실이 경험적으로 드러난다면 생각을 바꿀 수 있으니 말이다.

개인적으로 수많은 기사 제목을 쓰고 검증하기를 거듭하면서 대체로 효과가 있었던 패턴을 몇 가지 발견했다. 첫째로 독자의 흥미를 끌 만한 정보가 있을 때는 명확하게 핵심을 전달하는 제목이 가장 효과적이라는 사실을 확인했다. 이는 앞서 살펴본 카탈루냐 선거 여론조사 기사에서도 입증된 바 있다.

둘째는 인쇄 신문 시대에 흔하게 사용되던 기사 제목이 온라인에서는 잘 통하지 않는다는 것이다. 내 머릿속에서는 그럴듯해 보여도 실제로 독자의 관심을 끌지는 못한다. 최근 나는 코로나19 창궐 1년을 맞아 바이러스가 스페인 전역으로 퍼져 나가던 초기 상황을 되짚는 긴 기사를 쓴 적이 있다. 그 기사의 두 제목을 비교해 보자.

   ① 폭발적 전염병의 타임라인

   ② 무엇이 잘못됐나? 스페인을 휩쓴 폭발적 전염병의 타임라인

기사의 핵심어는 '타임라인'과 '전염병'이었다. 그리고 '폭발적'이라는 표현을 함께 쓰고 싶었다. 그 수식어를 쓸 만한 정당한 이유가 있을 만큼 강력한 이야기라면 응당 그래야 한다고 믿었기 때문이다.

처음에는 ①을 선택했다. 지면이 한정된 인쇄 신문 시대에 흔한 짧은 스타일의 표제였다. 지금과 비교하자면, 그 시절에는 기사를 계속 읽기 위해 클릭할 필요가 없었다. 따라서 인쇄 신문에서는 기사 제목이 간결해도 문제가 되지 않았다. 독자가 기사를 읽을까 말까를 결정하기 전부터 내용이 궁금하다면, 시선을 단 몇 mm 아래로 내리기만 해도 부제와 사진은 물론 그 옆에 실린 본문을 전체적으로 확인할 수 있었기 때문이다.

하지만 디지털 환경에서는 기사 제목의 역할이 완전히 달라지면서 그 중요성이 훨씬 부각되었다. 신문 웹페이지나 소셜 미디어에 공유된 링크에서 표제만 단독으로 표시되는 경우가 많아졌기 때문이다. 기사를 읽을까 결정하기 전에 확인할 수 있는 유일한 정보가 바로 제목이 된 것이다. 그러므로 인터넷 환경에서는 짧고 재치 있는 표제보다 길더라도 명확한 것이 훨씬 더 효과적이다.

②가 바로 그 방향을 택했고, 클릭 수는 ①보다 무려 60%나 더 많았다. ②는 많은 정통파 언론인의 비판을 받는 질문 형식을 사용했지만, 개인적으로 강하게 지지하는 방식이다. 이때 '무엇이 잘못되었나?'라는 질문은 흥미를 불러일으킨다. 독자의 머릿속에 호기심을 유발하는 장치이며, 이는 언제나 유용하다.

가령 문어에 대해 아무것도 모른다고 할 때, '문어는 똑똑하다.'

라는 문장보다 '문어는 왜 똑똑할까?'라는 질문이 훨씬 더 강한 궁금증을 유도할 것이다. 따라서 질문은 일종의 제안이자 약속이다. 무언가 잘못되었고, 내가 이야기를 들려주겠다는 메시지인 것이다.

◆

개인적으로 기사 제목 선별에 활용한 A/B 테스트는 언제나 유용하면서 훌륭한 기법이다. 하지만 실험 결과에만 기대어 결정을 내려서는 안 된다. 나는 모든 표제 후보를 직접 선별한다. 그리고 제목이 기사 내용을 충실하고 정확하며, 철저하게 반영할 수 있도록 구성한다. 이들 요소가 바로 좋은 표제의 조건이기 때문이다. 하지만 실험만으로는 앞선 질적 기준을 판단할 수 없다. 독자를 오도하는 기사 제목은 많은 조회 수를 보장하더라도 나쁜 제목임은 분명하다. 기사가 제공하지도 않는 내용을 보장하는 듯한 제목도 마찬가지다.

예를 들어, 한 기사에 '○○에 관해 알아야 할 모든 것'이라는 제목을 썼다고 상상해 보자. 그런데 제목과 다르게 기사의 내용에서 주제를 수박 겉핥기 수준으로 다룬다면, 그것만큼 용납할 수 없는 일이 또 있을까. 이러한 기사는 흔히 '낚시성 기사(clickbait)'라고 불린다. 독자를 낚기 위해 내건 일종의 미끼인 셈이다.

다수의 낚시성 기사가 그렇듯, 나는 문제의 본질이 눈길을 끄는 기사 제목에 있다고 보지 않는다. 이는 오히려 장점이다. 진짜 문제는 내용이 부실한 기사에 있다. 하지만 그것까지는 실험으로 알 수 없다. 사람들이 많이 클릭하는 표제가 좋다고 판단할 수는 있지만, 기사 내용에 관한 독자의 실망감이나 분노까지는 전혀 알 수 없다.

위의 내용은 우리가 피해야 할 실수의 예이다. 우리 눈에 부각되어 보이지 않는 문제의 측면을 중요하지 않은 것이라 착각하는 함정에 빠져서는 안 된다. 우리가 구체적인 증거를 손에 쥐고 있을 때, 오히려 증거에 시야가 가려 다른 요소를 보지 못하는 위험을 자주 맞닥뜨린다.

나는 이 책의 시작부터 가능한 것은 모두 측정하라고 강조해 왔다. 데이터가 있다면 더 나은 결정을 내릴 수 있기 때문이다. 그렇다고 해서 모든 의사 결정에 데이터만을 고려해야 한다는 뜻은 아니다. 문제를 둘러싼 특성 가운데 측정되지 않은 것도 반드시 고민해야 한다. 경제학자 리처드 탈러(Richard Thaler)의 저서 《행동경제학(Misbe-having)》에서는 이상의 내용에 관한 사례 하나를 소개한다.

2002년에 시카고대 경제학과가 새 건물로 이전하면서, 교수 연구실 배정을 놓고 논의가 벌어졌다. 철골만 쌓아 올린 때부터 교수들은 업적 순으로 연구실을 고르기로 합의했다. 그렇게 세계 최고의 경제학자들은 건물 도면과 각 사무실의 면적이 적힌 엑셀 스프레드시트를 참고하여 연구실을 선택했다. 그들은 기본적으로 면적이 가장 넓은 공간부터 차지했다.

1년이 지나고, 막상 입주해 보니 교수들의 선택이 잘못되었다는 사실이 분명해졌다. 조금 더 넓은 연구실이 일부 있기는 했지만, 그 밖의 다른 이점을 완전히 무시해 버린 것이다. 교수들은 높을수록 좋다는 생각에 4층보다 5층을 선택했다. 그런데 전망은 사실상 비슷했으며, 5층까지 운행하는 엘리베이터는 오히려 더 적어 불편했다. 그리고 북쪽 연구실에서 시카고 시내가 더 잘 보였지만, 누구도 그 사실을 고려하지 않았다.

그렇다면 교수들이 지나치게 과대평가한 요소는 무엇이었을까? 바로 면적이었다. 실제 연구실 면적인 16.7m²와 18.6m²는 별 차이가 없었지만, 스프레드시트에 포함된 데이터라고는 면적이 유일했다. 따라서 그 중요성이 과도하게 부풀려졌다. 결과적으로 눈에 잘 띄지 않던 중요한 특징은 완전히 묻히고 말았다.

반쪽짜리 인식

상관관계는 중요하며, 용도 또한 다양하다. 그중에서도 특히 가장 보편적인 것으로는 '예측'이 있다.

상관관계는 인과관계를 의미하지 않는다는 메시지가 지겹도록 반복되다 보니, 사람들이 이를 과도하게 해석하기에 이른다. 이에 우리는 두 변수 사이의 연관성이 지닌 가치마저 완전히 무시해 버리는 경우를 보기도 한다. 이는 지나친 처사이다.

상관관계를 무시해서는 안 된다.

그 첫 번째 이유는 **상관관계가 실제로 인과관계를 의미하는 경우도 있기 때문**이다. 모든 상관관계가 환상은 아니다. 그 예로 사람의 체중과 키가 상관관계를 보이는 이유는 무엇일까? 키가 클수록 체중이 증가하기 때문이다. 이러한 점만 보더라도 상관관계는 인과관계의 실마리를 푸는 첫 단서로서 충분히 유용하다.

두 번째 이유는 **현실을 묘사하는 일 자체가 가치 있기 때문**이다. 이를 강조하는 이유는 사람들의 흔한 오해 탓이다. 어느 관계가 인과적이지 않다고 해서 무의미하다는 뜻은 아니다. 다수가 그러한 관계를 완전히 허위라고 치부하거나, 다른 변수에 의해 매개된 결과라면서 거짓이라고 여긴다. 하지만 항상 그렇지만은 않다. 다음 예시를 살펴보도록 하자.

당신이 저가 항공사의 대표라고 상상해 보자. 이때 주요 고객층은 젊은 세대다. 당신의 항공사도 여느 다른 항공사들과 마찬가지로 오염을 유발하며, 환경을 위한 긍정적인 활동도 특별히 하지 않았다. 따라서 환경 문제에 관한 당신의 입장에 따라 당신의 항공사를 선택한 고객은 아무도 없다. 그들은 애초에 그러한 입장을 지닌 적이 없기 때문이다.

하지만 젊은 세대는 저렴한 가격으로 당신의 항공사를 선택한다. 그리고 그들은 대체로 환경에 관심이 많다. 결과적으로 당신의 고객 다수는 환경주의자다.

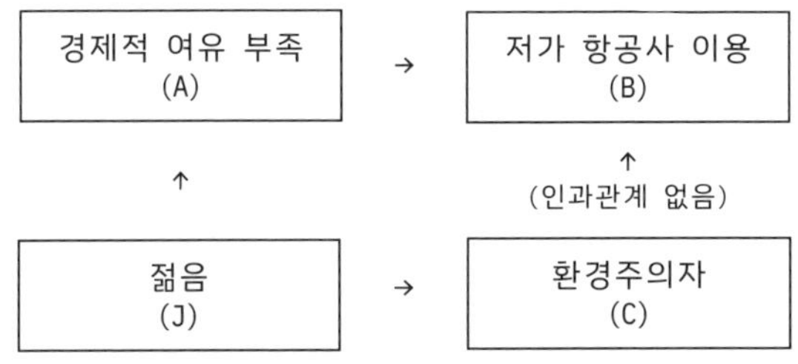

B와 C 사이의 연관성은 인과관계가 아니라, 변수 A와 J로 매개된다. 당신의 고객이 환경에 더 관심이 많은 이유는 그들이 젊기 때문이다. 당신의 항공사를 찾는 32세 고객과 같은 나이의 경쟁사 고

객을 비교해 보면, 별 차이가 없을 것이다.

그렇다고 해서 당신의 항공사가 다른 곳보다 환경 의식이 높은 고객을 더 많이 보유하고 있다는 사실이 달라지지는 않는다. 이 사실은 중요하다. 기후 변화에 대한 인식이 높아지면서 더 많은 환경주의자가 비행기를 타지 않겠다고 선언한다면, 당신의 항공사가 가장 먼저 타격을 받을 것이기 때문이다.

마지막으로 상관관계를 중요하게 여겨야 하는 세 번째 이유이자 가장 핵심적인 이유는 **현상의 원인을 알지 못하더라도 예측은 가능하다는 점만 기억하면 되기 때문**이다. 그 대표적인 사례로 집에 책이 많을수록 아이가 대학에 진학할 가능성이 커진다는 말이 있다. 이는 인과관계가 아니다. 많은 책이 책장에 꽂혀 있기만 해서는 아이에게 아무런 영향을 주지 않기 때문이다.

하지만 집에 책이 많다는 사실 자체로 그 부모와 가정의 많은 것을 말해 준다. 책을 집에 두더라도 아이가 스스로 공부하지는 않을 테지만, 아이의 학업 성취를 어느 정도 예측할 수 있다. 대학원 이상의 학위를 소지한 사람에게서도 비슷한 징후를 발견할 수 있다. 런던이나 뉴욕의 수많은 은행에서 박사 학위 소지자를 분석가로 채용한다. 물론 전공이 천체물리학이든, 생물학이든 실제로 은행에서 수행할 업무와는 무관하더라도 말이다.

은행에서 그들을 채용하는 이유가 무엇일까? 바로 학위를 관찰 불가능한 다른 특성의 지표나 대리 변수(proxy)로서 부분적으로 활용하기 때문이다. 분석가가 박사 과정에서 은행 업무에 유용한 내용을 직접 배웠는가는 중요하지 않다. 학위는 그 사람의 책임감, 지능, 독립성 등을 보여 주며, 그중 어떠한 요소라도 분석가의 역량과 연결된다. 따라서 은행 측의 채용 결정은 충분히 타당하다. 이처럼 박사 학위는 그 사람이 유능한 분석가가 될 가능성을 나타내는 좋은 예측 변수(predictor)이다.

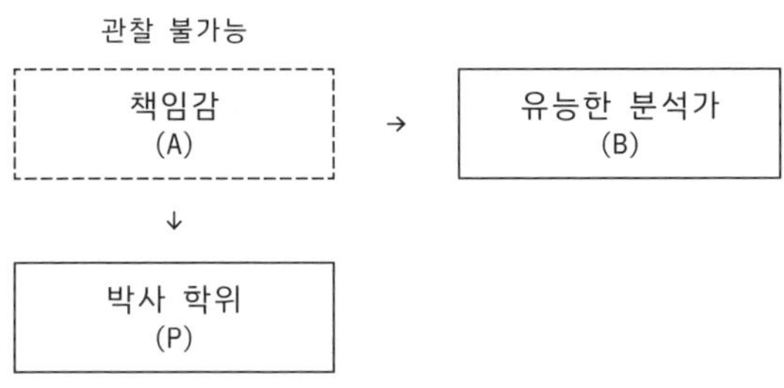

핵심은 2가지 유형의 예측을 구분하는 일이다. 하나는 '반사실적 예측(counterfactual prediction)'이다. 반사실적 예측은 '인과 추론(causal inference)' 또는 '설명(explanation)'이라 불리는 것으로, 타당성을 입증하기가 쉽지 않다. 이는 데이터를 바탕으로 하나의 조건이 달라졌을 때, 세상의 어느 특성이 어떻게 달라질지를 예측하는 방식이다.

그 예로 내가 운영하는 은행의 분석가에게 박사 학위 취득 과정을 지원하는 문제로 고민 중이라고 생각해 보자. 그렇다면 연관성이 인과관계인가를 확인해야 한다. 구체적으로 박사 학위가 분석가를 질적으로 더욱 끌어올리는가를 판단해야 한다.

개인적으로 알고 싶은 것은 동일한 사람이 평행우주에서 박사 과정을 밟고 있다면, 그 사람이 과연 주식 매매나 리스크 평가 외에도 부서 관련 업무도 더 잘 해낼 수 있느냐다. 이 질문에 답하려면 과거에 박사 학위 소지자를 채용했더니 성과가 좋았다는 사실만으로는 부족하다. 그것은 단지 연관성일 뿐이기 때문이다. 이때는 실험을 설계하면서 교란 요인과 같은 복잡한 문제를 고려해야 한다. 하지만 우리가 일상적으로 말하는 '예측'은 앞선 바와 같이 복잡한 과정을 요구하지 않는다.

예측은 세상의 한 특성(입력값)과 다른 특성(출력값)을 해당 변수 사이의 연관성으로 연결하는 방식이다. 과거에 채용한 생물학 박사가 훌륭한 분석가로 성장한 사례를 여럿 관찰했으며, 표본도 충분히 큰 데다 과거와 현재의 환경이 비슷하다고 가정해 보자. 그렇다면 우리는 박사를 채용했을 때, 그들이 확실히 훌륭한 분석가가 되리라고 예측할 수 있다.

이때는 인과관계를 파악할 필요가 없다. 박사 과정이 실제로 업무에 필요한 지식을 가르쳤는지, 아니면 그저 어려운 시험을 통과할 만큼의 능력을 보여 주는 신호에 불과한지는 중요하지 않다. 따라서 인과관계가 없는 연관성도 충분히 유용하다. 따라서 연관성을 무시하는 것은 어리석은 일이다. 그런데도 일부에서는 연관성이 쓸데없다고 착각하곤 한다.

운명의 장난

우연의 힘을 무시하지 말라

플러스, 마이너스, 제로

무작위성에 속은 한 비행 교관의 실수에서 얻을 수 있는 교훈은 무엇일까? 그리고 운과 실력을 어떻게 구별할 수 있을까?

어릴 적, 나는 시간이 지나면 부모님보다 키가 더 클 것이라고 확신했다. 우리 세대는 부모 세대보다 키가 크기 때문이다. 부모 세대 역시 조부모 세대보다 그러했던 것처럼 말이다. 스페인을 비롯한 국가에서는 그 뚜렷한 추세가 수십 년간 이어졌다.

성장 과정에서 아이들의 영양 상태는 갈수록 좋아졌다. 그리고 우리는 예방접종과 항생제 덕분에 더 건강하고 크게 자랐다. 이러한 사실과 함께 아버지의 키가 꽤 큰 편이라는 점까지 더했을 때, 사람들은 내 키가 아버지보다 더 커지리라고 생각했다. 나 역시 당연히 그러할 것이라 믿었다.

하지만 나는 그만큼 자라지 못했다. 기대했던 제2의 급성장기는 오지 않았다. 비록 내 키는 또래보다 큰 편이기는 했지만, **평균적인 수준으로 회귀**했다. 나는 이 장에서 소개할 교훈을 실망에서 배웠다. 실망만큼 효과적인 학습도 드물다.

모든 것은 평균으로 돌아간다.
극단적인 결과 다음에는
그보다 덜한 결과가 나타날 가능성이 크다.
이처럼 특별한 사건 뒤에는 평범한 사건이 따라온다.

위 개념의 고전적인 예시는 대니얼 카너먼(Daniel Kahneman)에서 비롯되었다. 카너먼은 직관을 이해하는 방식에 혁신을 불러온 이스라엘의 심리학자로, 그의 연구는 훗날 2002년 노벨 경제학상 수상으로 이어졌다. 그러나 1960년대 후반, 카너먼은 당시 젊은 교수인데다 그에게 주어진 과제는 꽤 까다로웠다. 바로 이스라엘군 소속 비행 교관에게 교수법을 가르치는 일이었다.

군대라는 세계는 그 세대 이스라엘 사람들에게 낯선 환경이 아니었고, 이는 카너먼에게도 마찬가지였다.[29] 하지만 그는 여전히 왜소한 체격에 안경을 쓴 학자였다. 카너먼은 교관 앞에서 수업을 시작하면서 학습을 유도할 때는 처벌보다 보상이 더 효과적이라고 말했다.

아마 익숙한 이야기일 것이다. 카너먼은 훈련생이 전투기 조종을 잘못했을 때 꾸짖기보다 잘했을 때 칭찬하라고 조언했다. 이에 비둘기를 대상으로 한 몇몇 실험을 근거로, 그 효과가 이미 입증되

---

29 21세의 나이에 막 심리학 학위를 마친 카너먼은 군 입대자 선발 프로그램을 설계하는 임무를 맡았다. 이는 몇 가지 테스트 결과에 따라 보병, 전차병, 공병 등 병과가 결정되는 방식이었다.

었다고 설명했다.

하지만 교관들의 반응은 냉랭했다. 한 교관이 고개를 저으며 손을 들고 "죄송하지만, 교수님 말씀은 새들에게나 통할 법한 얘기 같습니다."라는 말을 꺼냈다. 이어서 그는 자신의 경험을 근거로 정반대의 이야기를 들려주었다.

> "저는 훈련생이 공중 기동을 깨끗하게 해냈을 때 칭찬한 적이 많습니다. 그런데 대부분 그다음 훈련에서는 더 못하더군요. 반대로 실수를 했을 때 호되게 소리를 지르면 대체로 다음번에는 더 잘합니다. 그러니 보상은 효과가 있는데, 처벌은 그렇지 않다는 양 말씀하지 마십시오. 실제로는 그 반대니까요."

그 순간 카너먼은 상황의 본질을 번뜩 깨달았다. 그는 그때가 인생에서 노벨상을 수상한 날만큼 가장 짜릿했던 유레카의 순간이었다고 회고했다. 교관은 자신의 불같은 성격 덕분에 훈련생의 성과가 좋아졌다고 믿고 있었지만, 실제로는 그렇지 않았다. 그것은 착각이었다.

무작위성의 법칙에 따르면 비정상적으로 좋은 결과 뒤에는 대개 평범한 결과가 따라온다. 따라서 훈련생이 실수를 한 번 저지른 뒤라면, 교관이 무슨 말을 하더라도 그다음 기동에서 더 나은 모습을 보이는 것이 자연스러운 결과이다. 교관이 목격한 일련의 변화는 사실이었다. 그의 말처럼 훈련생들의 기량이 실제로 좋아지거나 나

빠지는 경향을 보였지만, 그 이유가 호통에 있다고 착각한 점이 바로 교란 요인이었다. 진실은 단순하다. 사건이 평균으로 회귀하고 있던 것이다.

평균 회귀는 현실에서 꽤 미묘하게 작용하지만, 세상의 수많은 믿음을 설명한다. 그중 동종요법 제품의 효과에 관한 믿음이 있다. 굳이 복용하지 않아도 자연스럽게 사라질 통증에도 제품 덕분에 나아졌다고 느끼는 상황 말이다. 이처럼 볼테르(Voltaire)의 말로 알려진 다음 격언이 때로는 옳음을 확인할 수 있다.

의술이란 자연이 병을 고치는 동안 환자를 기분 좋게 하는 기술이다.

평균 회귀를 제대로 이해하지 못하는 문제는 더 일반적인 인지적 오류의 한 예일 뿐이다. 우리는 아무 이유 없이 벌어지는 일이 생각보다 많다는 사실을 과소평가한다. 사람들은 결국 무작위성의 역할을 충분히 고려하지 않은 채 성급하게 결론을 내린다. 우리는 결론을 도출하는 데 놀라울 만큼 능숙하지만, 가끔은 정도가 지나치지는 않은가 하는 생각이 들게도 한다.

◆

카너먼의 일화는 우리가 무작위적 과정을 얼마나 잘못 이해하고 있는지를 보여 준다. 물론 우연이란 본디 복잡한 문제라는 변명을 할 수는 있다. 여기에는 '무작위성의 근본적인 문제'라 부를 만한 측면이 있다.

우리가 관찰할 수 있는 모든 현상에는
2가지 요소가 존재한다.
첫째는 현상을 지배하는 일정한 규칙성,
즉 우리가 알고자 하는 체계적 요소이다.
둘째는 무작위적 요소로, 분석을 방해하는 잡음이다.
이들 요소는 복잡하게 얽혀 있어
서로를 분리해 내기가 쉽지 않다.

현실을 이해하려는 많은 사람이 위 문제와 씨름하며 하루를 보낸다. 이는 기후 연구나 백신 개발, 비디오 게임 분석 등 어떠한 일을 하든 마찬가지이다. 그런데 순수하게 무작위적인 현상은 오히려 단순하다.

그 예로 1만 명의 학생이 참과 거짓을 판별하는 100개의 문제로 구성된 시험에 아무렇게나 답한다고 해 보자. 답을 무작위로 선택했으므로 평균적으로 약 50문제를 맞힐 것이다. 물론 한 학생은 15문제를, 다른 학생은 80문제를 맞힐 수도 있다. 그중에서 80문제를 맞힌 학생에게 비슷한 유형의 시험을 다시 보게 한다면, 그들의 평균 점수는 어떨까?

다시 80문제를 맞히겠다고 생각하겠지만, 학생들은 여전히 무작위로 답할 것이라는 점을 잊지 말아야 한다. 따라서 결과는 다시 평균에 가까운 50점 정도로 회귀할 가능성이 크다. 해당 시험 점수는 학생들의 자질을 전혀 반영하지 않았으며, 그저 통계적 잡음에 불과하다.

반대편 극단의 사례는 우연의 요소가 전혀 없으며, 결과가 100% 체계적인 시험이다. 특정 주제에 관한 학생별 이해도를 정확히 측정해 내는 마법 같은 시험을 상상해 보자. 위에서 설명한 바와 같은 방식으로 모든 학생에게 시험을 치르게 한 뒤, 80문제를 맞힌 학생을 따로 모아 시험을 한 번 더 보게 한다면 결과는 어떨까? 이때 해당 학생은 다시 정확히 80문제를 맞힐 것이다. 이 시험에는 무작위적인 측면 없이 학생들의 실력을 그대로 반영하기 때문이다.

현실의 문제는 이상의 두 사례보다 훨씬 더 복잡하다. 실제 상황은 완전한 체계성과 무작위성 사이에 존재하기 때문이다. 그 예로 실제 학생을 대상으로 시험을 친다고 생각해 보자. 이때 평균 점수는 예상대로 60점이다. 그중 80점을 받은 학생만 따로 모아 난이도가 비슷한 시험을 다시 치르게 한다면, 그 학생은 몇 점을 받을까? 60점일까, 80점일까? 아마 그 중간의 어느 지점에 있을 것이다.

그 시험이 학생의 능력을 어느 정도 반영한다면, 1차 시험에서 좋은 성적을 거둔 학생 집단은 2차 시험에서 평균 점수인 60점보다 높은 점수를 받을 것이다. 하지만 처음에 80점을 받은 학생 중에는 그저 운이 좋은 학생도 있었을 테니, 일반적으로 점수가 떨어질 가능성이 크다. 따라서 2차 시험의 평균 점수는 80점보다 낮다고 예상할 수 있다.

이상의 사례를 통해 말하고 싶은 바는 현실 세계의 모든 것이 평균을 향해 회귀하지만, 반드시 평균까지 돌아가지는 않는다는 점이다. 핵심은 지금 다루고 있는 대상 안에 무작위성이 얼마만큼인가를 파악하는 일이다. 축구 선수를 예로 들면 더 쉽게 이해할 수 있다. 축구팀에 새 스트라이커를 영입하고 싶다고 생각해 보자. 그러려면 지난 시즌 득점 순위를 검토하고, 구단이 감당할 수 있는 범위 내에서 최고의 선수를 선택한다. 그렇다면 그 선수가 새로운 팀에서 똑같은 골 수를 기록할 확률은 얼마일까?

◆

2015-2016 시즌, 유럽 5대 리그에서 득점 1~3위를 기록한 선수는 즐라탄 이브라히모비치(Zlatan Ibrahimović), 루이스 수아레스(Luis Suárez), 곤살로 이과인(Gonzalo Higuaín)이었다. 이브라히모비치는 파리 생제르맹에서 경기당 1.2골을, 수아레스는 바르셀로나에서 1.1골을, 이과인은 나폴리에서 1.0골을 기록했다. 이들 수치는 대부분의 선수가 도달할 수 없는 수준으로, 세 선수만의 뛰어난 기량을 잘 보여 준다.

이제 당신이 세 선수를 영입하려는 라이벌 팀의 감독이 되었다고 상상해 보자. 그중 1명을 데려온다면, 그 선수가 당신 팀에서 몇 골을 득점할 수 있을까? 물론 정답은 상황에 따라 달라진다. 세 선수의 나이, 과거 시즌의 득점 기록, 그리고 활동했던 구단의 특성 등을 모두 고려해야 한다.

하지만 일단은 그보다 일반적인 질문을 던져 보자. 한 스트라이커의 지난 시즌 성적은 그 선수에 관해 얼마나 많은 것을 말하는가? 이것이 바로 무작위성의 근본적인 문제를 보여 주는 사례다. 이 문제에 명확한 정답은 없다. 실제로 그 질문에 답하는 통계학의 주요 분야로 '추론'이라고 하는 것이 있으며, 이 주제만을 다룬 책이 무수히 많다. 하지만 그 첫걸음은 의외로 직관적이다.

무작위성에서 규칙성을 찾아내려면

많은 사례를 관찰해야 한다.

즉 데이터가 필요하다.

이것이 바로 경험이다. 스카우트의 통찰력은 수백 명의 선수를 직접 보며 쌓은 경험에서 비롯된다. 그렇게 직관이 만들어진다. 데이터를 수집하는 작업도 그와 본질적으로 같다. 결국 데이터란 관찰의 결과이며, 그것을 스프레드시트에 숫자로 정리해 두는 것일 뿐이다.

다음 그래프에는 2014~2018년에 유럽 5대 리그에서 활약한 선수 392명의 득점 기록이 담겨 있다. 각 점은 한 선수가 연속된 두 시즌 동안 기록한 골 수를 나타낸다. 예를 들어 가장 높은 위치에 있는 점은 크리스티아누 호날두(Cristiano Ronaldo)의 기록이다. 그는

2013-2014 시즌에 경기당 1골(가로축), 2014-2015 시즌에는 경기당
1.4골(세로축)을 득점하였다.

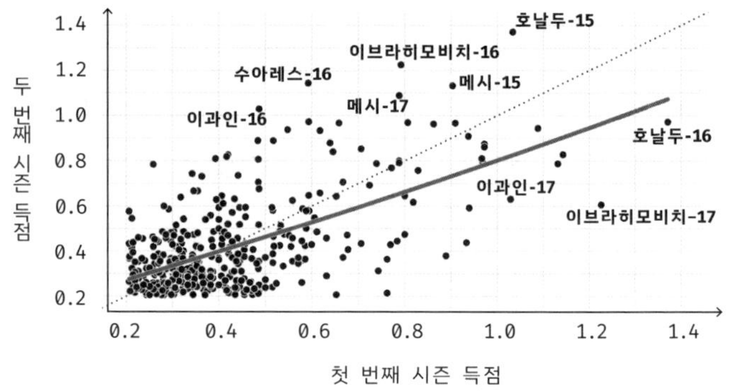

그래프의 각 점은 개별 선수를 나타내며, 그 선수가 연속된 두
시즌 동안의 경기당 득점 수를 보여 준다. 가령 '호날두-15'라는 점은
호날두의 2013-2014 시즌 기록(가로축)과 2014-2015 시즌 기록(세로
축)을 나타낸다. 이 그래프에서 우리는 2가지 결론을 도출할 수 있다.

첫째로 선수의 득점에는 실력이 중요하며, 여기에는 꽤 뚜렷한
양의 상관관계가 존재한다. 상위권 득점 선수는 대체로 전년도에도
상위권이었던 선수이다. 단순히 무작위적인 결과가 아니라는 뜻이
다. 즉 '이번 시즌의 득점 수'라는 지표는 어느 정도 선수의 실력을
반영한다.

둘째로 운도 영향을 미친다.[30] 한 해에 많은 골을 넣었다가 그다음 해에는 훨씬 적은 득점 수를 기록한 선수도 있다. 이러한 변화는 선수의 실력 탓이라 볼 수 없다.

실력과 운의 개별적인 영향력은 어느 정도인가를 가늠하고자 할 때, 우리는 데이터를 활용할 수 있다. 앞에서 살펴본 그래프에는 굵은 선이 하나 있다. 이는 선형 회귀선에 해당하며, 아주 단순한 예측 모델로 해석할 수 있다. 한 시즌에 일정한 득점 수(가로축)를 기록한 선수라면, 그 선의 높이는 그들이 다음 시즌에 기록한 득점 수(세로축)를 나타낸다.

한 시즌에 경기당 0.6골을 기록한 선수는 다음 시즌에 평균적으로 0.5골을 기록했다. 우리는 이 패턴을 예측에 활용할 수 있다. 지난 시즌에 경기당 0.6골을 기록한 선수가 있다고 생각해 보자. 하지만 그 외에 다른 정보가 전혀 없다면 다음 시즌에는 평균적으로 0.5골 정도를 득점할 것이라고 기대하는 것이 타당하다. 물론 실제 기록은 그보다 더 높거나 낮을 수 있다. 그래프에서 알 수 있는 바와 같

30　전년도 득점 수로 설명되지 않는 모든 변동성을 잡음으로 간주했지만, 실제로 그다지 단순하게 볼 수는 없다.예컨대 두 선수가 작년에 경기당 0.6골을 기록했고, 올해는 각각 0.3골과 0.7골을 넣었다고 생각해 보자. 이 차이는 단순히 운 때문만은 아니다. 선수 개인의 특성이나 상황으로도 설명할 수 있다. 예컨대 전자는 35세 베테랑 선수고, 후자는 아직 성장 중인 젊은 선수일 것이다. 두 선수의 나이를 분석해 보면, '젊은 선수는 실력이 향상된 반면, 나이가 많은 선수는 기량이 하락한다.'라는 새로운 규칙을 발견할 수 있다. 이러한 규칙을 바탕으로 그래프나 통계 모델에 '나이'라는 변수를 추가하면 더 정확한 예측이 가능해진다. 이처럼 잡음 속에서 규칙성을 끌어내려는 탐색 과정이 바로 추론의 본질이다.

이 변동성이 상당히 크기 때문이다. 그러나 이러한 조건에서 선수를 영입한다면, 일반적으로 기대할 수 있는 결과는 그 정도 수준이다.

　다시 세 축구 선수 이야기로 돌아가 보자. 그들은 모두 2015-2016 시즌에 경기당 약 1골 안팎을 기록했다. 데이터에 따르면 다음 시즌에는 득점 수가 줄어들 것으로 예측할 수 있다. 그리고 실제로 세 선수 모두 2016-2017 시즌에 2015-2016 시즌의 득점률을 넘어서지 못했다. 그 내용은 다음 표에서 확인할 수 있다.[31]

	2015-2016	2016-2017
이브라히모비치	1.2(PSG)	0.6(MAN)
수아레스	1.1(FCB)	0.8(FCB)
이과인	1.0(NAP)	0.6(JUV)

　위의 결과는 전혀 놀랍지 않다. 유럽 축구에서 득점 1~3위를 차지한 선수들은 대부분 다음 시즌에 더 적은 골을 넣는다. 2014-2015, 2015-2016, 2016-2017 시즌 모두 그러했다. 그래프에서 확인된 바와 같이 한 시즌에 많은 골을 기록한 선수는 다음 시즌에 그보다 적은 골을 넣으리라고 예측할 수 있다. 이는 평균으로 회귀하는 현상을 실증적으로 보여 주는 사례다.

31　표 안의 약어는 모두 세계적인 프로 축구단의 약칭으로, PSG는 파리 생제르맹 FC(Paris Saint-Germain FC), MAN은 맨체스터 유나이티드 FC(Manchester United FC), FCB는 FC 바르셀로나(FC Barcelona), NAP는 SSC 나폴리(SSC Napoli), JUV는 유벤투스 FC(Juventus FC)를 가리킨다.

이 글을 마무리하기 전에 유용하면서도 단순하지만, 직관에 어긋나는 결론을 하나 더 도출해 보자.

예측은 근거가 되는 정보보다 덜 극단적이어야 한다.

소위 '득점왕'이라 불리는 선수에게도 그러한 현상이 나타난다. 어느 선수가 한 시즌에 많은 골을 넣었다면, 그 선수는 실력이 뛰어날 가능성이 크다. 이에 그 선수를 영입하면 팀 성적이 좋아질 수도 있다.

당신이 2명의 후보 선수 가운데 1명을 뽑아야 한다고 생각해 보자. 그리고 두 후보에 관해 알고 있는 정보가 오직 전년도 득점 수뿐이라면, 더 많은 골을 넣은 선수를 택하는 것이 합리적이다. 그렇다고 선수를 영입한 이후, 그 선수가 새로운 팀에서도 똑같은 성적을 낼 것이라 기대해서는 안 된다. 해당 선수가 남긴 좋은 기록에는 운도 어느 정도 따랐을 가능성이 있고, 어쩌면 그 비중이 꽤 클 수 있기 때문이다.

논리적으로 생각하면, 성적이 뛰어난 선수라도 다음 시즌에는 평균에 가깝게 회귀하리라고 기대하는 편이 옳다. 그러나 우리의 사고방식은 대개 그 반대로 작동한다. 잘하는 선수를 보면 단순히 그가 매우 뛰어나기 때문이라고 믿어 버리는 것이다. 이는 일종의 판단 착오로, 이를 두고 카너먼은 다음과 같이 말했다.

"우리는 예측과 관찰을 제대로 구분하지 못한다."

한 선수가 2~3경기에서 뛰어난 활약상을 연달아 보이면, 우리는 그 선수가 어느 때나 일정하게 잘할 것이라고 믿는다. 다른 예측도 눈앞의 증거에 어긋나는 듯해 보인다. 우리 뇌는 우연의 힘을 과소평가하기 때문이다. 하지만 무작위성은 어디에나 존재한다.

그러한 점에서 나는 2018년 호날두가 겪었던 골 가뭄이 과연 의미 있는 신호였는가를 의심할 수밖에 없었다. 레알 마드리드의 스트라이커였던 호날두는 특유의 초인적인 득점 페이스를 이어가지 못했고, 그의 부진은 질문을 낳았다. 과연 그의 커리어가 저물고 있었던 것일까, 아니면 단지 운이 따라주지 않았던 것일까? 다음 장은 바로 그 질문으로 시작하려고 한다.

운과 실력의 경계

그럼에도 평균의 가치는 있다. 그리고 신호와 잡음을 구분할 방법은 과연 무엇일까? 이때 우리는 '필터링'이라는 문제에 직면한다. 또한 이 기회를 빌려 내가 레알 마드리드 팬이라는 사실을 밝히고자 한다.

호날두는 레알 마드리드에서 보낸 9개 시즌 동안 구단의 득점 기록을 갈아치웠다. 그가 오기 전까지 스페인 리그 역사에서 몇 달 연속으로 경기당 평균 1골을 넣은 선수는 손에 꼽을 정도였다. 이전에는 우고 산체스(Hugo Sánchez)가 1989-1990 시즌 내내 경기당 1골이라는 평균을 유지했다. 이후 1996-1997 시즌에는 바르셀로나 소속의 호날두 나자리오(Ronaldo Nazário)가, 2008-2009 시즌에는 아틀레티코 데 마드리드의 디에고 포를란(Diego Forlán)이 같은 기록을 달성했다.

그다음 해에 크리스티아누 호날두가 레알 마드리드에 합류하면서 바르셀로나의 상징인 리오넬 메시와의 본격적인 라이벌 구도가 시작되었다. 두 선수는 서로 경쟁하며 득점 기록을 전례 없는 수준으로 끌어올렸다. 호날두는 레알 마드리드에서 보낸 9개 시즌 동안 거의 매 경기당 1골을 넣었다. 이 일이 얼마나 대단한가는 말로 표현하기 어렵다. 그는 리그 경기에 292번 출전하여 무려 311골을 기록했다.

하지만 2018년 초, 라리가에서 호날두의 마법 같은 득점 기록은 마치 사라져 버린 듯해 보였다. 13경기에 출전해 겨우 4골밖에 넣지 못했기 때문이다. 곧 33세의 나이를 앞둔 그를 두고 처음으로 팀을 떠날 가능성이 거론되기 시작했다.

호날두는 지금까지 값을 매길 수 없는 선수였지만, 이제는 몸값을 책정해야 할 때가 온 것일까? 그렇게 눈앞에 다가온 질문은 분명해졌다. 마침 당시《엘 파이스》스포츠 부문 책임자였던 다비드 알바레스(David Álvarez)가 내게 다음과 같은 질문을 던졌다.

<blockquote>

"호날두의 연속적인 득점 부진은 단순한 불운일까,

아니면 쇠퇴의 징후일까?"

</blockquote>

이때 나는 추가 데이터부터 가장 먼저 찾기 시작했다. 호날두는 라리가뿐 아니라 챔피언스리그에도 출전하고 있었고, 그곳에서는 6경기에서 9골을 터뜨렸다. 세계에서 가장 치열한 무대에서도 그의 골 감각은 여전히 살아 있었다.

그러나 유럽 무대에서의 득점만으로는 그의 성적 통계를 만회하기에 부족했다. 25경기에서 13골이라는 수치는 이전보다 나아 보였지만, 그의 평소 기록에 비하면 여전히 만족스러운 수준은 아니었다. 이 시점에서 경기 표본을 늘릴 수 있었다면 참 유용했을 것이다.

호날두와 라리가의 모든 구단이 내 지시에 따라 준다면, 나는 그들에게 100경기를 치르게 해서 과연 그가 예전보다 득점력이 떨어졌는가를 확인했을 것이다. 불가능한 일이라는 것은 잘 안다. 다만 그 점을 언급한 이유는 가능한 경우도 있기 때문이다. 새로운 데이터를 만들어 내서 의문을 해결할 수 있다면, 반드시 그렇게 해야 한다. 그러나 이번에는 할 수 없었기에 나는 다른 방법을 고민했다.

내가 직면한 핵심 문제는 경기 수와 골 수가 너무 적다는 것이었다. 시즌 중반의 득점 기록은 잡음이 많아 우연에 크게 좌우된다. 그렇다면 스트라이커의 경기력을 평가할 수 있으면서 우연에 덜 휘둘리는 지표가 있다면 어떠했을까?

지난 10여 년 동안 농구와 야구의 흐름을 따라 축구에서도 경기의 모든 측면을 정밀 통계로 측정하는 방식이 널리 확산되었다. 제5장에서 나는 마크 가솔 영입을 밀어붙이지 못한 NBA 단장 대릴 모리를 이야기했다. 그리고 통계를 활용하여 야구계를 혁신한 빌리 빈의 이야기를 담은 영화 〈머니볼(Moneyball)〉을 본 사람도 있을 것이다.

한편 축구에서는 그러한 변화가 다소 더디게 진행됐지만,[32] 이제는 본격적으로 자리를 잡기 시작했다. 스태츠봄(Statsbomb), 옵타(Opta), 드리블랩 등의 업체에서는 경기장에서 일어나는 모든 일의 기록 및 체계화에 전념하고 있다. 그들은 여러 명의 인력을 현장에 보내 경기를 지켜보면서 모든 사건을 낱낱이 기록할 것을 지시한다. 패스에서 슈팅, 태클 등에 이르기까지 누가 어디서 무엇을 했으

32　나는 이러한 차이가 문화적인 이유, 즉 저항감에서 비롯되었다고 생각한다. 그리고 축구 자체의 특성도 한몫한다. 축구는 흐름이 매우 유동적인 데다 교체도 적으며, 소수의 플레이가 경기 결과를 좌우하기 때문이다.

며, 결과는 어떠했는가를 빠짐없이 기록한다. 이렇게 세밀하게 수집한 정보를 바탕으로 선수의 볼 운반 거리나 미드필드에서의 패스 가치처럼 더 깊이 있는 측면을 포착하는 정교한 지표를 만들어 낸다.

새로운 지표 가운데 가장 널리 쓰이는 것은 기대 득점(expected goal), 즉 'xG'라 불리는 것이다. 게임 〈FIFA〉에도 등장하는 이 지표는 한 선수가 슛을 통해 **기대할 수 있는** 득점 수를 나타낸다. 이 수치는 각각의 슛마다 계산되며, 슛이 골로 이어질 확률을 통계 모델로 추정한 값이다. 통계 모델은 슛이 시도된 거리, 각도, 슛의 종류 등 모든 상황 정보를 고려한다.

최근에는 골키퍼의 위치나 슛을 시도한 선수와 골대 사이에 있는 수비수의 수와 같은 세부 정보까지 반영하도록 정교화되었다. 예를 들어 페널티킥은 75%의 확률로 골이 되므로, 기대 득점이 0.75로 계산된다. 반면 페널티 박스 바깥에서 시도한 슛은 성공 확률이 33회 중 1회에 지나지 않아서 기대 득점 총합에 불과 0.03만 더해진다. 이러한 통계의 강점은 쉽게 이해할 수 있다. 모든 슛이 동일하지 않기에 단순히 슛의 수만 세는 것보다 낫다.

그리고 기대 득점은 적은 수의 경기에서 실제 득점 수를 보는 것보다 더 유용하다. 해당 지표는 우연의 영향을 덜 받기 때문이다. 3경기 동안 각각 1골씩 넣은 두 선수를 비교할 때, 기대 득점이 1.6임에도 1골을 기록한 선수는 0.05인 선수보다 실력이 뛰어날 가능성이 크다. 후자의 경우는 운이 따랐을 확률이 높다.

따라서 2018년 1월, 나는 옵타에 호날두의 기대 득점 데이터를 요청했다. 비록 득점 수는 저조했지만, 그는 여전히 득점 기회를 만들어 내고 있었을까? 데이터를 확인한 결과, 그렇다고 할 수 있었다. 호날두는 더 많은 골을 넣을 수 있을 만큼 충분히 슛을 시도하고 있었다. 비록 리그의 13경기에서 단 4골만 기록했지만, 그는 11이라는 기대 득점에 걸맞은 기회를 만들어 냈다.

	득점	기대 득점	차이	
크리스티아누 호날두	3	10	−7	
피에르에메릭 오바메양	10	14	−4	
알렉상드르 라카제트	7	9	−2	
킬리안 음바페	9	10	−1	
에딘 제코	9	10	−1	
루이스 수아레스	13	14	−1	
세르히오 아구에로	10	10		
알바로 모라타	10	10		
로멜루 루카쿠	11	10		+1
리오넬 메시	15	14		+1
해리 케인	19	16		+3
모하메드 살라	18	14		+4
치로 임모빌레	14	9		+5
에딘손 카바니	18	12		+6

출처: 옵타

호날두의 경기당 평균 기대 득점은 0.82로, 당시 각각 18골과 19골을 넣었던 해리 케인(Harry Kane)이나 모하메드 살라(Mohamed Salah)보다도 높은 수치였다. 문제는 이토록 유망한 슛을 골로 연결하지 못한 점에 있었다. 그 시즌에 호날두는 유럽 5대 리그를 통틀어 가장 비효율적인 스트라이커였다.

호날두가 신인이었다면, 우리는 그를 마무리 능력이 약한 선수라고 생각했을지도 모르겠다. 하지만 그는 호날두다. 그렇기에 불운이라는 가설에 무게를 두는 편이 훨씬 자연스러웠다. 호날두는 여전히 평소처럼 골과 가까운 위험 지역에 자주 침투하며 좋은 기회를 꾸준히 만들어 내고 있었다. 나는 그저 호날두에게 기회를 골로 연결할 운이 따르지 않았을 뿐이라는 가설을 세웠다.

그 가설은 곧 사실로 확인되었다. 기사를 쓴 바로 다음 날, 호날두는 데포르티보 라 코루냐(Deportivo la Coruña)를 상대로 2골을 터뜨렸다. 일주일 뒤에는 발렌시아(Valencia)와의 경기에서 다시 2골을 추가하며 6경기 10골로 2월을 마무리했다. 3월과 4월에도 그의 득점 행진은 계속되었고, 결국 26경기 27골이라는 기록으로 시즌을 마쳤다. 이는 그의 역사적인 평균 득점과 정확히 일치하는 수치였다.

그뿐 아니라 호날두는 챔피언스리그에서도 맹활약했다. 그는 준결승에서 환상적인 오버헤드 킥으로 골을 터뜨렸는데, 이를 두고 한 상대 선수는 '플레이스테이션 게임에서나 볼 법한 장면'이라 평했다. 그렇게 레알 마드리드는 결국 결승에 올라 우승을 차지했다. 이는 구단 통산 열세 번째 챔피언스리그/유러피언컵 우승이었고, 호날두에게는 다섯 번째 우승이었다. 또한 그는 13경기 15골을 기록하며 6시즌 연속 챔피언스리그 득점왕에 올랐다.

이상에서 소개한 호날두의 이야기에서 우리는 2가지 교훈을 얻을 수 있다. 첫째는 좋은 지표를 선택하는 일이 얼마나 중요한가를 명심하는 것이다. 기대 득점은 호날두가 아직 끝나지 않았음을 보여 주는 핵심 지표였다. 적은 수의 경기를 평가할 때는 실제 득점 수보다 기대 득점이 더 신뢰할 만한 지표이기 때문이다. 둘째 교훈은 다음과 같다.

기대 득점의 장점은 잡음이 적다는 것이다. 해당 지표는 근본적인 신호, 즉 호날두의 진짜 실력을 더 정확히 포착할 수 있다. 이를테면 세 번의 슛이 죄다 골대를 맞아 튕겨 나오는 일처럼 불운에 기인할 수 있는 무작위적 사건의 영향을 덜 받기 때문이다.

◆

신호와 잡음을 구분하는 또 다른 방법은 평균이나 필터링 기법을 활용하는 것이다. 그 예로 체중을 늘리기 위해 식단 관리를 시작한 사람을 생각해 보자. 이틀 전 체중은 63.0kg, 어제는 63.7kg, 오늘은 62.8kg이었다. 그렇다면 이 식단 관리가 효과적이라고 판단할 수 있을까?

우리는 시간의 흐름에 따른 변화를 관찰할 때마다 딜레마에 부딪힌다. 우리가 보고 있는 것이 잡음일까, 아니면 신호일까? 물론 대부분은 잡음이다. 체중을 매일 재다 보면 수치는 오르락내리락하기 마련이다. 따라서 식단 관리 전문가는 정신적인 스트레스를 받지 않도록 체중을 일주일에 한 번만 재라고 조언하는 경우가 많다.

하지만 그 문제를 가장 정확하게 다루는 방법은 평균과 같은 필터링 기법을 활용하는 것이다. 매일 체중을 재되, 오늘 체중을 최근 3일간 측정한 수치의 평균으로 계산하는 식이다. 그러면 무작위적인 변동을 줄일 수 있어, 진짜 신호인 실제 체중 변화를 훨씬 쉽게 파악할 수 있다.

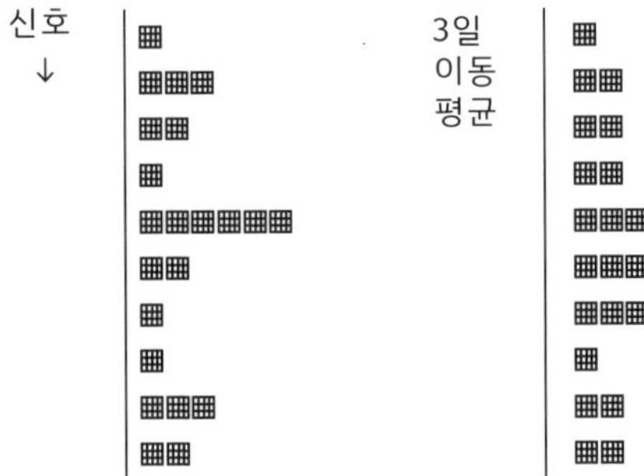

필터링의 개념을 성공적으로 활용한 대표 사례가 바로 선거 여론조사 평균치이다. 수십 년 동안 여론조사는 잡음의 온상이었다. 신문을 펼치면 어느 정당의 지지율이 3%p 앞섰다는 기사가 실려 있고, 다음 날 TV를 보면 다른 조사 결과에서는 반대 정당이 이기고 있다는 내용이 보도되곤 했다.

그러한 변동에 수준 이하의 분석가는 근거 없는 사후 이론을 지어내면서 최근 사건과 억지로 연결 지으려 했다. 하지만 이처럼 요동치는 수치는 그다지 믿을 만하지 않다. 수백만 명의 사람이 그 정도로 자주 마음을 바꾸는 일은 드물기 때문이다. 여론조사에는 본래 잡음이 섞여 있고, 일부 언론은 잡음으로 그럴듯한 이야기를 만들어 냈다. 이것이 진실이다.

다행히 최근 몇 년 사이 선거 데이터를 다루는 방식이 훨씬 정교해지면서 상황은 많이 나아졌다. 이러한 변화의 출발점은 단순한 평균이었다. 발표된 여론조사를 모두 모아서 평균을 내면 어떨까? 이 방식은 미국에서 이미 널리 활용되고 있었다. 나는 바로 그것을 2014년과 2015년 사이에 스페인에서 시도하기 시작했다. 평균에는 여러 가지 장점이 있지만, 여기서 주목할 첫 번째 장점은 바로 잡음을 제거한다는 것이다.

다음 그래프는 2018년 상반기에 발표된 수십 건의 여론조사 결과를 바탕으로 스페인 내 두 정당의 예상 득표율을 보여 준다. 검은 점은 국민당(Popular Party, PP), 회색 점은 시민당(Ciudadanos, Cs)을 나타낸다. 연초 몇 달 동안은 조사에 따라 우파와 중도우파 정당 중 어느 쪽이 약간 우세한지가 엇갈린 탓에 진짜 신호를 포착할 수 없었다.

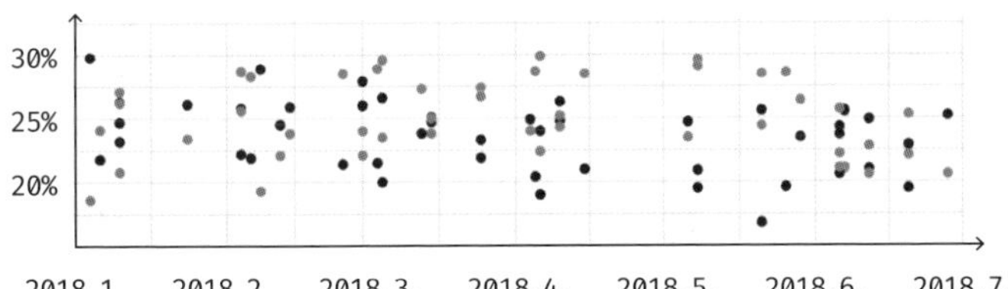

하지만 평균만으로도 전체적인 흐름은 분명하게 드러났다. 다음에 제시할 그래프에서도 확인할 수 있듯, 평균을 적용하면 2가지 뚜렷한 시점을 확인할 수 있다. 연초에는 국민당과 시민당이 비슷한 지지율로 경쟁했다. 그러나 시간이 갈수록 시민당의 지지율이 상승한 반면, 국민당은 감소하는 추세를 보였다. 이러한 양상은 5월 말까지 이어졌다.

그런데 이때 중요한 사건이 발생했다. 그 주에 마리아노 라호이(Mariano Rajoy) 국민당 총리에 대한 불신임안이 가결된 것이다. 이에 따라 스페인 사회주의노동자당(Partido Socialista Obrero Español, PSOE)의 페드로 산체스(Pedro Sanchez)가 새 총리로 취임하게 되었다. 그날을 기점으로 시민당의 하락세가 시작되었으나, 국민당의 지지율은 반등하기 시작했다.

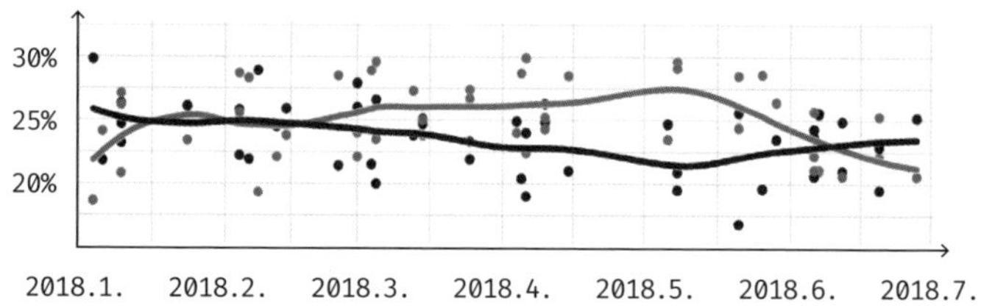

위에서 보는 바와 같이 신호를 필터링하는 작업은 마치 만능 해결책 같아 보이기도 하겠다. 하지만 유용한 기법이 대부분 그렇듯 활용에 대가가 따른다. 가령 체중 변화를 추적하기 위해 3일 평균을 사용한다고 했을 때, 그 대가는 무엇일까? 당신이 실제로 측정하는 수치는 현재의 체중이 아니라 어제와 그제의 체중이라는 점이다. 다시 말해 과거의 체중을 보는 셈이다. 이것이 바로 잡음을 제거하는 데 따르는 대가로, 관찰 결과에 지연이 발생한다.

지연은 필터링의 딜레마이다.
우리는 성가신 잡음을 제거하는 일과
신호의 지연을 줄이는 일 사이에서 균형을 찾아야 한다.

오늘 체중계에 올랐더니 체중이 조금 늘었다고 상상해 보자. 증가 폭이 아주 미미하다면 단순한 잡음이겠지만, 그것은 새로운 추세의 시작을 가리키기도 한다. 최근 3일간의 이동 평균을 사용한다면, 그 증가 양상은 필터링으로 제거될 것이다. 하지만 다음 날에도 체중이 조금 더 늘어난다면, 비로소 그 변화가 신호였음을 깨닫는다. 결과적으로 신호를 하루 더 늦게 감지한 셈이다.

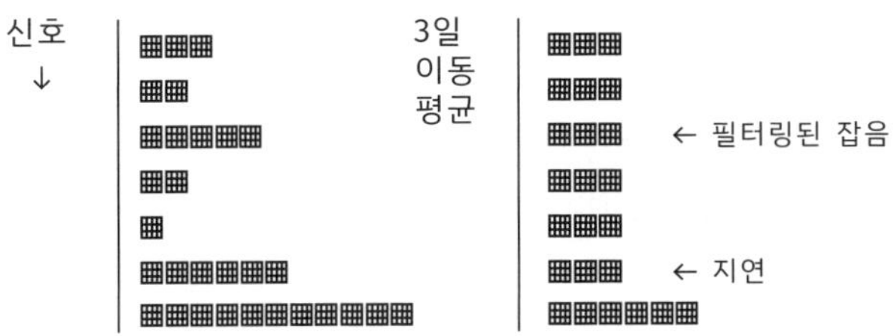

한편 선거 여론조사 필터링에서 가장 중요한 문제는 2주 전에 이루어진 조사 결과를 어제와 비교했을 때, 얼마나 가치 있게 평가

할지를 결정하는 일이다. 그렇다면 얼마만큼의 가중치를 두어야 할까? 똑같이 두어야 할까? 아니면 절반으로 해야 할까? 혹시 1/10이라면 충분할까? 이는 평균을 계산할 때 내려야 할 가장 중요한 결정이다. 그러나 정답은 없다.

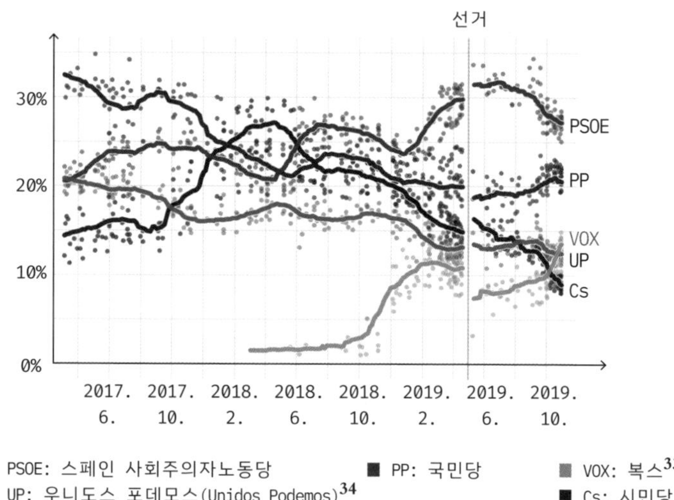

■ PSOE: 스페인 사회주의자노동당　　　■ PP: 국민당　　　■ VOX: 복스[33]
■ UP: 우니도스 포데모스(Unidos Podemos)[34]　　　■ Cs: 시민당

위에 제시된 그래프는 스페인에서 2017~2019년에 실시한 여론조사 결과를 나타낸다. 각 점은 개별 조사 결과를, 선은 평균치를

33　라틴어로 '목소리'를 뜻하는 스페인의 보수 정당.

34　스페인의 진보 정당인 포데모스(Podemos)와 좌파연합(Izquierda Unida, IU)이 2016년에 함께 창설한 진보 성향의 선거 연합으로, '함께라면 할 수 있다.'라는 뜻을 지닌다.

나타낸다. 그리고 2019년 4월과 11월에 총선이 있었다.

과거 조사에 더 큰 비중을 두면 잡음을 더 많이 걸러낼 수 있으며, 잘못된 경보에 휘둘릴 가능성도 줄어든다. 그만큼 실제 일어나는 변화를 실시간으로 감지하는 데는 둔감해질 수밖에 없다. 다만 긴 시간에 걸친 시계열 데이터를 관찰할 때는 과거 데이터에 어느 정도의 비중을 두어야 할지를 결정하기가 한결 쉬워진다. 이때는 신호의 빈도에 대한 관점을 일정 수준 제공하기 때문이다.

필터링 방식의 결정에 보편적인 공식은 없다. 비행기의 위치를 측정할 때는 센서의 값을 밀리초(millisecond, ms) 단위로 평균을 내야 하겠지만, 극지방 빙하의 위치 측정이라면 월 1회 측정한 데이터로도 충분하다. 유권자의 경우, 일반적으로는 의견이 몇 주에 걸쳐 서서히 변하는 경향을 보인다. 그렇더라도 빙하처럼 물리적인 제약이 따르는 것은 아니다. 한 정치인이 오늘 밤 TV에 나와 자신이 저지른 끔찍한 범죄를 고백한다면, 다음 날 아침에 지지자 대다수를 잃을 것이다.

◆

우리는 신호에서 잡음을 제거하고자 평균을 구한다. 하지만 그 못지않게 중요한 다른 이유가 있다. 서로 다른 측정값의 평균을 내면 정확도를 높일 수 있다는 것이다.

다양한 데이터의 평균으로 정확도를 높이자.

앞서 이야기한 여론조사의 사례를 계속해서 살펴보도록 하겠다. 한 여론조사에서 특정 정당을 지지하겠다는 응답이 40%라고 가정해 보자. 실제로 43%가 투표할 가능성은 얼마나 될까? 사실 꽤 높다.

제10장에서 Xbox 이용자를 통해 선거 결과를 예측한 사례에 등장한 통계학자 앤드루 겔먼은 2018년에 미국 여론조사의 정확도를 연구한 바 있다. 겔먼의 연구팀에서는 최근에 치러진 600건의 선거를 대상으로 한 여론조사 4,000건을 수집하여 실제 결과와 비교했다. 비교 결과에 따르면 개별 여론조사의 평균 오차는 대략 3~4%p 정도였다.

그와 동시에 매우 의미 있는 사실도 함께 밝혀졌다. 모든 여론조사의 평균을 구하면, 그 오차가 절반으로 줄어든다는 것이다. 수십 건의 조사를 분석했을 때, 조사마다 평균 3~4%p 정도의 오차를 보인다. 그러나 전체 평균을 계산하면 오차는 고작 2%p 정도로 감소한다.

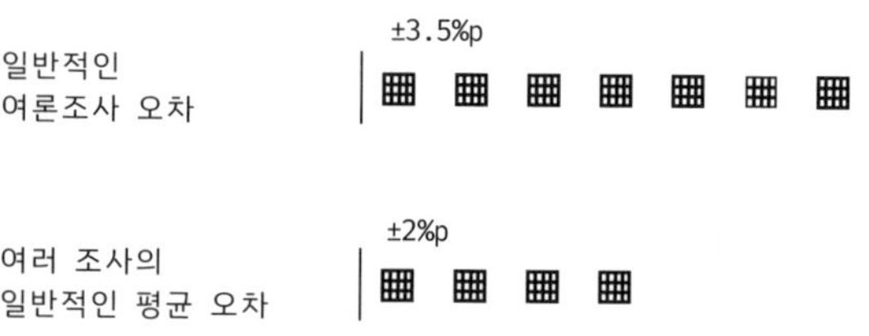

위와 같은 현상이 일어나는 이유는 무엇일까? 이에 나는 그중 한 이유를 앞에서 이야기한 적이 있다. 여러 관측값을 합치면 일부 조사에서 발생한 양의 잡음이 다른 조사에서 생긴 음의 잡음과 상쇄되어 무작위 오차가 줄어든다는 것이다.

여론조사는 건당 무작위로 선정된 1,000명 또는 2,000명의 응답자와의 인터뷰로 이루어진다. 조사자는 응답자가 전체 유권자를 대표할 수 있기를 기대하지만, 운이 나쁘면 특정 정당 지지자가 과도하게 포함될 수도 있다. 그렇다면 10건의 여론조사를 결합하면 어떨까? 총 1만 명의 인터뷰 결과가 모이면서 대수의 법칙(law of large numbers)이 적용되어,[35] 우연에 따라 결과가 달라질 가능성도 그만큼 줄어든다.

하지만 평균은 무작위적인 오차를 줄이는 것 외에도 다른 장점이 있다. 이는 여러 여론조사를 결합하면 체계적 편향을 줄일 수 있다는 점이다. 물론 모든 조사가 동일한 편향을 공유하지 않는다는 전제하에서다. 여론조사 평균과 같은 유형은 일종의 합의나 투표처럼 생각할 수 있다.

그 예로 전화 인터뷰와 온라인 설문으로 진행되는 2가지 방식의 여론조사를 생각해 보자. 전자는 낯선 번호로 오는 연락을 받지 않으려는 청년층 응답자가, 후자는 인터넷 이용 빈도가 낮은 고령층 응답자가 부족할 수 있다. 이처럼 서로 다른 편향을 지닌 두 조사를

---

35 대수의 법칙은 다음 장에서 다루고자 한다.

합치면, 편향이 상쇄되어 줄어든다.

위와 같은 일은 실제로도 일어난다. 각 여론조사 기관에서는 자체적인 방법론으로 투표 결과를 예측한다. 그들은 투표율을 어떻게 예측하고, 부동층의 표는 어떻게 처리하며, 표본에 가중치를 부여할 것인가와 같은 복잡한 문제와 씨름한다. 이들 문제는 까다로운 데다 기술적인 측면까지 얽혀 있어, 모든 전문가마다 다른 결정을 내린다. 따라서 서로 다른 결과를 모두 합산하여 평균을 내면, 다양한 기준이 어우러진 퓨전 요리 같은 결과가 제시된다.

소수의 법칙

아기를 통해 우리 직관의 결함을 들여다보자. 직관은 통계를 무시하는 것을 넘어 불충분한 데이터로 성급한 일반화를 저지르며, 존재하지도 않는 패턴을 보게 한다.

병원이 두 곳 있는 마을을 상상해 보자. 그중 큰 병원에서는 하루에 약 45명의 아기가 태어나고, 작은 병원에서는 약 15명이 태어난다. 일반적으로 신생아의 절반 정도가 여아이지만, 정확한 비율은 매일 조금씩 달라진다. 이를 고려할 때 하루 출생아 중 여아 비율이 60%를 넘는 날이 더 많은 곳은 어디일까? 큰 병원일까, 작은 병원일까? 아니면 두 병원 모두 비슷할까?

대부분은 두 병원이 비슷할 것이라고 답한다. 직관적으로는 두 병원의 출생 비율에 차이가 없고, 여아가 60%를 넘는 날은 우연에 따른 일일 테니 이따금 두 병원 모두 일어날 수 있다고 생각하기 때문이다. 하지만 정답은 작은 병원이다. 작은 병원은 표본 수가 적으므로 평균인 50%를 벗어나기가 더 쉽다. 이는 동전을 던질 때와 마찬가지다. 세 번만 던졌을 때 모두 같은 면이 나올 확률이 1,000번일 경우보다 훨씬 높다.

이제부터 우리 직관이 그러한 오류를 범하는 이유를 설명하고자 한다. 그 전에 이상의 사례에서 배울 수 있는 단순한 교훈 하나만 더 짚고 넘어가도록 하겠다.

예외적인 사례가 현실을 왜곡할 수 있음에 유의해야 한다.

사람들은 표본의 크기를 무시하는 경향이 있다. 마치 3건과 1만 건을 조사한 내용을 똑같이 여긴다. 하지만 표본의 크기는 중요하다. 표본이 작을수록 신뢰도가 낮으며, 결과도 쉽게 요동치기 때문이다. 따라서 수치의 높낮이를 떠나서 극단적인 결과는 작은 표본에서 더 자주 나타나는 패턴을 보인다.

그 예로 청년 비율이나 자동차 보유율이 가장 높은 마을을 찾으면 아주 작은 마을인 경우가 많다. 이때 얼마나 많은 부분이 우연의 결과인가를 따져 보아야 한다. '내가 지금 작은 병원을 보고 있는 건 아닐까?'라고 말이다.

유럽 5대 리그에서 활동하는 각국 축구 선수의 평균 키를 나타낸 다음 그래프 또한 그 예를 보여 준다. 그래프에 제시된 평균 키 가운데 스페인 선수는 181cm, 독일 선수가 184cm라는 수치는 그럴듯하다. 그런데 인도네시아 선수의 평균 키가 가장 큰 편이라면 어떨까?

일반적으로 인도네시아는 국민 평균 키가 큰 나라로 알려진 적이 없다. 이 결과는 단순히 너무 적은 표본에서 비롯된 것이다. 그래프에서 인도네시아 출신 선수는 골키퍼 에밀 아우데로(Eil Audero) 단

1명뿐이며, 그의 키는 192cm이다.

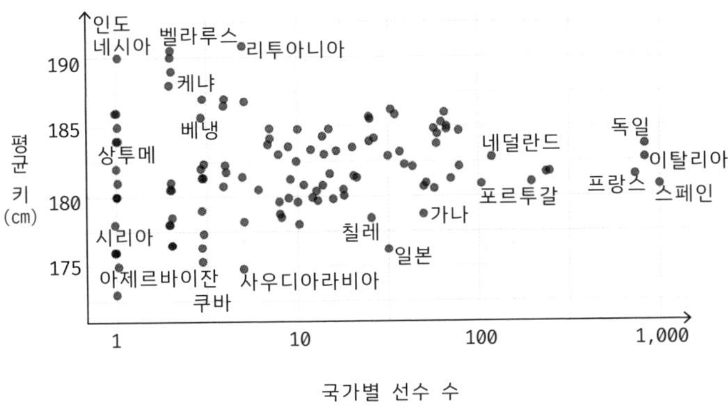

그래프에서 나타나는 깔때기 모양의 분포는 작은 표본 크기가 만들어 내는 전형적인 특징이다. 왼쪽에는 표본 수가 적은 국가가 모여 있어 수치의 변동 폭이 크다. 유럽 리그에서 뛰는 선수가 1~2명뿐이며, 그들의 키가 유난히 크거나 작을 수 있기 때문이다.

반면 오른쪽에는 수백 명의 선수가 포함된 국가가 위치하여 평균 키가 훨씬 안정적이다. 이 수치는 각국 선수의 일반적인 키에 근접한다. 독일 선수가 스페인 선수보다 실제로 더 크다는 점은 일관된 패턴이지만, 그 차이가 20cm나 될 만큼 극단적이지는 않은 것처럼 말이다.

깔때기 효과는 실제로 상관관계가 있는 변수를 교차하여 살펴

볼 때도 드러난다. 이러한 상황에서는 판단에 더욱 신중해야 한다. 다음 그래프는 스페인의 지역 규모와 주민의 평균 연령을 교차 분석한 것이다.

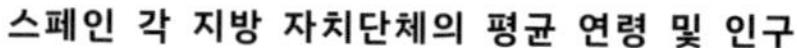

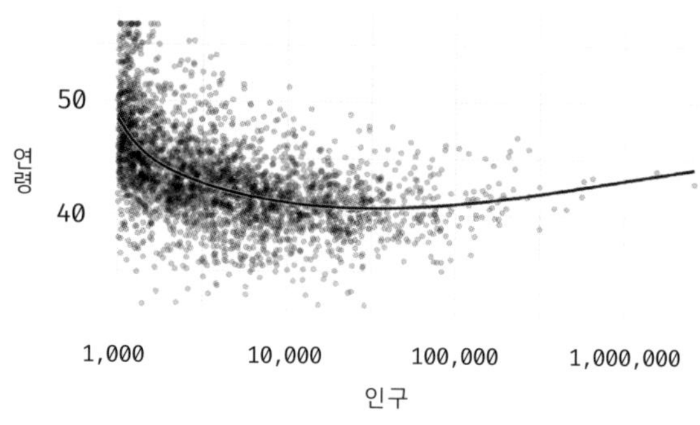

위 그래프에서 인구와 연령 사이에는 분명한 상관관계가 보인다. 예상대로 작은 마을일수록 평균 연령이 높다. 흥미로운 점은 중간 규모의 도시보다 대도시에 고령 인구가 더 많이 거주한다는 사실이다. 하지만 이 그래프에서도 깔때기 효과는 여전히 나타난다. 아주 작은 마을일수록 평균 연령의 편차가 훨씬 크다.

이제 중요한 질문을 던질 차례가 왔다. 이상과 같이 평균 연령이 유독 높거나 낮은 작은 마을이 단순한 우연의 산물인가, 아니면 실제로 의미 있는 현상인가? 인구 1,000명 규모의 소도시에 요양원 하나만 들어서도 평균 연령이 단번에 높아질 수 있다. 하지만 극단적인 사례 가운데서도 그 원인을 명확히 설명할 수 있는 경우는 존재한다. 스페인에서 젊은 인구가 많은 축에 속하는 도시인 아로요몰리노스(Arroyomolinos)가 그 예다.

아로요몰리노스 주민의 평균 연령은 32세로 매우 낮지만, 이는 우연이 아니다. 이 도시는 1999년까지 마드리드 근교에 위치한 작은 마을로, 당시 인구는 3,000명에 불과했다. 이후 부동산 붐으로 주택이 우후죽순으로 들어서면서 마드리드 외곽에 살고 싶어 하던 젊은 나이대의 가정이 대거 이주해 왔다.

현재 아로요몰리노스는 인구가 10배 가까이 늘어난 통근 도시가 되었다. 이처럼 아로요몰리노스의 평균 연령이 젊은 이유는 설명 가능한 실제 변화에 근거한 것이다. 하지만 이 변화가 눈에 띄는 이유는 마을의 작은 규모 탓이기도 하다. 같은 5,000가구가 마드리드 시내의 한 동네로 이사했다면, 도시 전체의 평균 연령에는 큰 변화가 없었을 것이다. 더군다나 그들의 유입도 알아차리기조차 어려웠을 것이다.

◆

이제 두 병원의 사례로 다시 돌아가서 다음 교훈을 살펴보자. 여아 출생 비율에 관한 질문에 틀린 답을 하는 사람이 많은 이유는 무엇일까? 우리는 왜 하루 동안 태어난 아기의 60%가 여아라는 예외적인 상황이 큰 병원과 작은 병원 모두에서 똑같이 일어날 수 있다는 충동적인 발언을 하는 것일까?

컴퓨터라면 그러한 실수는 절대 하지 않는다. 표본이 작을수록 평균에서 크게 벗어난 수치가 나올 가능성이 큰 법이다. 이는 통계학적으로 지극히 분명한 사실이지만, 이상하게도 사람들은 그 사실을 당연하게 받아들이지 못한다. **인간은 본래 표본의 크기에 둔감하다고 하지 않던가.** 휴가 중에 만난 네 사람을 근거로 '벨기에 사람은 무뚝뚝해!'라거나, '오스트리아 사람은 이상해!'라고 단정 짓는 것도 같은 충동에서 비롯된다. 이 책의 근본적인 교훈은 여기서 찾아볼 수 있다.

우리의 직관은 통계를 알지 못한다.
문제는 여러 가지가 있지만, 그중에서도 특히
적은 데이터만으로 쉽게 일반화하려는 경향이 있다.

병원의 사례를 다시 떠올려 보면, 어느 날에는 여아가 덜 태어나고, 다른 날은 더 많이 태어난다는 사실 자체만큼은 이해할 수 있다. 하지만 그 일이 얼마나 자주, 얼마나 큰 폭으로 일어날지는 예상하기 어렵다. 이는 우리 뇌가 하루에 태어나는 아기의 수, 예컨대 '15명' 또는 '45명'과 같이 수치로 여아 수의 변동 폭이 얼마나 클까를 직관적으로 그려 내지 못하는 문제 탓이다.

이처럼 불확실성이나 확률 같은 개념은 우리의 뇌가 능숙하게 다루지 못하는 것들이다. 이들 개념을 제대로 다루려면 필기를 하며 천천히 따져 보아야 한다. 우리는 빠르게 생각할수록 체계적 오류를

범한다. 이러한 오류는 평균 회귀에서 언급한 심리학자 대니얼 카너먼과 그의 저명한 동료 아모스 트버스키(Amos Tversky)가 처음으로 밝혀내었다. 두 사람의 연구 성과는 앞으로도 계속 언급하겠지만, 이 장에서는 그중에서도 첫 번째 발견을 이야기하고자 한다.

1971년, 카너먼과 트버스키는 〈소수의 법칙에 관한 믿음(Belief in the Law of Small Numbers)〉이라는 이름의 첫 공동 연구 성과를 발표했다. 그 논문에서 두 사람은 다음과 같은 이론을 펼쳤다.

> "사람들은 무작위 표본 추출에 강한 직관을 지니고 있다. 하지만 그 직관은 근본적으로 잘못되어 있다. 잘못된 직관은 통계에 무지한 사람뿐 아니라 숙련된 과학자 사이에서도 예외 없이 나타나며, 그것은 과학적 연구 과정에 적용될 때 종종 유감스러운 결과를 낳는다."

카너먼과 트버스키의 논문은 도발적이고 유머러스한 문체로 얼핏 보면 농담하는 듯하지만, 실제로는 폭탄이라 할 만큼 강한 비판이 담겨 있었다. 통계학의 핵심 원칙 가운데 '대수의 법칙(law of large numbers)'이 있다. 대수의 법칙은 충분한 규모의 표본에서 얻은 결과는 모집단의 실제 평균값에 수렴한다는 개념을 나타낸다.

예컨대 100만 명의 인도네시아인을 무작위로 모집하여 키를 측정하면, 그 평균은 인도네시아 전체 인구의 평균 키에 가까워질 것이다. 하지만 이 법칙이 '대수의 법칙'이라 불리는 데에는 이유가 있다.

이 법칙은 오직 큰 표본을 대상으로 성립한다. 따라서 인도네시아인 단 1명의 키처럼 작은 표본으로는 어떠한 정보도 찾지 못할 것이다.

이처럼 카너먼과 트버스키는 인간의 직관이 대수의 법칙을 무시한다는 사실을 밝혀내었다. 우리는 마치 대수의 법칙이 소수의 표본에도 똑같이 적용되는 것처럼 생각하고 판단한다. 예컨대 한 투자은행가가 3년 연속으로 시장 수익률을 웃도는 성과를 낸다면, 대다수는 그를 뛰어난 투자자라고 여길 것이다. 하지만 그 정도 데이터만으로는 확신할 수 없다.

우리는 여행을 다녀온 뒤에도 같은 방식으로 행동한다. 리스본에서 이틀을 보내고 돌아와서는 누구에게나 자신 있게 그곳의 웨이터가 정말 친절하더라, 또는 그 반대더라는 말을 꺼낸다. 사실은 고작 세 번 응대받은 것이 전부인데도 말이다. 결국 우리 뇌는 무의식적으로 관찰한 사례가 전체를 대표한다고 가정한다. 경험이 부족해도 우리의 사고가 멈추지 않는 이유도 여기에 있다. 뇌는 표본의 크기에 둔감하기 때문이다.

카너먼과 트버스키의 이론에 따르면 우리의 사고방식은 '유사성' 또는 '대표성'을 기반으로 추론한다. 구체적으로 전체의 특성이 우리가 몇 번의 관찰을 통해 본 사례와 비슷하리라고 가정한다. 마지막 장에서 다시 확인하겠지만, 우리의 직관은 그렇게 작동한다. 직관은 언제나 고정관념에 지나치게 의존한다. 따라서 뇌는 판단에 탁월한 능력을 지니기는 하였으나, 너무 성급하다는 점이 문제다.

◆

　당신도 알다시피 스마트폰 기업에서는 사용자의 위치를 매 순간 파악하고 있다. 스마트폰에는 위치 추적용 GPS 기술이 탑재되어 있지만, 기업에서 그 데이터를 수신하려면 사용자가 기지국 범위 안에 있어야 한다. 이때 기지국 3곳의 신호를 삼각 측량(triangulation)하면 사용자의 위치를 쉽게 확인할 수 있다. 그리고 사용자의 정보는 다른 기업에 제공되어 여러 용도로 활용된다.

　예를 들자면 바르셀로나에 도착한 크루즈 관광객의 이동 경로를 추적하거나, 발렌시아에서 방문객 수가 가장 많은 매장을 알아내는 데 사용된다. 그리고 기업에서는 다음과 같이 마드리드 중심가에서 방금 메신저로 음성 메시지를 보낸 150명의 위치를 보여 주는 지도를 제작할 수도 있다.

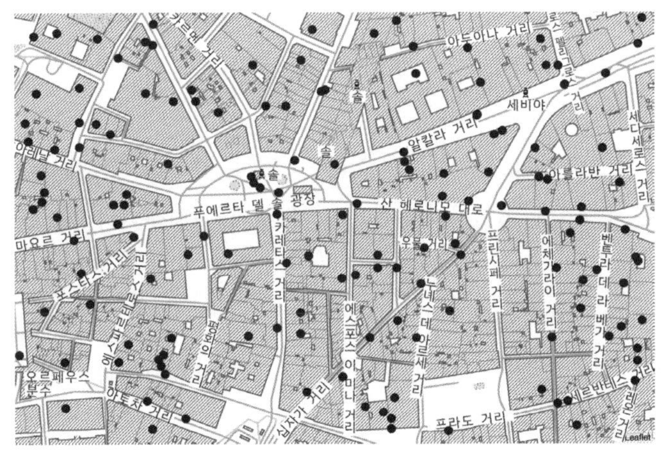

지도 안의 각 점은 메시지 발신자를 나타낸다. 어떠한 패턴이 보이는가? 지도를 자세히 들여다보면 2가지 흥미로운 특징이 눈에 띨 것이다.

첫째, 특정 거리나 광장에 점이 몰려 있는 것을 볼 수 있다. 예를 들어 푸에르타 델 솔 광장(Plaza de la Puerta del Sol)에는 음성 메시지 발신자가 6명이나 있고, 산 헤로니모 대로(Carrera San Jerónimo), 알칼라 거리(Calle de Alcalá), 십자가 거리(Calle de la Cruz)에도 사람들이 제법 모여 있다.

둘째, 사람들이 2~3명씩 모여 있는 양상을 보인다. 이는 푸에르타 델 솔 광장 또는 남쪽의 아토차 거리(Calle de Atocha) 건너편에서 찾을 수 있다.

그런데 이쯤에서 잠깐 멈춰 보자. 위의 2가지 패턴은 모두 내가 지어낸 것이다. 실제로 지도의 점은 음성 메시지를 나타내지 않는다. 사실은 점을 지도 위에 무작위로 흩뿌려 놓고 그럴듯하게 살을 붙였을 뿐이다. 따라서 점에는 어떠한 패턴도 없다. 그런데도 우리 뇌에서는 여전히 일정한 패턴을 보려고 한다.

지도를 다시 보면 패턴이 없다는 사실을 알면서도 뇌에서는 아직도 점 사이를 연결하려 듦을 느낄 수 있다. 흐릿하거나 또렷한 연결 양상이 보이는 것처럼 말이다. 뇌에서는 마치 셜록 홈즈라도 된 듯이 점 사이의 연결고리를 만들어 낸다. 이 현상을 '군집 착각(clustering illusion)'이라고 부른다. 군집 착각은 인간이 무작위 현상의 변동성을 과소평가하는 경향으로 생겨난다.

결론은 간단하다.

패턴을 지어내지 말라.

◆

무작위성에 대한 우리의 오해는 존재하지 않는 패턴을 지어내는 것과는 정반대의 방식으로도 드러난다. 우리는 무작위 순서를 만드는 데에도 매우 서툴다. 통계학 교수는 강의 시간에 게임으로 그러한 사실을 보여 준다.

예를 들어, 동전을 21회 던져 앞면(O) 또는 뒷면(X)이 나온 결과를 5세트 준비한다. 여기에 학생들이 무작위인 척 만들어 낸 결과를 섞어 놓는다. 놀랍게도 교수는 실제 무작위 순서를 대부분 쉽게 가려낸다. 무작위 순서를 만들어 보라고 할 때, 대개 앞면과 뒷면이 번갈아 나오는 패턴을 지나치게 자주 배치하는 경향이 있기 때문이다. 이에 따라 'XOXO' 같은 교차 패턴이 반복적으로 나타난다.

나는 이 현상을 확인하기 위해 직접 실험을 진행했다. 한쪽에서는 컴퓨터를 이용해 무작위로 생성한 21회의 동전 던지기 결과 2만 세트를 생성했다. 그리고 다른 쪽에서는 아마존 메커니컬 터크(Amazon Mechanical Turk)에서 91명의 참가자를 고용하여 같은 조건의 지시를 내렸다. 그 내용은 다음과 같다.

"실제 동전을 무작위로 던진다고 생각하면서 앞면(O)과 뒷면(X)으

219

로 이루어진 스물한 자릿수 결과를 작성하세요. 인터넷 검색은 하
지 말고 빠르게 완성하세요.”

내가 발견한 사실은 분명했다. 사람들은 위의 작업에 정말 서투
르다. 컴퓨터가 생성한 진짜 무작위 순서에서는 ‘XOX’와 ‘XXX’ 등
모든 세 자릿수 조합이 거의 같은 빈도로 자주 나타났다. 그 내용은
다음과 같다.

조합	비율	
O O O	12.5%	▧▧▧▧▧▧▧▧▧▧▧▧
O O X	12.5%	▧▧▧▧▧▧▧▧▧▧▧▧
O X O	12.5%	▧▧▧▧▧▧▧▧▧▧▧▧
O X X	12.5%	▧▧▧▧▧▧▧▧▧▧▧▧
X O O	12.5%	▧▧▧▧▧▧▧▧▧▧▧▧
X O X	12.5%	▧▧▧▧▧▧▧▧▧▧▧▧
X X O	12.5%	▧▧▧▧▧▧▧▧▧▧▧▧
X X X	12.5%	▧▧▧▧▧▧▧▧▧▧▧▧

반면에 사람이 만든 것은 지나치게 큰 변동성을 보였다. 91명의
참가자가 만든 무작위 순서는 세 자릿수 조합의 분포가 치우쳐 있었
다. 다음에서 확인할 수 있는 바와 같이 반복 조합인 ‘OOO’, ‘XXX’
는 실제보다 절반 정도밖에 등장하지 않았다. 그러나 ‘OXO’, ‘XOX’처
럼 앞면과 뒷면이 번갈아 나타나는 조합은 상당히 자주 사용되었다.

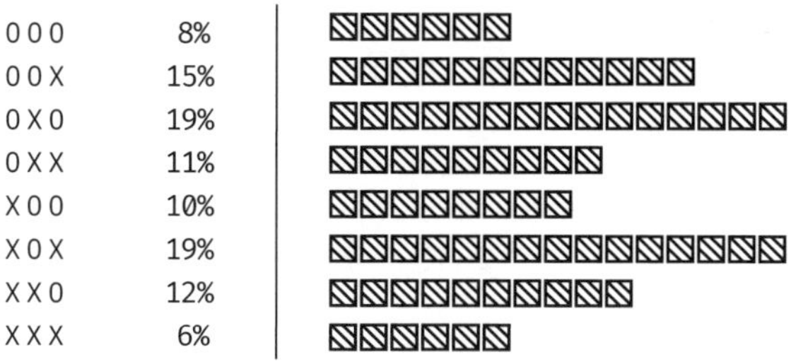

O O O	8%	
O O X	15%	
O X O	19%	
O X X	11%	
X O O	10%	
X O X	19%	
X X O	12%	
X X X	6%	

전반적으로 사람들이 만든 배열에는 반복 조합이 부족했다. 앞면이나 뒷면이 5회 연속으로 나오는 경우를 포함한 사람은 전체의 13%에 불과했다. 그러나 실제 무작위 순서에서는 그 빈도가 3배 이상이었다.

이상의 오류는 소수의 법칙이라는 우리의 착각이 만든 또 하나의 사례이다. 우리는 동전을 무수히 던지면 앞면과 뒷면이 절반씩 나오리라는 사실을 알고 있지만, 그러한 특성이 작은 표본에도 그대로 나타나야 한다고 착각한다. 우리는 동전을 다섯 번만 던져도 그 결과가 동전의 특성을 대표해야 한다고 생각한다. 이에 따라 'XOXOX', 'OXOXO' 같은 배열이 가장 그럴듯해 보이지만, 두 조합은 오히려 예외적인 경우이다. 실제로는 앞선 바와 같이 앞면과 뒷면이 번갈아 나타나는 패턴도 결국은 'OOOOO'와 'XXXXX'처럼 뚜렷한 극단값만큼이나 드물게 나타난다.

핫핸드 신화

계속해서 무작위성의 덫을 무력화하며 질문을 하나 던져 보자. 루카 돈치치(Luka Dončić)의 잇단 득점은 농구에서 '핫핸드(hot hand)'라고 하는 현상이 실존한다는 증거일까?

2018년 12월 8일, 당시 19세였던 슬로베니아 출신 농구 선수 루카 돈치치는 NBA에 데뷔한 지 두 달도 채 되지 않은 신인이었다. 댈러스 매버릭스(Dallas Mavericks)에 지명된 날 밤, 그는 휴스턴 로키츠 팀을 상대하고 있었다.

경기는 순탄치 않았다. 종료까지 3분을 남기고 팀은 94대 102로 뒤지던 상황이었다. 하지만 그 순간, 돈치치의 눈부신 활약이 시작되었다. 반전은 돈치치가 왼쪽에서 3점 슛을 넣는 것에서 시작했다. 이어지는 플레이에서 그는 공을 몰고 나와 수비수를 정면으로 마주하지도 않은 채 또다시 장거리 3점 슛을 성공시킨다. 다음 공격이 시작되기 전에 해설자는 다음과 같이 외친다.

"연속 6점 득점입니다. 전부 루카가 넣었어요…"

돈치치는 골대를 향해 달려가다가, 골대에서 약 2m 떨어진 지점에 멈춰 선다. 이는 훗날 그의 상징이 된 스텝 백 점퍼(step back jumper)[36]로, 수비수를 따돌리고 연속으로 세 번째 슛을 성공시킨다. 아나운서는 연속 득점을 알리며 외친다.

"이제 연속 8점 득점입니다!"

다음 공격 역시 돈치치가 주도했다. 놀라는 이는 아무도 없었다. 당시 그는 불붙은 상태로 연속 득점의 마법에 걸려 있었다. 득점, 득점, 한 번 더 득점! 그렇게 돈치치는 바로 전과 똑같은 기술을 반복한다.

그가 3점 라인 근처에서 돌파하는 척 몸을 날리자 수비수가 따라붙는다. 하지만 돈치치는 급정지 후 한 걸음 뒤로 물러나 슛을 던진다. 네 번째 슛도 깔끔하게 림(rim)을 통과한다. 그는 경기를 완전히 뒤집었고, 그의 팀은 이윽고 105대 102로 앞서기 시작한다.

돈치치는 그 시즌을 마치며 올해의 신인으로 선정되었다. 유럽 출신으로는 스페인의 파우 가솔 이후 두 번째로 거둔 성과였다. 많은 이에게 12월 8일 밤에 일어난 일은 너무나 생생했다. 당시 그는 미국에서 '핫핸드'라고 부르는 상태에 있었다. 돈치치는 연속으로 세 번의 슛을 성공시킨 뒤, 특별한 경지에 도달하면서 네 번째 슛의 성공 가능성도 더욱 커졌다. 하지만 핫핸드 현상은 과연 실재하는가, 아니면 단지 운이 따른 결과일 뿐인가?

---

36 농구에서 한발 뒤로 물러나면서 점프 슛을 던지는 동작.

◆

‘핫핸드’는 농구의 전통 속에 자리한 개념으로, 1990년대에는 아케이드 게임인 〈NBA 잼(NBA Jam)〉으로 널리 알려졌다. 이 게임에서는 선수가 슛을 연속으로 성공시키면, 문자 그대로 화면 안에 불이 붙는 연출이 등장했다. 그 상태에서 공을 던지면 공 역시 불타오르며, "불타오른다(You are on fire)!"라는 음성과 함께 거의 모든 슛이 들어갔다.

수많은 팬과 감독, 선수들은 실제 경기에서도 그와 비슷한 일을 경험할 수 있다고 믿는다. 때때로 어느 선수는 슛 성공률이 눈에 띄게 높아지는 특별한 경지에 도달하기도 한다. 돈치치가 휴스턴 로키츠와의 경기 막판에 보여 준 모습이 바로 그 예이다.

하지만 우리는 그러한 인식에 의문을 품어야 한다. 사람은 쉽게 착각에 빠지며, 존재하지 않는 패턴을 보려는 경향이 있다는 사실을 알고 있기 때문이다. 더군다나 돈치치의 사례처럼 인상적인 연속 득점은 우연히 일어날 수도 있는 일이다. 그러므로 연속적인 득점이 단순한 확률적 기대치보다 더 자주 일어나느냐가 중요해진다.

핫핸드가 실존하는 현상이라면, 돈치치와 비슷하게 단순히 우연으로 설명할 수 없을 만큼 연속적인 득점 사례가 더 자주 나타나야 한다. 하지만 1985년, 3명의 과학자는 정반대의 사실을 입증했다. 심리학자 토머스 길로비치(Thomas Gilovich), 로버트 발론(Robert Vallone), 아모스 트버스키는 〈농구에서의 핫핸드: 무작위 순서에 대한 착각

(The hot hand in basketball: On the misperception of random sequences)〉이라는 유명한 논문에서 필라델피아 세븐티식서스(Philadelphia 76ers) 팀 선수가 1개 시즌 동안 던진 슛을 모두 분석했다. 그 결과 득점과 실패가 이어지는 순서는 단순한 우연과 구별되지 않는 것으로 나타났다.

한편 세 연구자는 보스턴 셀틱스(Boston Celtics) 팀 선수의 자유투도 연구한 바 있다. 두 번째 슛은 첫 번째 슛의 성공 여부와 관계없이 75%로 일정한 성공률을 보였다. 이를 통해 길로비치와 발론, 트버스키는 핫핸드란 결국 신기루 같은 **군집 착각**일 뿐이라고 결론지었다. 이처럼 핫핸드의 전설은 다음과 같은 경고를 던진다.

연속된 기록에 속지 말라.

하지만 그 전설은 또 다른 전환점을 맞는다. 30년 가깝게 핫 핸드의 오류는 농구 경기 시청 중에 분위기를 깨는 단골 멘트로 자리 잡았다. 친구끼리 농구 경기를 보면서 그중 1명이 돈치치가 흐름을 타고 있다고 말하면 어김없이 똑똑한 척하기 좋아하는 녀석이 아래처럼 나서곤 했다.

"글쎄, 그건 아니지. 농구에 연속 득점 같은 건 없어. 평균 회귀 법칙에 따르면 결국 선수는 본래의 평균 실력으로 돌아오게 돼."

통계학자 앤드루 겔먼이 했을 법한 말이다. Xbox 이용자를 대상으로 선거 결과를 예측한 컬럼비아대 소속의 겔먼은 통계학계에서 익히 알려진 인물이다. 게다가 그는 학계에서 매우 인기 있는 블로그도 운영하는 덕분에 더욱 유명해졌다.

겔먼 또한 2014년에 게시한 글에서 핫핸드의 오류를 언급한 적이 있다. '운동선수는 기계가 아니니' 연속 득점이 존재할 가능성을 완전히 배제할 수 없다고 하였다. 그러면서도 길로비치와 발론, 트버스키의 1985년 연구 결과를 인용하며, 그 효과는 미미하거나 존재하지 않는 수준이라고 덧붙였다. 그런데 1년 뒤, 겔먼은 그 주제를 다시 다루며 자신의 생각이 바뀌었음을 밝혔다.

'있잖아요, 어제 조시 밀러가 제 연구실에 찾아와서 핫핸드는 진짜라고 설득했어요.'

조슈아 밀러(Joshua Miller)와 아담 산후르호(Adam Sanjurjo)는 세 연구자의 1985년 논문에서 작은 오류를 발견했다. 그 오류는 매우 미묘해서 30년 동안 아무도 눈치채지 못하였으나, 연구 결과가 완전히 뒤집히는 계기가 되었다. 밀러와 산후르호가 데이터를 올바르게 분석하자, 핫핸드 현상을 뒷받침하는 증거가 드러났다.

그러한 점은 이후 다른 연구에서도 확인되었다. 직전에 세 번의 슛을 모두 성공시킨 뒤 3점 슛을 넣을 확률은 모두 실패한 후에 득점할 확률보다 약 13% 더 높았다. 이는 NBA 최고의 슈터를 평범한 선수로 바꾸어 놓을 만큼 상당한 차이였다.

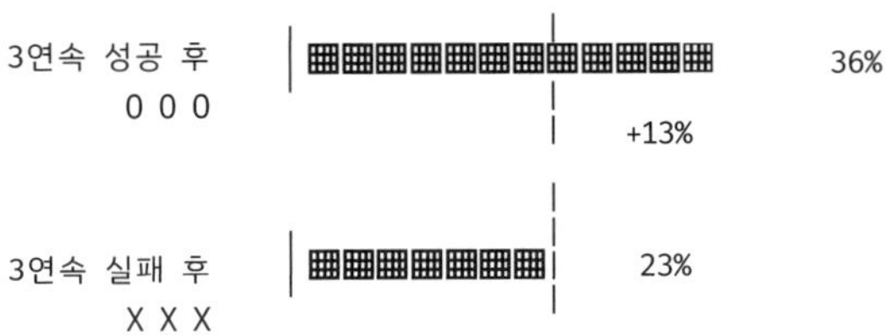

이상의 사실은 돌이켜보면 당연한 이야기이다. 선수는 기계가 아니며, 슛을 던지기 전의 상태는 직전 슛의 결과에 어느 정도 영향을 받을 가능성을 설명하는 그럴듯한 이론은 항상 존재해 왔다. 그 예로 '근육 기억(muscle memory)'이라는 개념이 자주 언급되곤 했다. 선수는 오랜 시간에 걸친 반복 훈련으로 더 빠르고 정교하며 정확한 슛을 던질 수 있게 된다. 이러한 근육 기억 덕분에 슛을 한 번 성공시키면 다음 슛은 한결 쉬워질 것이다. 같은 동작을 반복하면 되기 때문이다.

또 다른 가설은 심리적인 측면으로, 이 역시 설득력이 있다. 연속으로 실패한 뒤에는 선수의 긴장감이 높아지기 마련이다. 아니면 연속 득점을 하나의 '신호'로 볼 수도 있다. 어느 날 슛이 유독 잘 들어간다면 단순한 행운이 아닌, 모든 조건이 이상적으로 맞아떨어진 결과라 할 것이다. 경기 전날 숙면을 취했고, 어깨도 아프지 않으며, 기분이 좋은 데다 날씨도 덥지 않으며, 공까지 정확히 선호하는 압력으로 채워져 있는 등 모든 조건이 완벽하다면 당연히 슛도 더 잘

명중할 것이다.

지금까지의 설명은 핫핸드 효과가 실존한다는 주장에 설득력을 더한다. 하지만 내가 이 이야기를 좋아하는 이유는 그 복잡성 때문이다. 우리는 연속적인 득점이 실제로 존재하는지, 아니면 인류의 뇌가 만들어 낸 착각인지에 관하여 이야기하고 있다. 하지만 실제로는 두 명제가 동시에 참이다.

① 연속 득점은 실제로 존재한다.
② 하지만 우리 뇌는 그 현상을 과장하여 인식한다.

1985년에 발표된 길로비치와 발론, 트버스키의 공동 연구에서는 총 3가지의 결론을 제시했다. 그중 첫 번째는 현재 틀린 것으로 밝혀졌다. 핫핸드는 실제로 존재하기 때문이다.

그러나 나머지 결론은 여전히 유효하다. 팬들은 실제로 무작위에 불과한 일련의 사건조차 연속적인 흐름이라고 착각한다. 사람에게는 존재하지 않는 패턴을 보려는 경향이 있기 때문이다. 또한 핫핸드 현상의 강도 역시 실제보다 과장하여 인식한다. 앤드루 겔먼의 말처럼 30년 전의 연구치고는 꽤 훌륭한 성과라 할 수 있다.

◆

존재하지 않는 패턴을 보려 하는 경향은 사람들이 확률을 이해할 때 겪는 여러 문제 중 하나에 불과하다. 이와 관련된 또 다른 문제는 '도박사의 오류(gambler's fallcy)'라고 불리는 것에 있다.

카지노에서 룰렛을 돌리며 짝수에 계속 베팅하고 있는데도, 공이 계속해서 홀수 자리에만 멈춘다고 상상해 보자. 그것도 한두 번이 아닌 네 번 연속으로 말이다. 그렇다면 누구나 다음과 같은 생각이 들 것이다.

> '다음에는 분명 짝수가 나올 거야. 설마 5연속으로 홀수가 나올 확률이 얼마나 되겠어?'

하지만 확률은 그렇게 작동하지 않는다. 확률에는 기억이라는 개념이 없어서 룰렛 위를 구르는 공이 어느 칸에 멈출지는 이전 결과와 아무런 관련이 없다. 설령 40번 연속으로 홀수가 나왔다고 하더라도 다음에 다시 홀수가 나올 확률은 여전히 50%이다.[37] 그리고 그 반대의 믿음이 바로 도박사의 오류다. 이는 룰렛이 마치 운명 같은 원리에 따라 움직이며, 앞선 결과를 반드시 만회하도록 굴러갈 것이라는 믿음을 뜻한다.

도박사의 오류에 익숙한 사람이라면, 그 개념을 이미 당연하게 받아들이고 있을 것이다. 하지만 처음 접할 때는 꽤 혼란스러울 수

---

37 독자의 이해를 위하여 카지노가 자신에게 유리한 조건을 포기한다고 가정해 보자. 다시 말하면 공이 0에 멈출 때, 그 판은 무효로 하고 룰렛을 다시 돌린다. 그러면 짝수가 나올 확률과 홀수가 나올 확률이 모두 50%로 같아진다.

있다. 다음과 같은 생각처럼 말이다.

'홀수가 그렇게나 많이 나왔다면, 이제는 짝수가 나올 차례 아닌가? 우주가 균형을 맞춰 주지 않을까?'

그런데 정답은 '아니오'다. 5연속으로 홀수가 나오는 일을 떠올릴 때 단순히 다섯 번째 홀수가 나올 확률이 50%라는 사실에만 초점을 두지 않는다. 이것이 도박사의 오류를 바라보는 방식이다. 그전에 4연속으로 홀수가 나타날 확률 자체가 얼마나 낮은지도 함께 고려하는 것이다. 다음과 같이 생각해 보자.

완벽한 균형의 룰렛이라면 짝수가 나올 확률은 정확히 0.5, 즉 2회 중 1회이다. 홀수가 2연속으로 나올 확률은 $0.5 \times 0.5 = 0.25$, 즉 4회 중 1회이다. 이러한 방식으로 계속 계산하면 된다.

이제 4연속으로 홀수가 나왔다고 가정해 보자. 도박사의 오류를 믿는 사람에게는 다음에도 또 홀수가 나온다면 5연속인 셈일 것이다. 그리고 그 확률은 $0.5 \times 0.5 \times 0.5 \times 0.5 \times 0.5 = 0.03125$, 즉 3.1%, 32회 중 1회에 불과하다.

하지만 위 논리 가운데 마지막 단계는 착각을 부른다. 5연속으로 홀수가 나올 확률이 32회 중 1회라는 계산 자체는 맞다. 하지만 이 계산은 첫 번째 룰렛을 돌리기 전에만 유효하다. 이미 4연속으로 홀수라는 결과가 나온 상황에서 해당 사건의 확률은 0.5가 아니다. 이미 확정된 사건이므로 각각의 확률은 1이다. 따라서 계산은 다음과 같다.

$$1 \times 1 \times 1 \times 1 \times 0.5 = 0.5$$

도박사의 오류에는 그보다 더 교묘한 변형도 있다. 그 예로 밤이 시작될 때, 룰렛이 유독 홀수에 자주 멈추는 것처럼 보인다고 하자. 당신은 계속 짝수에 베팅하지만, 처음 4회 모두 홀수가 나온다. 그러자 당신은 다음과 같이 생각한다.

'그냥 짝수에 계속 베팅하다 보면 언젠가 잃은 돈을 만회할 수 있을 거야. 룰렛이란 원래부터 균형적으로 설계된 게임이니까, 결국에는 결과도 균형을 이루겠지. 그래서 밤이 끝날 때쯤이면 공이 양쪽에 고르게 멈추지 않을까?'

안타깝지만 그것도 사실이 아니다. 당신이 장기적으로 기대할 수 있는 것은 2가지뿐이다. 첫째, 지금부터는 홀수와 짝수가 대체로 비슷한 횟수로 나올 것이라는 점, 둘째, 전체 결과에서 짝수와 홀수의 비율이 점차 50%에 가까워질 것이라는 점이다. 하지만 이후에 짝수가 더 자주 나와서 이미 벌어진 결과를 보상해 줄 것이라고 기대해서는 안 된다. 편차는 서로 상쇄되는 것이 아니라, 시도 횟수가 늘어나면서 그 비중이 희석될 뿐이다.

이 이야기의 교훈은 분명하다.
도박사의 오류를 피하라.
확률이 과거를 보상해 주리라는 기대는 버리자.

과거의 운이 어떠했든, 앞으로는 평범한 운을 기대하는 편이 옳다. 운은 과거를 고려하지 않는다. 카너먼과 트버스키는 아래와 같이 확률이 정의를 보장한다는 흔한 믿음으로 사람들이 혼란에 빠진다고 말한다.

도박사는 동전이 공정하다는 믿음에 기대어 한쪽으로 치우친 편차가 곧 반대 방향의 편차로 상쇄되리라고 기대한다. 하지만 아무리 공정한 동전이라도 기억력이나 도덕 감각이 없는 이상 도박사의 기대만큼 공정할 수는 없다.

행간의 공백

빅데이터 열풍 이후 사람들이 가장 흔하게 저지르는 실수는 무엇이며, 이를 피하는 방법에는 어떠한 것이 있을까? 그리고 별자리가 정말로 우리에 관한 것들을 예측하는가?

별자리가 당신에 관한 정보를 예측한다고 생각하는가? 당신은 아마 그렇지 않다고 답할 것이다. 이 책을 여기까지 읽었다면, 당신은 별자리를 믿지 않는 사람일 가능성이 크다. 그런데 놀라운 사실이 하나 있다. 별자리는 실제로 당신의 어떠한 점을 예측한다. 처음부터 차근차근 이야기해 보자.

2016년, 덴마크의 젊은 박사 과정생 에밀 키르케고르(Emil Kirkegaard)는 흥미 삼아 약 7만 명 분량의 매우 상세한 개인 정보 데이터베이스에 접근하면 재미있겠다는 생각을 했다. 그 데이터는 무엇일까? 바로 데이팅 앱 오케이큐피드(OkCupid)에 등록된 사용자 프로필이었다.

오케이큐피드는 틴더(Tinder) 이전에 출시된 1세대 온라인 데이팅 앱이다. 당시 데이팅 앱은 빠른 상대 찾기보다 이상적인 상대와의 연결에 중점을 두었다. 그러므로 사용자에게 많은 정보를 요구했다. 나이와 학력, 수입과 같은 기본적인 사항은 물론이고, 다음 내용과 같이 그야말로 '모든 것'을 물었다.

외향적인가?

경쟁심이 있는가?

예술적인 성향인가?

자본주의적인 성향인가?

맥주를 좋아하는가?

동물에게도 영혼이 있다고 생각하는가?

100명과 잠자리를 같이하는 것에 개의치 않는가?

여권을 소지하고 있는가?

땅에 침을 뱉는 편인가?

키르케고르는 오케이큐피드 웹사이트에서 7만 명의 이용자가 2,500개 질문에 답한 데이터를 추출해 인터넷에 공개했다. 당연히 이를 두고 사생활 침해라는 논란이 일었지만,[38] 우리의 관심을 사로

---

[38] 키르케고르는 사용자의 이름과 위치 정보를 삭제했지만, 그 외의 익명화 작업에는 세심하지 않았다. 그 예로 한국어를 구사하는 35세 한국계 여성을 생각해 보자. 그녀에게는 2명의 형제와 박사 학위가 있으며, 마른 체형에 염소자리이다. 그리고 커피를 좋아하지만 매일 마시지는 않는다.
하지만 그 여자가 당신의 연구실이나 사무실에서 일하고 있다면, 그녀가 누구인지 알아챌 것이다. 그러면 그녀의 정치 성향(진보), 양성애자와 결혼할 의향(확신 없음), 항문 성교에 대한 관심(없음) 등 그녀가 웹사이트에서 답한 1,476개 질문에 관한 정보를 모두 알 수 있게 된다.
나는 여기서 그녀를 특정할 수 없도록 세부 사항을 몇 가지 바꾸기는 했지만, 이 데이터 집합의 문제는 분명히 짐작 가능한 수준이다. 물론 해당 정보는 원래부터 공개되어 있기는 했지만, 이는 어디까지나 데이트 상대를 찾는 다른 사용자만 접근할 수 있는 것이었다. 그 데이터를 인터넷 전체에 공개하는 일은 전혀 다른 차원의 문제이다. 기술 낙관론적 관점을 강하게 드러내는 잡지인 《와이어드(Wired)》에서조차 키르케고르의 사례를 '빅데이터 과학의 위험성'에 관한 사례로 다루었을 정도이다.

잡는 질문은 '당신의 별자리는 무엇입니까?'이다.

오케이큐피드는 사용자에게 별자리를 물었고, 그렇게 수집된 데이터 집합은 별자리와 관련된 주제를 연구하기에 완벽한 자료였다. 별자리를 2,500개의 다른 변수와 교차 분석하다 보면 별자리는 인간이 만든 개념일 뿐이며, 개인에 관하여 무엇도 말해 주지 못한다는 주장을 입증할 수 있을 것 같았기 때문이다. 키르케고르는 실제로 그 분석을 진행했다. 사람들의 성격이 별자리와 연관이 있는지를 살펴본 것이다.

결과는 어땠을까? 통계적으로 유의미한 연관성이 무려 170가지나 발견되었다. 물고기자리는 자신을 '감정적인 사람'으로, 전갈자리는 자신을 '강렬한 사람'으로 묘사했다. 천칭자리는 2가지 항목에서 눈에 띄었다. 천칭자리인 사람은 '아이들에게 산타클로스를 믿게 해야 한다.'라는 주장에 더 많이 동의한 반면, '기적을 믿는다.'라고 응답한 비율은 가장 낮았다. 사수자리는 재활용을 가장 많이 실천했으며, 그 절반은 자신을 '내향적이기보다는 외향적인 사람'이라고 칭했다.

대체 무슨 일이 일어난 것일까? 키르케고르의 분석은 방대한 데이터베이스에 접근하여 별자리에 초점을 맞추었으며, 그것이 허구라는 가설 아래 진행되었다. 그런데 별자리와 개인의 성격 사이에 관계가 있음을 나타내는 연관성이 170가지나 발견되었다. 이러한 결과는 일반적인 통계 분석에 따르면 95% 신뢰 수준에서 유의미하다. 다시 말하면 우연한 결과라도 그 확률은 20회 중 1회뿐이라는 뜻이다.

이상의 내용이 의미하는 바는 무엇일까? 이제 별자리를 믿어야 하는 뜻일까? 물론 그럴 필요는 없다. 지금까지 설명한 분석 과정에는 오류가 하나 존재하기 때문이다.

◆

키르케고르가 진행한 분석의 문제는 운을 시험했다는 점이다. 그가 발견한 170가지 연관성 중 대부분은 단순한 우연이다. 2개의 데이터 집합이 주어졌을 때, 우연히 그 값이 서로 연관되어 보일 확률은 항상 존재한다. 마치 스크래블(Scrabble)[39] 상자에 손을 넣어 무작위로 알파벳 타일 5개를 꺼냈는데, 그 조합이 우연히 하나의 단어를 이루는 것처럼 말이다.

위의 사실과 관련하여 메인주의 이혼 건수와 마가린 소비량 사이에서 수년간 거의 완벽한 상관관계가 관측된 사례도 빼놓을 수 없다. 일정 기간 동안 두 변수의 수치는 서로 연관되기라도 한 듯 동시에 오르락내리락했다. 그러나 둘 사이의 관계는 우연일 뿐, 아무런 관련이 없었다. 이 가짜 상관관계는 터무니없는 우연을 모아 책으로 쓴 타일러 비겐(Tyler Vigen)이 발견한 것이었다.

또 다른 예는 니콜라스 케이지와 여성 익사 사고 간의 연관성이다. 20여 년 동안 니콜라스 케이지가 많은 영화에 출연했던 해, 우연하게도 미국에서 수영장 익사 사고로 사망한 여성의 수가 많았다. 이

39　알파벳 타일을 이용해 영어 단어를 완성하는 보드 게임의 상표명.

상에서 소개한 사례는 우연임이 분명하므로 해가 되지는 않는다. 그러나 뜻밖의 일치는 우연이 잘못된 발견의 근원이 될 수 있다는 사실을 우리에게 일깨운다.

놀라운 결과를 발견했을 때,
그것이 우연의 산물인가를 반드시 의심해 보자.
이례적인 결과에는 그만한 증거가 필요한 법이다.

비겐이 3만 개에 달하는 가짜 상관관계를 찾아낸 방식은 일부 빅데이터 분석에서 발생할 수 있는 위험을 잘 보여 준다. 어떠한 데이터라도 32개의 데이터 포인트가 있다고 생각해 보자. 이를테면 2022년 한 해 동안 매주 헬스장에 간 횟수를 나타내는 데이터가 있고, 그 내용은 다음과 같다.

그다음 베니도름의 평균 기온부터 바르셀로나를 방문한 일본인 관광객 수에 이르기까지 서로 다른 10만 개의 데이터 집합을 살펴본다.

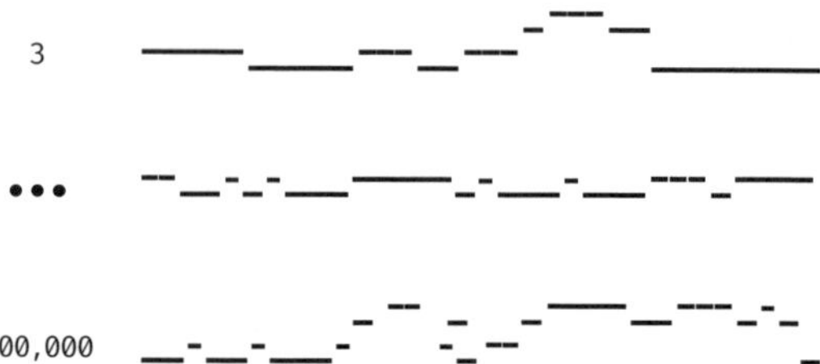

헬스장에 간 횟수를 나타내는 데이터 1을 2, 3에서 10만 번째에 이르기까지 차례로 비교해 보면, 결국 1과 거의 똑같은 형태를 보이는 패턴을 하나쯤은 발견할 것이다. 그 상관계수가 0.99에 이를 정도로 말이다. 물론 실제로 그렇게 비교하는 것은 터무니없는 일이다. 하지만 그 방식으로 유의한 관계를 얻었다고 할 때, 그 관계가 정말로 의미 있을까?

흔히 이용하는 95% 유의 수준을 기준으로 한다면, 유의해 보이는 결과가 많이 나올 것이다. 그러나 이는 20면체 주사위를 굴려서 20이라는 눈이 나오기만 하면, 매우 희귀한 결과가 나왔으므로 부정한 조작이 있다고 믿는 것과 다를 바 없다. 주사위를 많이 굴리다 보면 20도 나올 수밖에 없기 때문이다. 오케이큐피드 데이터와 별자리의 상관관계에 관한 미스터리도 똑같은 논리로 설명할 수 있다.

키르케고르의 함정은 데이터베이스에 서로 다른 2,500개의 변수가 있고, 이들 변수를 모두 별자리와 비교했다는 데에 있다. 그 가운데 170개 변수와의 연관성이 강한 것으로 나왔는데, 이러한 연관성은 20회 가운데 우연으로 1회 이상이 나타나서는 안 되는 것들이었다. 하지만 비교 횟수가 많으면 그러한 결과는 반드시 나타난다. 2,500번을 비교한다고 할 때, 5%라면 125번이나 된다. 이는 마치 주사위를 던지듯 170개가 나올 때까지 계속해서 비교했더니, 그 횟수가 2,500번에 이른 것이다. 그렇게 얻은 결과를 특별하다고 볼 필요는 없겠다.

따라서 별자리와 관련하여 나타난 대부분의 연관성은 우연으로 설명된다는 결론을 내릴 수 있다. 이는 별자리가 개인의 성향을 진짜로 예측했다는 말이 아니다. 오케이큐피드 샘플에서 사수자리가 더 독립적이라는 결과 역시 명백한 우연이었다. 다른 사람에게서 새로운 데이터를 수집한다면, 그 연관성은 사라질 것이다.

결론을 일반화하자면, 놀라운 발견이 그저 우연의 결과일 가능성을 항상 고려해야 한다. 특히 많은 변수를 한꺼번에 살펴보는 상황이라면 더더욱 그렇다. 구름을 오랫동안 바라보다 보면 결국 성처럼 생긴 구름 하나쯤은 발견할 것이다. 하지만 그 구름은 특정한 메시지도, 신호도 아니다. 그저 무작위로 만들어져 하늘 위를 떠다니는 흔한 구름일 뿐이다.

◆

지금까지 설명한 문제는 데이터 과학자가 '탐색'과 '검증'을 제대로 구분하지 않은 탓에 너무나도 흔해졌다. 두 작업은 명확하게 구분할 필요가 있다.

탐색은 검증이 아니다.

구독자 수를 늘리기 위해 도움을 요청한 한 디지털 신문사를 생각해 보자. 충성 독자를 분석하여 고객의 유료 구독을 결정하는 요인을 어떻게 알아낼 수 있을까? 신문사 측에서는 방대한 이용자 정보를 보유하고 있다. 이용자의 연령과 성별, 거주지, 접속 빈도를 비롯하여 주 로그인 기기가 스마트폰인가, 어느 면의 기사를 즐겨 읽는가 등을 알고 있다.

문제는 정보의 활용에 있다. 그중에서도 절대 따라 해서는 안 되는 방식은 키르케고르의 오케이큐피드와 별자리 분석에서 활용한 것이다. 그러므로 다음과 같은 접근은 상당히 위험하다.

> 독자에 대해 알고 있는 2,500가지 정보에서 구독 여부와 관련이 있는 요인을 살펴보자. 그리고 그 요인이 구독을 유도한다고 결론 내려야겠다!

위와 같은 생각으로 데이터를 분석한다면, 구독 가능성을 높이는 요인은 아마 '목요일에 과학 기사를 읽는 젊은 여성'이라는 결론에 도달할 것이다. 이 결론이 정말로 의미 있는 단서일 수는 있다. 평일에 기사를 읽은 뒤, 토요일에 구독을 결심한 과학 애호가 독자층이 존재할지도 모르기 때문이다. 하지만 그 결과가 수많은 요소를 한꺼번에 들여다본 끝에 생겨난 우연이 아님을 어떻게 확신할 수 있을까?

따라서 의심을 피하려면 **데이터 탐색과 가설 검증**이라는 두 작업을 분리해야 한다. 그중에서 데이터 집합을 이리저리 들여다보는 과정을 탐색이라고 한다. 탐색은 창의적이고 비형식적인 과정으로, 그래프를 그리거나 비율을 계산하면서 아이디어를 떠올리는 방식으로 진행된다.

탐색은 목적지 없는 산책과 같다. 변수를 서로 비교하면서 여러 아이디어를 구상하고, 데이터가 그 아이디어에 대해 말하는 바가 무엇인지 살펴본다. 탐색 과정에서는 수십 가지 변수와 그 조합을 다룬다. 이 과정은 나중에 실제로 입증될 패턴을 발견하는 데 필수적이지만, 우연의 영향을 받기 쉽다.

이러한 이유에서 탐색과 검증은 구분되어야 한다. 검증은 훨씬 엄격하고 제한적인 과정으로, 우연에 휘둘리지 않도록 설계되어 있다. 검증의 절차는 다음 3단계로 구성된다.

① 가설을 세운다.
② 데이터 집합을 찾는다.
③ 가설이 맞는지 검증한다.

위 과정은 단순하지만 엄격하다. 그중에서도 가설 수립이 가장 먼저 이루어져야 하며, 가설을 명확히 정의하여 중도에 변경하지 않아야 한다. 'C를 통제했을 때, A가 B를 초래한다.'와 같이 말이다.

그다음에는 새로운 데이터가 필요하다. 이때 데이터는 단 한 번만 사용할 수 있다. 그리고 가설을 도출할 때 사용한 데이터와 달라야 한다.

두 조건을 충족하고 난 마지막 단계에서는 가설이 새로운 데이터에서 성립하는지를 검증해야 한다. 성립한다면 그 가설은 검증된 것이다.

	가설 있음	가설 없음
데이터 1회 확인	검증	탐색
데이터 n회 확인	탐색	탐색

검증에서 가장 중요한 점은 그 절차의 엄격함을 이해하는 것이다. 데이터를 확인한 뒤에 가설을 다시 세울 수는 없다. 그러면 주사위를 두 번 굴리는 셈이다. 마찬가지로 'A'라는 가설의 정의를 'A+'로 변경하는 것도 허용되지 않는다. 물론 이러한 결정을 내릴 수는 있지만, 그렇게 하면 다시 탐색 절차로 회귀한다.

탐색과 검증을 구분하고자 할 때, 각 과정의 입력과 출력이 무엇인가를 생각해 보면 도움이 된다. 탐색은 데이터를 가설로, 검증은 가설을 사실로 바꾸는 과정이다. 그러므로 탐색 다음에 검증이 온다. 결과적으로 데이터 집합을 탐색하여 유망한 가설을 찾아낸 다음, 새로운 데이터를 활용하여 가설이 타당한지를 검증하는 것이다.

지금까지 소개한 절차를 따라 가설 하나를 검증해 보려 한다. 생일만으로 그 사람이 가장 좋아하는 계절을 예측할 수 있을까?

◆

나는 별자리가 실제로 무언가를 예측한다고 말했다. 별자리는 당연히 생일을 예측한다. 그리고 제4장에서 살펴본 바와 같이 일부 국가에서는 1월 출생자가 축구 선수가 될 확률이 높아진다. 그러므로 별자리가 물병자리인 축구 선수가 더 많을 것이라고 예상할 수 있다.

그런데 오케이큐피드 데이터 집합에서는 또 다른 연관성을 보여 준다. 당신은 별자리와 가장 강하게 연관된 변수가 무엇인지 알고 있는가? 바로 가장 좋아하는 계절이다. 여름에 태어난 사자자리 응답자 가운데 여름을 가장 좋아한다고 답한 사람이 더 많았다. 마찬가지로 가을 출생자인 전갈자리 응답자 역시 가을을 더 선호했다. 개인적으로 사람들이 이처럼 사소한 요소에도 무의식적인 영향을 받을 수 있다는 점이 눈길을 끌었다. 단지 자신의 생일이 있는 계절이라는 이유만으로 그 계절을 더 선호한다는 결과가 과연 사실일까?

이 질문을 스스로 던지는 일이 곧 가설 수립 행위의 일종이다. 나는 오케이큐피드 데이터를 탐색하면서, 연관성의 성립을 확인한 뒤에 그 가설을 떠올렸다. 하지만 그러한 관계가 일반적으로도 성립할까?

선호하는 계절이 별자리를 따라간다는 가설에 힘을 실어 주는 요소 중 하나는 그럴듯한 설명이 가능하다는 점이다. 사람들은 자기 생일을 좋아하므로, 생일이 있는 계절을 가장 좋아하는 계절로 꼽을 가능성이 조금이라도 높아질 수 있다. 게다가 인간은 본래 자신과 관련된 것에 호감을 느끼는 자기중심적 편향을 보인다는 사실도 잘 알고 있다. 자기 이름의 이니셜을 좋아하는 경향이 그 예이다.

나는 해당 가설을 검증해 보기로 했다. 정리하자면 다음과 같다.

특정 계절에 태어난 사람은 그 계절을 가장 좋아할 가능성이 더 크다.

위 가설을 검증하는 데는 새로운 데이터만 있으면 됐다. 이에 나는 간단한 설문을 만들어 트위터에 도움을 요청해 응답을 모았다. 설문은 2가지 질문으로 구성되었다.

① 봄, 여름, 가을, 겨울 중 어느 계절을 가장 좋아하는가?
② 당신의 생일은 언제인가?

운 좋게도 2,000명이 설문에 기꺼이 응답해 주었다. 다만 표본 수가 충분하지 않을 수 있다는 점을 우려했다. '생일 효과'가 실제 존재하더라도, 그 영향은 크지 않으리라고 예상했기 때문이다. 그런데도 결과는 꽤 인상적이었다. 이는 다음 그래프에서 확인할 수 있다.

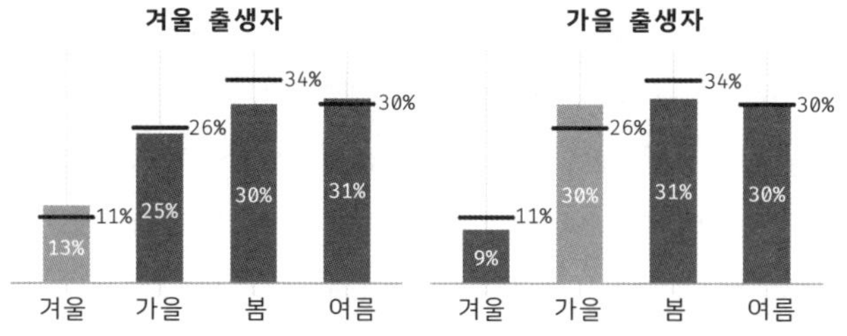

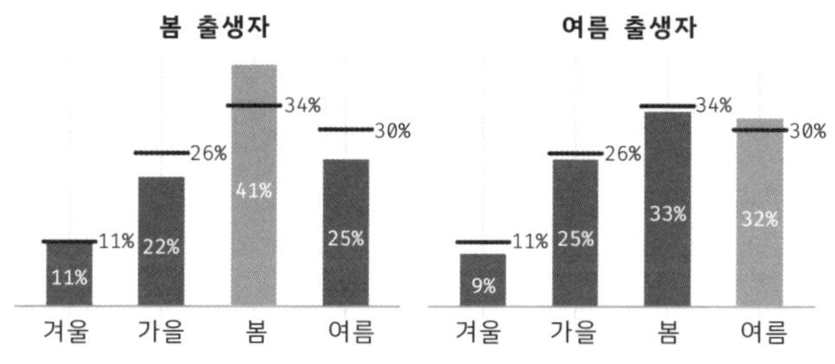

그래프의 검은 선은 전체 응답자가 가장 선호하는 계절의 분포를 나타내고, 막대는 각 계절에 태어난 사람이 선택한 응답의 분포를 보여 준다. 그 차이는 분명했다. 전체적으로 선호도가 가장 높은 계절은 봄으로, 전체 응답자 가운데 34%의 비중을 차지한다. 그중에서도 봄 출생자는 41%에 달한다.

위에서 나타난 효과는 모든 계절에서 공통적으로 관찰된다. 겨울은 전체 응답자에게 선호도가 가장 낮은 계절로, 11%의 분포를 보인다. 그런데 겨울 출생자 600명 가운데 겨울을 선호하는 사람의 비율은 13%로 약간 더 높다. 이는 굉장한 차이는 아니지만 유의미해 보인다. 따라서 특정 계절에 태어난 사람은 그 계절을 가장 좋아할 가능성이 약간 더 크다는 초기 가설과 부합한다.

이상의 과정이 바로 검증이다. 우리는 오직 앞서 세운 가설의 사실 여부를 확인할 목적으로 데이터에 접근하였다. 데이터를 단 한 번만 살펴봤기에 도출된 것은 우연이 아닌 하나의 발견이다. 이는 증거를 기반으로 새로운 사실을 밝혀내려는 싸움에서 거두어 낸, 작지만 값진 승리이다.

다시 경고로 마무리하자면,

어떠한 발견도 절대적인 진실은 될 수 없다.

이처럼 우리가 두 번 연속으로 운이 좋았을 가능성을 완전히 배제할 수는 없다. 처음에는 탐색 단계에서, 그다음에는 트위터 설문에서 우연히 가설에 부합하는 결과가 나왔을 수도 있다. 다만 두 번째 단계인 설문 조사를 통해 우리가 세운 가설이 맞을 가능성이 커졌다. 더 크고 대표성 있는 표본으로 검증을 반복한다면, 가능성은 더 커질 것이다.

하지만 확실성은 결코 완전해지지 않는다. 그러므로 이론을 불확실성과 확실성으로만 나누는 단순한 사고를 피해야 한다. 가설을 검증하는 과정은 가설을 수립한 상태에서 다른 상태로 옮기는 일이 아니라, 확실함에 가까운 방향으로 조금씩 밀어 가는 일이다. 이는 연속적인 선 위에서 이루어진다.

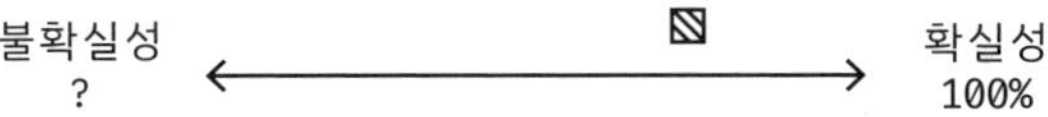

　　불확실성을 양극적 개념으로 바라보는 시각은 매우 흔하다. 통계적 유의성을 이분법적으로 해석하는 전문가나 학자도 드물지 않다. 이는 '통계적으로 유의미'한 결과는 확실한 것, 그 반대는 존재하지 않는 것으로 받아들임을 뜻한다.

　　하지만 그러한 해석은 잘못된 접근이다. 리처드 맥엘리스는 흔히 사용하는 90%나 95% 신뢰구간 대신 89% 신뢰구간을 권장한다. 왜 하필 89%일까? 특별한 이유는 없다. 그저 제시한 숫자가 얼마나 자의적인가를 상기시키기 위한 장치일 뿐이다. 가능성과 개연성을 구분하는 데 정해진 경계는 없다.

RULE 41

불완전한 진실

불확실성을 예측하라

우리 곁의 뱀파이어

버락 오바마의 조언을 통해 불확실성을 전제로 삼고, 확률에 근거하여 사고하자.

2009년 3월, 대통령에 갓 취임한 버락 오바마는 서브프라임 모기지 사태 이후 은행 문제를 어떻게 처리할지 결정해야 했다. 이 문제는 정치적으로 아주 민감한 사안이었다. 미국 정부는 월가의 대형 금융회사가 무너지지 않도록 공적 자금을 투입해 금융 시스템 전체에 위협이 될 만한 연쇄적인 공황을 피하려 했다.

하지만 그 조치는 극도의 부정적 반응을 불러일으켰다. 특히 위기 상황에서 은행의 일부 경영진이 수억 달러의 보너스를 챙겼다는 부끄러운 사실이 드러나면서 비난 여론은 더욱 거세졌다. 이에 미국 내에서는 강경 대응을 요구하는 목소리가 높아졌다. 이를 두고 오바마 정권의 재무장관 티모시 가이트너(Timothy Geithner)는 '구약적 정의(Old Testament Justice)'라고 표현하곤 했다. 오바마 또한 회고록에서 당시의 소회를 밝혔다.

"대중은 잘못을 저지른 이들이 벌을 받고 수치심을 느끼기를 바랐으며, 이는 지극히 당연한 감정이었다."

하지만 오바마와 가이트너는 책임자를 향한 관대한 접근이 최선의 해결책이라고 믿었다. 그들이 택한 방안은 이른바 '스트레스 테스트(stress test)'[40]를 계속 시행하는 것이었다. 이 계획은 각 은행의 재무 상태를 점검하여 필요한 자본 규모를 산정한 뒤, 은행이 민간 자금을 유치하도록 압박하는 방식이었다. 은행 측에서 자본을 조달하지 못할 때는 공적 자금을 투입하되, 그 액수가 은행 가치의 50%를 초과할 때만 강제로 국유화하기로 했다. 오바마는 그 조치가 최선이라고 생각했다.

"이 방안이 훌륭해서도, 심지어 괜찮아서도 아니었다. 그저 다른 대안이 더 나빴기 때문이었다."

그렇게 오바마는 집무실 책상까지 올라온 문제 가운데 완전한 해결책은 하나도 없다는 사실을 이내 깨달았다.

"해결책이 있었다면 아랫선에서 이미 처리했을 것이다."

오바마의 사례는 우리에게 의미 있는 통찰을 제공한다. 누구나 평생에 걸쳐 명확한 해결책이 없는 문제들과 마주하기 때문이다.

---

40   금융계에서의 스트레스 테스트는 예외적이지만, 실현 가능성이 있는 사건의 잠재적 취약성을 측정하여 안정성을 평가하는 것을 의미한다.

불확실성 속에서 살고 있음을 받아들이자.
비록 그 사실이 마음에 들지 않더라도 말이다.

우리는 수많은 것을 모른 채로 살아간다. 은행 구제를 결정할 때와 더불어 자녀의 학교를 선택할 때조차 마찬가지이다. 이처럼 우리는 언제나 의심의 안개 속에서 결정을 내린다. 오바마도 사정은 다르지 않았으며, 이에 다음과 같이 말했다.

> "나는 늘 확률을 따져야 했다. 아무 조치도 취하지 않아서 최악의 상황으로 치달을 확률이 70%, 어떠한 방안이라도 택했을 때 문제가 해결될 확률이 55%, 의도한 대로 정확히 해결될 확률은 0%였다. 무엇을 선택하더라도 효과가 전혀 없을 확률은 30%, 오히려 상황을 악화시킬 확률도 15%나 되었다."

모든 것이 의심에 둘러싸여 있다는 사실을 받아들이는 것은 자칫 나약하고 우유부단한 태도로 비칠 수 있다. 마치 증거가 눈앞에 있음에도 아직 《네이처(Nature)》에 실리지 않았다는 이유만으로 받아들이지 못하는 과학자처럼 말이다. 하지만 오바마는 그러한 생각이 잘못된 이분법임을 보여 줬다. 무지함을 인정하더라도 무력한 마비 상태로 빠지지는 않는다. 그는 이 내적 갈등을 이해하고 있었다.

"완벽한 해결책을 좇다 보면 아무것도 하지 못하게 된다. 그리고 직관에만 의존하면 선입견이나 정치적으로 가장 수월한 길에 이끌리기 쉽다. 대개는 그러한 결정을 정당화할 목적으로 자신에게 유리한 사실만 선택적으로 취하는 것이다."

오바마는 어려운 결정을 내리고도 밤에 편히 잠들 수 있었다. 이는 자신이 틀릴 리 없다는 믿음 덕이 아니었다. 바로 자기 방식에 신뢰가 있었기 때문이었다.

"자존심을 내려놓고 진심으로 경청하면서, 가능한 한 사실과 논리를 따라 목표와 원칙에 비추어 검토하는 건전한 과정을 거친다면 힘든 결정도 내릴 수 있는 데다 잠자리까지 편안해짐을 깨달았다. 최소한 같은 정보가 주어질 때, 누구라도 내 입장에 선다면 더 나은 결정을 내리기 어려웠으리라는 확신이 있었기 때문이다."

이성적으로 생각해 보면, 우리에게 모르는 것이 너무나 많다는 사실은 분명하다. 그런데 희한하게도 본성이 그 사실을 부정한다. 이와 관련하여 심리학자 아모스 트버스키는 다음과 같은 말을 남겼다.

"인간은 확률적인 우주에 던져진 결정론적 존재다."

누군가 오늘 비가 내릴 확률이 72%라고 말하면, 우리는 오늘 반드시 비가 올 것이라고 받아들인다. 이처럼 우리 뇌는 최대한 확신을 품도록 설계된 듯하다. 그리고 주어진 상황의 모든 불확실성을 있는 그대로 받아들이기보다 하나의 해석에 가장 설득력 있는 논리를 구성하려 든다.

한편 직관은 행동에 이르기까지 확고한 판단이 필요하다는 양단정적인 결론을 내놓는다. 하지만 그러한 판단은 사실이 아니다. 따라서 직관에 따라 판단하려는 충동은 반드시 경계해야 한다.

우리가 선택할 수 있는 또 다른 방법은 바로 오바마가 걸었던 길이다. 이는 불확실성을 부정하지 않은 채로 행동하는 방식으로, 과학적 방법이기도 하다. 대중의 인식 속에서 과학은 확실성과 동일시되곤 하지만, 사실이 아니다. 물리학자 리처드 파인만(Richard Feynman)의 명언처럼 의심이라는 문화가 곧 과학의 바탕을 이룬다.

◆

그런데도 우리가 오바마의 방식을 따르기 어려운 이유에는 여러 가지가 있다. 그중 하나는 우리의 직관이 확률을 잘 다루지 못한다는 점이다. 이는 '뱀파이어 테스트'라는 예에서 잘 드러난다.

뱀파이어가 우리 틈에 섞여 함께 살고 있다고 상상해 보자. 다행히도 그들을 판별할 수 있는 검사법이 있다. 이 검사법은 민감도가 95%로, 진짜 뱀파이어를 검사하면 95%의 확률로 양성 반응이 나타난다. 반면 거짓 양성률은 1%에 불과하여 인간 100명 중 99명은 음성으로 정확히 판별된다. 그리고 오늘 아침 한 차례 단속이 있었고, 당신의 처남이 양성 판정을 받았다. 그렇다면 그가 실제로 뱀파이어일 확률은 얼마일까? 잠시 생각해 보아도 좋다.

대부분이라면 95%라고 답할 것이다. 뱀파이어는 인간보다 양성 판정을 받을 가능성이 95배 높으니, 당신의 처남이 뱀파이어일 가능성이 크다고 보아야 논리적으로 타당해 보일 수 있다. 하지만 반드시 그렇다고 단정할 수는 없다. 여기서 우리는 간과하기 쉬운 결정적인 정보를 놓치고 있기 때문이다. 그것은 바로 사전 확률(a priori probability)이라고도 하는 기저율(base rate)이다.

당신의 처남이 정말로 뱀파이어인지를 판단하려면, 우리 가운데 뱀파이어가 얼마나 존재하는지부터 알아야 한다. 검사를 받기 전에는 그가 뱀파이어일 확률이 얼마였을까? 사전 확률은 정확히 알 수 없을지라도 질문에 답하려면 반드시 고려해야 할 요소다.

전체 인구의 절반이 뱀파이어라고 가정해 보자. 그렇다면 당신의 처남도 뱀파이어일 것이라고 보는 편이 합리적이다. 검사를 받기 전에는 그가 뱀파이어일 확률이 50%였고, 검사에서 양성 반응이 나온 후에는 그 확률이 99%까지 올라간다. 이 개념은 확률 대신 빈도로 생각한다면 훨씬 쉽게 이해할 수 있다. 뱀파이어 100명과 인간 100명을 그 예로 들어 보겠다.

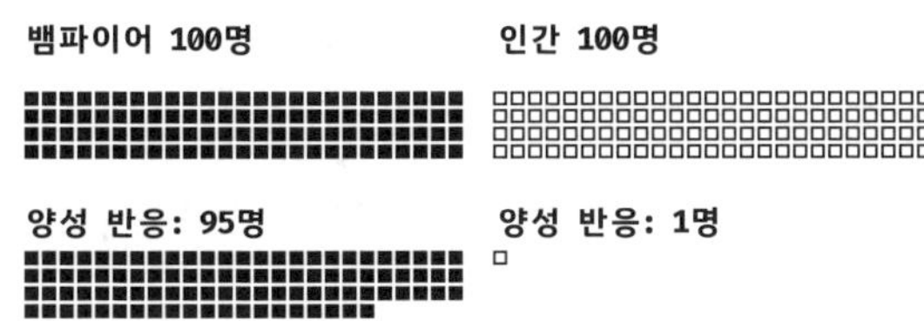

※ 양성 반응을 보인 96명 가운데 95명(99%)이 실제 뱀파이어다.

하지만 뱀파이어가 그 정도로 많다고 가정할 이유는 없다. 실제로 영화나 소설 대부분에서는 그렇지 않기 때문이다. 하지만 인간 1,000명당 뱀파이어가 단 1명뿐이라면 어떨까? 이때 당신의 처남은 거의 틀림없이 평범한 사람일 것이다. 이처럼 뱀파이어가 드문 세상에서는 양성 반응을 보인 사람이 대부분 잘못된 검사 결과를 받은 인간일 수밖에 없다.

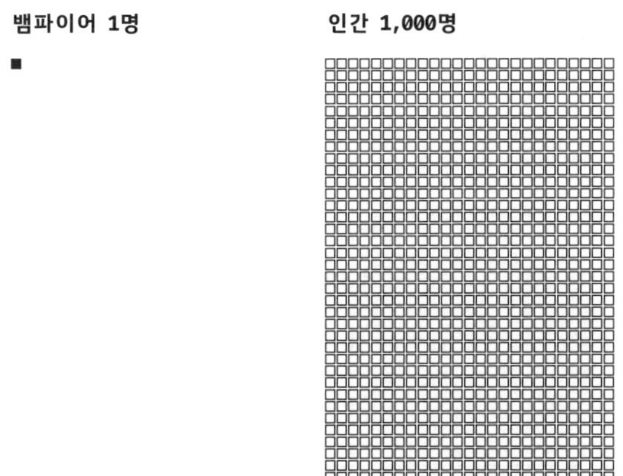

양성 반응: 1명　　　　　**양성 반응: 10명**

■　　　　　□□□□□□□□□□

※ 양성 반응을 보인 11명 가운데 1명(8.7%)이 실제 뱀파이어다.

　이상을 통해 기저율에 따라 결과가 완전히 달라질 수 있다는 사실을 인식하는 것이 핵심이다. 그런데도 우리의 직관은 이를 무시하려 든다. 따라서 우리는 기저율에 세심한 주의를 기울여야 한다.

기저율을 고려하자.

구체적인 데이터가 주어지기 전,

각 결과가 나타날 확률은 얼마인가?

　위와 같은 **기저율 오류**(base rate fallacy)는 우리의 직관이 통계적 개념을 다룰 때 겪는 또 다른 문제다. 이때 우리가 놓치고 있는 것은 바로 베이즈 정리(Bayes theorem)이다. 베이즈 정리는 확률을 계산하는 수학적 법칙의 일종으로, 창시자인 토머스 베이즈(Thomas Bayes)의 이름으로 명명되었다. 우리는 누군가의 검사 결과가 양성일 때, 다시 말해 양성 반응이라는 **조건하에** 그 사람이 뱀파이어일 확률을 알고 싶어 했다. 베이즈 정리에 따르면 그 확률은 다음 공식으로 계산할 수 있다.[41]

---

41 수식에서 '■'는 뱀파이어, '□'는 인간을 가리킨다. 그리고 '*posit.*'는 양성 반응을 의미하며, '**P**(.)'는 사건이 일어날 확률을 뜻한다. 한편 'l'는 다

256

$$P(\blacksquare \,|\, posit.) = \frac{P(\blacksquare) \times P(|posit.|\blacksquare)}{P(\blacksquare) \times P(posit.|\blacksquare) + P(\square) \times P(posit.|\square)}$$

위에 제시한 공식을 쉽게 이해하려면 분수라고 생각하는 것이 좋다. 이제 앞서 살펴본 그림을 떠올리면서 다음과 같이 질문해 보자.

> 양성 반응을 보인 이들 전체, 즉 뱀파이어와 인간 모두를 포함한 집단(분모) 가운데 실제 뱀파이어(분자)의 비중은 얼마나 될까?

공식에 따르면 답은 4가지 변수에 따라 달라진다. 하나는 조건부 확률인 $P(posit.|\blacksquare)$와 $P(posit.|\square)$이다. 이들은 대상이 각각 뱀파이어일 때와 인간일 때 양성 반응이 나올 확률을 가리킨다. 이 값이 바로 테스트에서 제시된 두 수치인 95%와 1%에 해당한다. 하지만 공식에서는 그 외에도 임의의 사람이 뱀파이어일 확률인 $P(\blacksquare)$, 그리고 인간일 확률인 $P(\square)$라는 2가지 기저율도 포함된다. 우리는 이들 수치를 자주 간과하지만, 그 값이 결과에 결정적인 영향을 미친다.

베이즈 정리는 확률의 기본 법칙이다. 그런데도 베이즈 정리는 직관적으로 전혀 와닿지 않는다. 이는 기저율 오류의 놀라운 측면에 해당한다. 이처럼 모든 정보를 알고 있더라도 차근차근 계산해 보지

른 사건이 일어났다는 조건하에서 특정 사건이 발생할 확률, 즉 조건부 확률을 나타낸다.

않으면 우리 뇌는 쉽게 착오에 빠진다.

게다가 더욱 흥미로운 점은 문제를 제시하는 방식에 따라 우리가 느끼는 어려움이 크게 달라진다는 것이다. 이전에 제시한 두 그림과 같이 확률 대신 빈도를 설명한다면 대부분 곧바로 이해한다. 그 이유는 알 수 없지만, 사실이 그렇다. 우리 뇌는 유리잔을 깨지 않을 만큼 적당한 힘으로 쥐는 일처럼 복잡한 작업도 능숙하게 해내지만, 확률적 사고만큼은 여전히 서툴다.

◆

이 장을 마무리하면서 철학적인 질문을 하나 던져 보겠다.

확률이란 무엇인가? 한 선수가 페널티킥을 앞두었을 때 골이 들어갈 확률이 70%라면, 이는 무엇을 의미하는가? 공을 향해 달려가기 시작하는 바로 그 순간을 떠올려 보자. 그렇다면 페널티킥이 골문 안으로 들어갈 **진짜 확률**은 얼마인가?

위 질문의 답은 2가지로 나뉜다. 가장 무난한 해석은 확률이 0% 또는 100%라는 것이다. 우주가 결정론적이라면 그 슛이 애초에 성공하거나 실패하도록 정해져 있다는 뜻이다. 아니면 일부 물리학자가 주장한 바와 같이 우주에 양자 수준의 무작위성이 존재한다면, 그 확률은 0과 100 사이의 값일 수도 있다. 흥미로운 질문이기는 하지만, 이는 우리의 목적과 거리가 있다. 우리는 확률을 일상에서의 현실 자체를 설명하는 데 사용하지 않는다. 그 대신 확률로 **그 현실에 관한 우리의 지식**을 표현한다.

> 확률은 세상이 아닌 모델 안에 있다.
>
> - 리처드 맥엘리스

우리는 확률을 불확실성에 대한 설명으로 이해해야 한다. 다시 말하면 확률은 우리가 현상을 공식적 또는 비공식적으로 모델링할 때 지니는 확실성의 정도를 나타내는 척도이다.[42] 그 불확실성이 경험적이든, 인식론적이든 상관없다. 우리가 페널티킥의 성공 확률이 70%라고 말할 때, 이는 선수와 상황에 대한 우리의 지식이 제한적인 상태에서 사건에 그만큼의 개연성을 부여한다는 의미이다. 하지만 그 수치에 심오한 의미가 담겨 있는 것은 아니다. 그것은 슛이 70%만큼 결정되지 않았다는 뜻이 아니라, 그것을 결정짓는 요인을 알 수 없음을 뜻한다.

우주는 페널티킥의 결과를 결정하기 위해 '형이상학적 주사위'를 던지지 않는다. 단지 물리 법칙이 그 복잡함을 드러낼 뿐인데, 이 경우는 법칙이 너무 방대한 나머지 우리가 더욱 정확한 예측을 하지

---

[42] 이는 베이즈적(Bayesian) 해석으로, 확률을 장기적 빈도로 해석하는 엄격한 빈도주의(frequentism) 관점과는 구별된다. 하지만 여기서 그 차이를 논의하는 것이 우리의 목적은 아니다.

못할 뿐이다. 슛이 골로 이어질지 아닐지는 바람의 세기, 공의 압력, 관중의 응원, 골키퍼의 호흡, 심판이 호루라기를 불기 직전에 골키퍼가 마지막으로 한 생각, 그리고 우리가 예측할 수 없는 수많은 미세한 요인에 달려 있다. 우리는 그것을 '우연'이라고 부른다.

무작위성은 우리가 가진 정보의 속성이다. 우리는 주사위를 던졌을 때, 그 결과가 예측 불가능하며 무작위적이라고 말한다. 하지만 그 말은 무엇을 의미할까? 주사위에는 어떠한 마법도 존재하지 않는다.

우리가 주사위의 속도와 구조, 미세한 결함까지 모두 측정할 수 있으며, 던지는 각도에서 특정 지점에서의 중력에 이르는 등 필요한 지식을 모두 갖추었다고 생각해 보자. 그렇다면 매번 나올 숫자를 정확히 예측할 수 있을 것이다. 우리가 우주에 대한 완전한 정보를 지니고 있다면, 아마도 모든 일을 정확히 예측할 수 있을지도 모르겠다.

주사위의 물리 법칙은 경사면을 따라 미끄러지는 물체에 적용되는 법칙과 다르지 않다. 다만 우리는 전자보다 후자를 더 잘 예측할 수 있을 뿐이다. 그 차이는 우리 능력의 한계 탓이지, 세계의 본질이 다르기 때문은 아니다.

스타 예언자의 착각

통계학자 네이트 실버(Nate Silver)는 2016년 미국 대통령 선거에서 도널드 트럼프가 당선될 확률이 29%라고 말한 바 있다. 그의 입장을 들어 보자.

2016년 미국 대선에는 뜻밖의 주인공이 나타났다. 바로 일약 스타가 된 통계학자 네이트 실버였다. 그는 지난 10년 동안 정치 보도 방식을 완전히 바꾸어 놓았다.

2008년까지만 해도 실버는 일개 야구 통계 애호가에 불과했으며, 그해 대선과 관련된 수치를 다루는 블로그를 막 시작했다. 당시 그는 발표된 여론조사를 모두 취합한 뒤, 이를 바탕으로 통계 모델을 활용해 확률 형태의 예측을 내놓았다. 그 예로 실버는 버락 오바마가 당선될 확률은 60%, 존 매케인(John McCain)이 텍사스에서 승리할 확률은 91%라고 예측한 바 있다.

하지만 정치 뉴스를 통계 모델로 보고 싶어 하는 사람이 얼마나 될까? 놀랍게도 아주 많았다. 그렇게 실버는 센세이션을 일으켰다. 2008년에는 개인 블로그인 '파이브서티에이트(FiveThirtyEight)'를 운영했으며, 4년이 지나고 그의 글은 세계에서 최다 독자 수를 보유한 신문인 《뉴욕 타임스(New York Times)》에도 실리기에 이른다.

2013년에는 TV 방송사 ABC와의 계약 체결과 동시에 브랜드도 함께 그곳으로 옮겼다. 그때 《뉴욕 타임스》는 독자에게 예측 기사를 지속적으로 제공할 대체자를 찾아야 했다. 2016년 대선이 다가오자, 미국의 주요 언론사에서는 실버를 따라 하는 사람들을 고용했다. 8년 전만 해도 드물었던 그의 방식은 이제 정치 보도의 핵심으로 자리 잡았다.

2016년 1월, 힐러리 클린턴과 도널드 트럼프 간의 대선 레이스가 본격적으로 시작되었을 때였다. 실버의 모델이 내놓은 예측이 논의의 중심에 오르면서 트위터 논쟁과 TV 해설을 장악했다. 그 예측은 매일 갱신되는 웹사이트에서 확인할 수 있었으며, 그해 전 세계에서 가장 많은 사람이 찾은 언론사 사이트에 등극했다. 당선 확률 값에 변동이 있기는 했지만, 그 웹페이지에서는 줄곧 한 후보가 우세한 것으로 나타났다.

최종 투표 전날인 11월 2일, 실버의 모델은 마지막으로 예측을 갱신했다. 그때 클린턴의 당선 확률은 71%였다. 그러나 당선인은 공화당 후보인 트럼프였다. 트럼프는 패배가 예상되던 주에서까지 승리를 거두며, 304명의 선거인단을 확보하였다. 이는 클린턴의 선거인단 수인 228명을 앞지른 수치였다.

그날 새벽, 나는 카를로스 알시나(Carlos Alsina)의 초대로 라디오 생방송에 출연 중이었다. 당시 우리뿐 아니라 전 세계의 절반이 충격에 휩싸이던 순간이 아직도 생생하다. 그 어느 선거일 밤에도 느껴본 적 없던 '이제 앞으로 어떻게 되는 거지?'라는 당혹감이 점점 커져 갔다.

개표가 시작되자, 가장 먼저 투표를 마감한 동부 지역에서 트럼프가 예상보다 선전하고 있다는 신호를 보냈다. 한밤에 나는 생방송을 진행하면서 알시나에게 트럼프가 이길 것 같다고 말한 순간을 기억한다. 몇 시간 뒤, 공화당의 승리가 확정되면서 네이트 실버를 향한 비난이 거세게 몰아쳤다.

실버는 그 정교하다는 모델로 클린턴의 당선 확률이 71%라고 떠들어 대지 않았던가? TV 방송과 언론에서는 여론조사와 실버, 그리고 그의 지지자를 향해 손가락질하기 바빴다. 정론지를 자처하면서 지면마다 도배되어 있던 근사한 그래프는 다 어디로 갔을까? 결과적으로 통계는 실패했으며, 트럼프의 승리도 예측하지 못했다.

여론조사 신뢰도가 바닥을 쳤을 때, 일부 미국 언론에서는 **자책**과 함께 언론 내 여론조사의 역할을 되짚어 볼 것을 주장했다. 그들은 컴퓨터를 끄고 거리로 나가 진짜 사람들과 대화해야 한다고 말했다. 하지만 이 말은 과장일 뿐 아니라 논리 자체도 터무니없었다. 밖으로 나가 사람들과 이야기하라고? 이게 여론조사가 아니면 무엇이란 말인가!

스페인에서도 그 여파를 실감했다. 나 또한 예외는 아니었다. 그 무렵 나는 실버에게서 영감을 받아 네 차례의 스페인 선거를 토대로 예측 모델을 발표한 상태였다. 엘 파이스에 채용된 것도 어느 정도는 그 능력 덕분이었다. 당시 나는 경미한 수준이었지만, 의도치 않은 피해자가 되었다. 이후 나는 나를 비롯한 실버 같은 사람에게 쏟아진 반발의 근원을 오래도록 곱씹었다.

8년이 지난 지금을 돌이켜보면, 그러한 반응은 결국 아무 의미 없는 소동에 불과했다. 잠깐의 정적 뒤에 바로 이어진 변화의 전주곡과 다름이 없었다. 오늘날 데이터는 선거 보도뿐 아니라 화산 폭발, 축구 결승전, 팬데믹 등 모든 언론 보도의 중심에 있다. 그동안 예측을 향한 비난을 지켜보면서 많은 것을 깨달을 수 있었다. 시간이 흐르고 되돌아보니, 그 반발에는 복수심과 합리적인 문제 제기, 오해라는 3가지 동기가 있었던 듯하다.

복수심은 이해하기 쉽다. 데이터를 다루는 우리는 언론에서 한정된 공간을 차지하면서 자연스럽게 적을 만들었다. 신문, 텔레비전, 라디오에는 한정된 지면과 좌석, 그리고 마이크가 존재한다. 새로운 얼굴이 등장하려면 기존 인원이 물러나야 하지만, 그들은 좀처럼 자리를 내주려 하지 않는다. 그리고 2016년, 통계에 대해 아무것도 모르고 실버의 작업에 관심조차 보이지 않던 이들이 그를 거칠게 비판했다. 어쩌면 그 사람들은 의식 여하를 막론하고 실버의 방법론을 깎아내리면서까지 자기 입지를 되찾으려 했을 것이다.

비판의 두 번째 동기는 타당하다. 실버를 마치 마법사처럼 떠받들던 당시 분위기에 대한 비판자들의 이의 제기에는 일리가 있었다. 그의 인기는 어느 정도 과장된 기대 위에 형성되었다. 2008년에는 50개 주 중 49곳의 승자를 정확히 맞혔고, 2012년에는 50개 주의 결과에 관한 그의 예상이 모두 적중했다.

그 정확성으로 실버는 모든 주의 선거 결과를 맞히면서 '완벽한 예측의 사나이'라는 명성을 얻었다. 이는 대단한 홍보 효과였지만, 동시에 독이 되기도 했다. 사실 실버는 운이 좋았던 것이다. 2012년 대선은 특이하게도 이변이 전혀 없었다. 12개 경합주 가운데 모든 주가 예측한 쪽으로 쏠린 것이다. 이는 정작 모델조차 가능성이 적다고 평가했을 결과였다.

실버의 신화는 잘못된 공로 인식에서 비롯되었다. 확률 모델의 강점은 극도의 정밀함이 아니라, 다른 방법보다 상대적으로 높은 신뢰성에 있었다. 다시 말해 확률 모델은 여론조사가 빗나갔을 때, 정확한 예측보다 더욱 신중한 접근으로 예상치 못한 오류를 방지한다는 점에서 의미가 있다. 이는 비판의 세 번째 이유이자 가장 흥미로운 부분이기도 하다. 2016년 미국 대통령 선거 예측에서 잘못된 것은 확률 자체가 아니라 우리가 그것을 해석하는 방식이었다.

◆

네이트 실버의 선거 예측 모델은 이후 우리가 《엘 파이스》나 《이코노미스트(The Economist)》에서 발표한 모델과 마찬가지로 3가지 뚜렷한 특징을 지닌다. 그 내용은 다음과 같다.

첫 번째는 예측력을 높이는 근원으로, 여러 여론조사를 종합한다.

두 번째는 단순히 득표율만이 아니라 의석 수의 결과까지 예측한다.

세 번째는 해당 모델이 확률 기반이며, 확률로 예측한다. 이는 가장 중요한 특징이자 핵심이다.

실버의 모델은 여론조사에서나 볼 법한 '클린턴이 대략 52%의 득표율을 기록할 것'이라는 표현 대신 '클린턴의 당선 확률은 71%'라고 예측한다. 그중 후자의 방식은 '누가 정권을 잡을 것인가?'라는 핵심 질문에 답하는 동시에 더 많은 정보를 담고 있기에 더 나은 예측이다. 이뿐 아니라 결과의 가능성은 물론 그 크기까지 함께 알려 준다. 우리는 그 방식을 따라야 한다.

예측에 확률을 활용하자.
미래를 논의하는 최고의 언어가 바로 확률이기 때문이다.

확률적 예측의 가장 큰 장점은 예측이 빗나갈 가능성까지 함께 알려 준다는 점이다. 만약 완벽한 예측 장치가 있다면, 그러한 정보는 불필요할 것이다. 그러나 대부분은 예측에서 어느 정도의 불확실성이 따르기 마련이므로, 그 정도를 아는 것은 매우 유용하다.

스마트폰 일기예보 앱을 떠올려 보자. 내일 비가 반드시 온다고 해 놓고 세 번 중 한 번꼴로 틀리는 것보다 '내일 비가 올 확률은 71%'라고 알려 주는 편이 더 낫지 않은가? 결국 확률은 예측인 동시에 경고이다. 이는 '과거에 그만한 정도의 확신이 있었을 때, 세 번 중 한 번은 비가 오지 않았다.'라는 뜻이기도 하다.

그것은 2016년에 실버의 모델이 내놓은 예측과 비슷하다. 당시 힐러리 클린턴 후보의 당선 확률은 71%였고, 이는 선거 결과가 아직

열려 있음을 의미했다. 다시 말하면 압도적으로 우세한 후보는 있었지만, 결과가 아직 확정되지 않았다는 것이다. 이러한 예측은 사실 다음과 같이 해석해야 한다.

물론 클린턴이 우세하기는 하다. 그러나 특정 주에서의 격차와 과거 여론조사의 정확도를 감안할 때, 예측이 틀릴 확률은 29%이다. 즉 세 번 중 한 번은 트럼프가 이길 수도 있다는 뜻이다.

이때 비판의 세 번째 동기이자 오해의 실체가 등장한다. 2016년 미국 대통령 선거 예측에서의 가장 큰 실패는 일부 사람이 아주 미묘한 정보를 단순히 '클린턴이 이길 것이다!'라는 뜻으로 해석한 데 있었다. 본래 예측은 세상의 불확실성을 존중했지만, 해석은 그렇지 않았다. 트럼프가 대통령이 될 확률이 29%라는 말이 무슨 뜻인지 이해하지 못했거나, 애초에 그러려고도 하지 않았던 언론인과 정치 평론가가 있었기 때문이다.

하지만 실버에게 그 책임을 묻기는 어렵다. 그는 자신의 모델이 전제로 삼고 있는 불확실성을 전달하려고 노력했다. 하지만 그의 목소리는 지지자에게는 닿았지만, 비판자에게는 그렇지 못했다. 선거가 있던 주에 실버는 다음 제목으로 사람들에게 주의를 당부했다.

"여론조사를 무시하지 마세요. 클린턴이 앞서 있지만 접전입니다."

그는 며칠 동안 줄곧 트럼프가 이길 수도 있다고 경고했다. 실제로 누군가는 실버가 웹사이트 유입을 늘리려고 공화당 후보의 승산을 부풀린 것 아니냐며 비난했다. 참 아이러니하지 않은가? 어느 날은 트럼프가 이길 수도 있다는 발언으로 욕을 먹고, 다음 날에는 트럼프의 승리를 예측하지 못했다는 이유로 또 욕을 먹는 상황 말이다.

확률처럼 직관적이지 않은 개념을 다룰 때는
무엇보다 명확한 전달을 위한 노력을 아끼지 않아야 한다.
이것이 실버의 경험이 주는 교훈이다.

우리는 확률을 제대로 이해하는 데 어려움을 겪는다. 71%는 29%보다 훨씬 커 보인다. 수치상으로도 2배 이상의 차이를 보이기 때문이다. 하지만 그러한 생각은 잘못되었다. 실버의 모델이 진짜로 말하고자 한 바는 트럼프처럼 이례적인 후보도 충분히 당선될 수 있다는 가능성이었다. 따라서 확률을 경고의 신호로 받아들였어야 했다.

29%의 승산은 축구 경기에서 페널티킥이 빗나갈 확률과 비슷한 수준이다. 물론 그러한 일은 항상 일어난다. 경기를 보다가 다음과 같은 생각을 하는 사람은 아무도 없지 않은가.

'득점 확률이 70%니까 골은 확실하겠네. 이제 TV 끄고 저녁 준비나 해야겠다.'

1/3의 확률로 일어나는 사건은 우리 주변에 흔하며, 우리는 그 사실을 잘 알고 있다. 이처럼 2016년 트럼프의 승리는 실탄 2발을 장전한 채로 러시안 룰렛을 하는 것만큼이나 위험했다. 누구도 그러한 게임을 할 엄두조차 내지 않을 것이다. 33%의 확률이라면 머리가 정말로 날아갈 수도 있음을 알기 때문이다. 요컨대 사람들이 확률적으로 사고하기 어렵다는 말에는 일리가 있지만, 자신의 이익이 걸린 상황이라면 그 의미를 분명히 이해한다는 것도 사실이다.

◆

다음 장에서는 확률을 활용해 예측할 때 얻을 수 있는 추가적인 이점을 살펴볼 것이다. 하지만 그 전에 오해 하나를 살펴보고자 한다. 본질적으로 불확실성의 수용과 행동 사이에 갈등이 존재한다는 오해 말이다. 하지만 오바마가 지적한 바에 따르면 그러한 딜레마는 대체로 착각에 불과하다.

확실성은 행동의 필수 조건이 아니다.

결과가 확실하지 않더라도 우리는 결정을 내릴 수 있다. 두 부류의 사람들은 그 말이 모순이라고 주장하겠지만, 실제로는 아무런 모순도 없다.

그 극단적인 부류 중 한쪽은 소위 '행동파의 오류(man of action

error)'를 저지르는 사람이다. 그들은 확률이 지나치게 정밀하다고 주장하며, 결국 A와 B 중에서 더 나은 선택지가 무엇인지만 알면 된다고 말한다. 그리고 확률 따위는 제쳐 두고 승자를 확정할 것을 요구한다. 마치 그러한 예측이 더 정확하거나 유용하다는 듯이 말이다.

하지만 현실은 그렇지 않다. 우리는 행동파에게 정밀함의 중요성을 설명할 필요가 있다. 가령 이번 주말에 결혼식을 올릴 예정이라고 생각해 보자. 그날 비가 올 확률이 29%라고 한다면, 비가 오지 않으리라고 가정한 채 모든 계획을 밀어붙일 것인가? 확률이 1%라면 몰라도 29%라면 무모한 판단이다. 차라리 만약을 대비해 정원에 천막을 설치하는 것이 현명한 선택이다.

숫자는 중요하다. 좋은 의사 결정을 내리려면 각각의 결과가 일어날 가능성뿐만 아니라, 그에 따른 손익까지 함께 고려해야 한다. 결혼식이 그 좋은 예이다. 비가 와서 결혼식을 망치는 것보다 천막을 설치하는 일이 골치가 덜 아프기 때문이다.

훨씬 더 극단적인 사례도 있다. 벤처 투자자를 생각해 보자. 그들은 스타트업이 대부분 실패할 가능성이 크더라도 이분법적으로 판단해서는 안 된다. 벤처 투자자에게 필요한 것은 성공 확률이 1%인 사업과 20%인 사업을 구분해 내는 능력이다. 후자를 확보하면 자본을 불릴 수 있을 것이다.

이상과 같이 좋은 의사 결정이란 모든 선택이 반드시 성공으로 이어져야 함을 의미하지 않는다. 거대한 위험에서 자신을 보호하거나, 큰 성과를 노린다면 일부만 성공해도 충분하다.

한편 반대쪽 극단에 있는 사람은 과학주의적 오류에 빠져 있다. 그들은 확실성이 없다는 이유로 아무 행동도 하지 않는다. 이러한 태도는 확실성이 보장되지 않으면 결정을 유보하는 둔감한 연구자에게서 흔히 볼 수 있다.

그 대표적인 예가 95% 신뢰 수준이라는 관행이다. 과학은 결과의 확실성 판단에 매우 엄격한 기준을 요구한다. 따라서 과학 연구자들은 신중하게 사고하고 섣불리 판단하지 않도록 훈련받는다. 그렇게 95%를 기준으로 한 관행이 생겨났다.

전통적인 관점에서는 어떠한 결과가 우연히 일어날 확률이 5% 미만일 때만 통계적으로 유의미하다고 여겨 왔다. 하지만 그 기준값은 임의적이며, 확실성은 연속적이다. 그러므로 확실성에 관하여 과학적으로 입증된 '확실한 상태'와 우리가 전혀 알지 못해 '불확실한 상태'만 존재한다는 듯한 추론은 실수나 다름이 없다. 이에 통계학자 앤드루 겔먼은 다음과 같이 말한 바 있다.

> "통계적으로 유의미한 결과가 나올 때까지 판단을 유보하는 것은 적절하지 않다."

그 오류의 예는 일부 정치 평론가들이 자주 사용하는 '기술적 동률(technical tie)'이라는 개념이다. 이는 여론조사에서 선두 정당과 경쟁 정당의 지지율 격차가 오차 범위보다 작을 때 사용된다. 선두 정당의 지지율이 32%, 경쟁 정당이 30%이며, 오차 범위가 ±3%라면 정치 평론가들은 해당 개념을 주장한다.

하지만 두 정당이 동률이라는 점은 사실이 아니다. 다만 95%의 확실성으로 선두 정당이 앞서 있다고 말할 수 없을 뿐, 실제로는 그러할 가능성이 크다. 아마 그 정당이 세 번 중 두 번은 이길 것이다. 그리고 그 정도의 상대적 확신이면 행동하기에 충분하다. 그 이유는 다음과 같다.

첫째, 많은 결정을 미룰 수 없기 때문이다.

둘째, 아무것도 하지 않는 것 또한 하나의 결정이기 때문이다. 우리가 길을 건너려는 찰나, 자동차인 듯한 소리를 들었다면 확실하지 않을 확률이 95%라도 멈춰 서는 편이 나을 것이다.

한편 2020년 코로나19는 과학자와 공공 의사 결정 사이의 긴장을 잘 보여준 사례였다. 역학자 마이클 J. 미나(Michael J. Mina)는 당시 미국 상황을 다음과 같이 설명했다.

"우리는 대체로 연구자에게 결정을 맡겨 왔습니다. 하지만 저는 이를 중대한 실수라고 생각합니다. 연구자는 그 당시에 배울 수 있는 최선의 지식으로 결정을 내리도록 훈련받지 않았기 때문입니다. 그들은 10년 전에 읽은 《네이처》 논문에 근거한 결정에 익숙하지, 환경이나 체계에 맞춘 유연한 대응에는 그렇지 않습니다. 그들은 학문적 정밀성을 추구하며, p값과 통계적 유의성을 중시하니까요."

개인적으로는 그의 의견에 전적으로 동의하지는 않는다. 다만 과학자들이 위기에도 중요한 역할을 했다는 점은 다행이라고 생각하지만, 그가 지적한 딜레마 역시 충분히 이해한다. 과학자가 바라보는 불확실성은 오바마 전 대통령이나 자녀에게 아이패드를 줘도 될까 고민하는 부모가 느끼는 것과 다른 법이다. 그렇더라도 우리는 결정을 피할 수 없다. 아이는 부모의 선택을 기다리고 있다.

해결책은 오바마의 접근 방식에 있다. 과학적 관점을 유지하면서 증거를 수집하자. 이와 함께 신중함을 잃지 않되, 세상의 불확실성을 인정하자. 그리고 정보가 완전하지 않더라도 행동해야 함을 받아들이자.

슈퍼 예측가식 사고

미래의 팬데믹부터 핵전쟁 가능성까지 모든 것을 예측하는 데 몰두하는 한 온라인 커뮤니티의 실체를 살펴보자.

러시아가 우크라이나를 침공한 2022년 2월 24일, 한 온라인 커뮤니티에 감사의 메시지가 올라왔다.

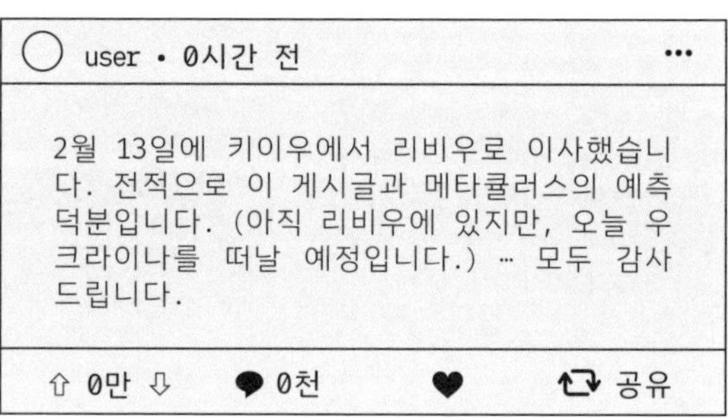

이 게시글은 미래 예측에 몰두하는 커뮤니티인 메타큘러스(Metaculus)의 한 이용자가 남긴 것이었다. 메타큘러스 이용자들은 해당 이용자가 키이우를 떠나게 한 질문인 '러시아가 2023년 이전에 우크라이나 영토를 침공할까?'에 답한다. 그들은 12월에 침공 가능성을 40%로 예측했다. 1월에 들어 그 수치는 점차 상승했으며, 그 이용자가 키이우를 떠난 2월 13일에는 60%에 이르렀다.

메타큘러스를 비롯한 예측 커뮤니티는 현재 급속히 성장하고 있다. 폴리마켓(Polymarket), 굿 저지먼트(Good Judgment), 인사이트(Insight) 등의 웹사이트에서는 다양한 주제를 아우르는 질문에 관한 논의를 이어 가고 있다. 그중 커뮤니티 내에서 오가는 질문의 예는 다음과 같다.

- **정치**: 마크롱이 프랑스 대선에서 이길까?(가능성 매우 높음, 94%)
- **팬데믹**: 세계보건기구가 2022년에 새로운 코로나19 변이를 '우려 변이'로 지정할까?(가능성 있음, 74%)
- **재난**: 다음 달 런던에서 핵폭발로 사망할 확률은?(약 24마이크로모트)[43]

일부 플랫폼에서라면 예측으로 법정화폐나 암호화폐로 수익을 올릴 수 있지만, 이용자 대다수에게 가장 큰 동기는 열정과 헌신이다. 마드리드에 거주하며 평판이 좋은 예측 팀의 일원으로 활동 중인 누뇨 셈페레(Nuño Sempere)는 메타큘러스에 관하여 다음과 같이 말한다.

43　마이크로모트(micromort)는 'micro-'와 'mortality'의 합성어로, 1/1,000,000의 사망 확률을 가리키는 위험 단위를 말한다.

"메타큘러스는 그러한 질문이 중요하다고 믿는 사람들의 모임이에요. 세상을 예측하는 모델이 중요하다고 보는 거죠."

메타큘러스는 위키피디아(Wikipedia)나 레딧(Raddit)과 같은 협업 중심의 커뮤니티이다. 그러나 기사를 쓰거나 흥미로운 콘텐츠를 고르는 대신에 직접 조사하고, 그 결과를 종합하여 확률값을 산출한다. 흥미롭게도 해당 커뮤니티 집단은 대부분 비공개 정보에 접근할 권한이 없다. 그들은 공개된 자료를 활용하고, 인터넷을 구석구석 뒤지면서 과학 연구, 보도 자료, 소셜 미디어 영상 등을 찾아낸다. 이에 샘 프리드먼(Sam Freedman)은 직접 운영하는 뉴스레터 사이트인 '코멘트 이즈 프리드(Comment is Freed)'에서 우크라이나 전쟁을 언급하며 다음과 같은 글을 남겼다.

"정보를 잘 가려내기만 한다면, 트위터 사용자라도 한국 전쟁 당시의 아이젠하워나 베트남 전쟁 시절의 존슨 대통령보다 실시간 전쟁 상황을 더 잘 파악할 수 있을 것이다."

나는 메타큘러스가 러시아의 우크라이나 침공을 어떻게 예측했는가를 추적했다. 커뮤니티 내부에서는 이용자 스스로가 내놓은 정확도에 그다지 만족하지는 않았다. 하지만 1월에 침공 가능성이 어느 정도 있다고 평가한 점은 충분히 의미 있었다.
이 외에도 나는 해당 커뮤니티의 또 다른 예측을 추적한 바 있었다. 그 예측은 처음에는 빗나간 듯했지만, 이내 방향이 바로잡혔다. 나로서도 보도 방향을 결정하는 데 매우 유용한 예측이었다. 그 예측에 관한 질문은 다음과 같다.

4월 1일 이전에 키이우가 러시아의 지배하에 놓일 것인가?

침공 이틀째, 메타큘러스에서는 키이우가 함락될 가능성을 80%로 보았다. 이는 러시아의 빠른 진격을 예상한 대다수의 관측자 역시 마찬가지였다. 하지만 메타큘러스는 곧 이 전망을 수정했다. 닷새째에는 키이우 함락 가능성이 67%로 떨어졌으며, 3월 15일에는 10%에 불과했다.

메타큘러스 이용자들은 정보에 근거해 명확하게 판단했고, 정확도를 높이려는 의지가 확고했다. 그들의 결론은 내 판단과 크게 다르지 않았지만, 결정적인 차이가 하나 있었다. 그들의 예측을 읽는 데는 5분이면 충분했다는 것이다. 이와 다르게 나는 그들과 같은 결론에 이르기까지 언론 보도 자료를 샅샅이 뒤지고, 소셜 미디어를 살펴보면서 군사 전문가의 분석 의견을 읽느라 몇 시간이 걸린다.

메타큘러스가 거둔 또 다른 성과는 코로나19 팬데믹에 대한 예측이었다. 나는 코로나 바이러스에 관한 예측가 순위에서 1위를 달리던 후안 캄베이로(Juan Cambeiro)를 만난 적이 있었다. 지금은 메타큘러스에서 일하는 그는 내게 오미크론 변이의 사례를 하나 이야기해 주었다.

오미크론 변이가 처음 등장했을 때, 예측가들은 해당 변이가 델타 변이를 빠르게 대체할 것이라고 정확하게 내다보았다. 그들은 또한 오미크론 변이의 3가지 특징도 미리 짚어냈다. 이 정도면 소위 아마추어 집단치고는 놀라운 예측이다.

① 더욱 강한 전파력
② 백신의 보호 효과 약화
③ 더 낮은 치명률

이상에서 소개한 플랫폼의 미래를 생각해 보면 정말 흥미롭다. 우리는 누구나 불확실한 상황에서도 결정을 빠르게 내려야 할 때가 많다. 이는 시장이나 대기업 CEO는 물론, 경기 침체를 우려하며 주택 구입을 망설이는 청년도 예외는 없다. 그렇다면 오픈 예측 플랫폼이 우리의 의사 결정에 실질적인 도움이 될 수 있을까?

공상 과학 소설 같은 이야기이겠지만, 그러한 일은 이미 일어나고 있다. 키이우에서 리비우로 이사한 메타큘러스 이용자의 사례가 그 증거이다. 그는 키이우에 거주하는 벨라루스 출신의 청년이었다. 2022년 2월, 러시아의 침공 가능성을 우려하던 그는 우연히 메타큘러스를 알게 되었다.

"예측 시장에서는 어떤 말이 오고 가는지 보러 갔을 뿐이에요."

그는 메타큘러스에서 러시아의 침공 가능성이 크다는 예측을 보았다. 그는 익명의 인원으로 구성된 해당 커뮤니티의 판단과 국제 언론 보도를 믿고 먼저 키이우를, 나아가 우크라이나를 떠나기로 결정했다.

◆

메타큘러스를 비롯한 플랫폼의 예측가들이 세상에 알려진 것은 펜실베이니아 대학교 교수인 필립 테틀록(Philip Tetlock)과 바바라 멜러스(Barbara Mellers) 덕이었다. 두 교수가 이끌던 팀은 2013년 미국 정보기관인 정보 고등 연구 계획청(Intelligence Advanced Research Projects Activity, IARPA)에서 후원한 예측 대회에서 우승을 차지했다. 이를 계기로 예측 능력이 특별히 뛰어난 사람이 일부 존재한다는 사실을 실증적으로 증명했으며, 훗날 그들을 슈퍼 예측가(superforecaster)라 칭했다. 그리고 뛰어난 예측가의 판단을 모아 분석하면, CIA 전문가들보다 더 정확한 결과를 낼 수도 있다는 사실도 입증했다. 이후로 테틀록과 멜러스는 더 나은 예측 방법을 꾸준히 연구해 오고 있다.

두 교수는 예측이 하나의 기술이라는 사실을 알아냈다. 첫해에 참가자 중 상위 2%를 선발했는데, 이들은 다음 해에도 다른 예측가를 능가했다. 운이 아닌 실력 덕분임을 증명한 것이다.

멜러스의 설명에 따르면 주관적 예측에는 '기술' 또는 '숙련도'가 존재한다. 하지만 해당 능력은 특정 분야의 전문 지식과 관계없는 일반적인 능력임이 밝혀졌다. 대회에서 제시된 질문은 다음과 같이 선거부터 전쟁에 이르는 모든 주제를 다루었기 때문이다.

- 2년 뒤 미국 대통령은 누가 될 것인가?
- 그해 겨울 시리아에서 얼마나 많은 난민이 탈출할 것인가?
- 중국 경제는 얼마나 빠르게 성장할 것인가?

슈퍼 예측가는 정보를 찾아내고 평가하여 판단을 내리는 데 능숙한 '슈퍼 제너럴리스트(supergeneralists)'[44]였다. 그 예로 뉴욕 농무부에서 은퇴한 관개 시스템 전문가 빌 플랙(Bill Flack)과 같은 사람이 있다. 그렇다면 그들을 특별하게 만드는 것은 무엇인가? 타고난 재능이었을까, 그저 방법의 차이였을까?

테틀록과 멜러스는 타고난 재능과 방법의 차이가 모두 통합된 결과라고 보았다. 플랙과 같은 슈퍼 예측가는 타고난 특성을 몇 가지 갖추고 있었다. 지적이고 호기심이 많으며, 겸손한 데다 숫자도 잘 다루고 우연을 믿으면서 놀라울 정도로 열린 사고방식을 지녔다. 하지만 예측은 훈련으로 연마할 수 있는 기술이기도 하다.

슈퍼 예측가처럼 생각하라.

---

44 여러 분야에 걸쳐 깊이 있는 지식을 갖추고, 이를 통합하여 새로운 가치를 창출하는 사람.

위 목표에 한 걸음 더 다가가고자 나는 더 나은 예측을 위한 7가지 실천 원칙을 다음에 정리하였다.

[PRINCIPLE 1]
확률로 예측하라

슈퍼 예측가는 예측 결과를 확률로 수치화하여 나타낸다. 이렇게 하면 정확할 뿐 아니라 그들의 판단을 반증할 수 있다. 누군가 강우확률이 90%라고 했으나, 실제로 30%나 빗나간다면 우리는 그 사람에게 예측의 근거가 무엇이냐고 물을 수 있다. 바로 이러한 이유로 예측 시장 바깥에서는 확률을 공개적으로 제시하는 사람이 거의 없다.

언론인이나 평론가를 비롯한 미디어 논객은 자기만의 모호한 방식으로 예측하기를 선호한다. 우리는 흔히 누군가 장관이 '될 수도 있다.'라거나 '가능성이 있다.'라고 말하지만, 가능성이 실제로 얼마인지는 밝히지 않는다. 이러한 자기 방어법은 그들도 인간이기에 이해는 되지만, 다르게 말하면 속임수이기도 하다.

예측을 진지하게 받아들인다면 숫자를 요구해야 한다. 영국은 펜데믹 당시 정부 자문을 맡은 역학자에게 그러한 요구를 했다. 역학자들은 주관적인 평가를 제공했지만, 그 표현만큼은 정확한 수치를 나타냈다. 그 예로 가능성이 매우 낮다는 말은 사건이 일어날 확률이 약 15% 정도라고 보았다. 반면 가능성이 있다는 표현은 거의 50%의 확률을 나타낸다.

가능성	<	5%	가능성 거의 없음
		10%	가능성 매우 낮음
		20%	
		25%	가능성 낮음
		35%	
		40%	가능성 있음
		50%	
		55%	가능성 높음
		65%	
		75%	
		80%	가능성 매우 높음
		85%	
		90%	
	>	95%	거의 확실함

[PRINCIPLE 2]
보정도를 중시하라

슈퍼 예측가는 가능하다면 자기 예측이 자주 적중하기를 바라지만, 그보다 더 중요하게 여기는 기준이 있다. 가상의 슈퍼 예측가 2명의 결과를 살펴보자. 두 사람 모두 71%의 정확도(accuracy)를 달성했는데, 이는 그들의 예측이 실제로 적중한 비율을 나타낸다.[45] 하지만 둘 중 전자가 더 나쁜 예측가이다. 그의 예측은 **보정도**(calibration)가 낮기 때문이다.

예측가 A

예측	99%	99%	99%	99%	99%	99%	99%
성공	X	O	O	O	O	X	O

예측가 B

예측	60%	60%	90%	90%	60%	60%	60%
성공	X	O	O	O	X	O	O

예측가 A는 자신이 제시한 정밀도를 충족하지 못했다. 예측이 빗나갈 확률은 1%에 불과하다고 예측했으나, 실제로는 29%의 확률로 빗나갔다. 반면 예측가 B는 자신이 제시한 확률만큼 정확하게 맞혔다. 그가 60%의 확신으로 예측했을 때, 실제로 다섯 번 중 세 번이

45 　이러한 평가는 확률적 예측의 정확도를 과도하게 단순화한 방식으로, 예측을 이분법적으로 처리한다. 즉 사건 발생 확률이 50%보다 높으면 사건이 일어날 것으로, 그보다 낮으면 그렇지 않으리라고 해석한다. 그러나 정확도를 측정하는 데는 더 나은 방법이 있다. 이에 널리 사용되는 지표로 브라이어 점수(Brier score)가 있다. 어느 모델이 100%의 확신으로 예측하고, 그 예측이 매번 맞는다면 브라이어 점수는 0이 되어 매우 정확한 예측이 된다. 반대로 100%의 확신이라도 매번 빗나간다면 브라이어 점수는 2가 되어 완전히 부정확한 예측이 된다. 그 사이에는 수많은 회색지대가 있다. 따라서 얼마나 신중하게 예측하며, 예측을 얼마나 자주 맞히느냐에 따라 정확도가 달라진다.

맞은 한편, 90%의 경우 두 번의 예측이 모두 적중했다.

높은 보정도는 사람이나 모델의 예측이 신뢰할 만한가를 판단하는 기준이다. 이는 확률 예측에 흔히 제기되는 비판에 대한 대답이기도 하다. 그 예로 아래와 같은 비판이 있다.

> "예측에 퍼센트를 쓰는 건 반칙이다. 틀릴 수가 없지 않은가. 클린턴이 당선될 확률이 71%라고 해 놓고 진짜 당선되면 적중했다고 할 테고, 낙선하면 떨어질 확률도 29%였다고 할 테니까 말이다."

반론은 명확하다. 예측 실력을 평가하려면 반복적인 예측이 필요하다. 여러 건의 예측을 살펴야 사건이 실제로 예상한 확률에 상응하는 빈도로 일어나는가를 검증할 수 있다. 60% 확률을 부여했을 때, 그 결과는 열 번 중 여섯 번쯤, 90%는 열 번 중 아홉 번 정도 발생해야 한다.

메타큘러스 플랫폼에서는 자체적인 예측 보정도가 높다는 것을 증명하기 위해 모든 예측 데이터를 공개한다. 아래 그래프 하나만으로도 특정 확률이 부여된 사건이 실제로 그에 맞는 빈도로 발생했음을 확인할 수 있다. 그래프의 점들이 대각선을 따라 분포한 모습이 그 증거이다.

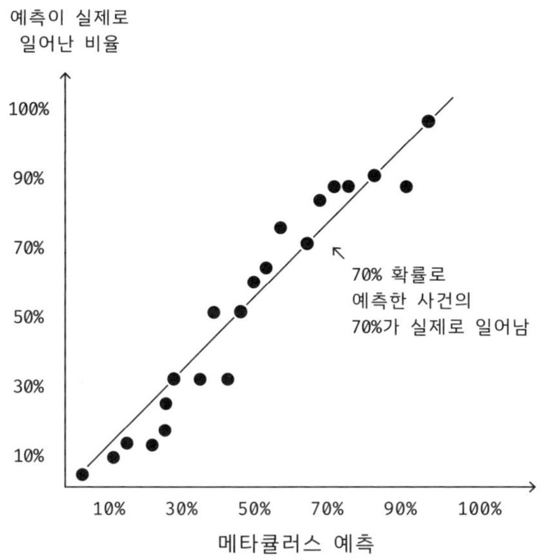

출처: 메타큘러스, 2022. 4. 10.

[PRINCIPLE 3]

스펀지처럼 생각하라

테틀록 교수는 전문가의 유형을 여우형과 고슴도치형으로 나눈다. 고슴도치형은 하나의 거대한 이론과 자신의 사고를 지배하는 단일한 내러티브를 고수하는 반면, 여우형은 많은 것을 안다. 그리고 고슴도치형은 넘치는 자신감으로 정교한 이야기를 설득력 있게 들려주지만, 예측이 빗나가는 경우가 많다.

나는 두 유형의 예측가를 '망치형'과 '스펀지형'으로 부르는 편을 선호한다. 어느 쪽이 여우형이고 고슴도치형인지 늘 헷갈리기 때문이다. 망치형 예측가는 단일한 논리를 모든 상황에 적용하려 든다. 망치에게는 세상 모든 것이 못처럼 보이듯 말이다. 선거 예측 때마다 "결국 다 경제가 결정하는 거야, 이 멍청이들아!"라고 외치는 경제학자들이 그 대표적인 예이다. 또 다른 예로 푸틴이 우크라이나를 침공할 지정학적 명분이 없다는 말로 침공 가능성을 일축한 지정학 전문가도 있다. 그들은 제국주의와 인종, 민족주의에 관한 푸틴의 왜곡된 신념 같은 요소는 철저히 외면했다.

망치형과 달리 스펀지형 예측가는 다양한 관점을 열린 마음으로 받아들인다. 특정한 내러티브에 매달리지 않고, 새로운 정보를 수용하여 판단을 조정한다. 그들은 융통성 있고 호기심이 많으며, 더 민감하게 반응한다. 새로운 사실을 알게 되면 배운 내용을 반영하여 생각을 바꿀 줄도 안다. 그리고 자기 주장과 충돌하는 정보를 모조리 무시하는 망치형 예측가의 오류를 경계한다.

그뿐 아니라 스펀지형은 반론 제시에도 능하다. 이는 예측에서 유용성이 입증된 기법이다. 어떠한 입장이든 반대 논리가 존재하기 마련이며, 이를 인식하는 것이 중요하다.

이 유형에 속하는 사람들은 듣는 능력 또한 뛰어나다. 다른 관점에서 세상을 보려면 그 관점을 깊이 이해할 필요가 있다. 반대 의견을 주장하는 사람이 "그래, 내 말이 그 말이야!"라고 할 만큼 그 견해를 정확하게 설명할 수 있어야 한다. 이러한 훈련은 매우 가치 있지만 쉽지 않다. 우리는 본능적으로 자기 생각과 반대인 주장을 왜곡하여 쉽게 무시하려는 경향이 있기 때문이다.

[PRINCIPLE 4]
과거에 일어난 사건을 고려하라

열정적인 예측가는 태양 아래 새로운 것은 많지 않다는 사실을 알고 있다. 이처럼 모든 상황은 과거의 사건과 공통된 특징을 지닌다. 어떠한 일을 예측할 때, 그것이 아무리 전례 없어 보이는 비슷한 상황이라도 과거에는 주로 어떻게 끝났는가를 자문해 보아야 한다.

예를 들어, 우크라이나 침공이 전격전(blitzkrieg)[46]으로 끝날지를 판단하려 했다면 현대 전쟁이 평균적으로 얼마나 오랫동안 지속되었는가를 조사해 볼 수 있었을 것이다. 대개 몇 달 또는 몇 년간 이어졌는가? 이와 다르게 몇 주 안에 끝나는 사례는 얼마나 자주 있었는가? 물론 각각의 사례는 고유하더라도, 이러한 일반화를 통해 예측의 출발점이 되는 수치를 얻을 수 있다.

46　제2차 세계대전 초기에 독일군에서 세운 작전으로, 적의 방어선을 빠르게 돌파하여 단기간에 전쟁을 끝낼 목적으로 기동과 기습을 최대한 활용하는 전략을 이른다.

[PRINCIPLE 5]

추론할 때 베이즈 이론을 떠올려라

예측에 베이즈 이론을 활용하는 것도 좋은 전략이다. 이는 사건의 사전 확률을 먼저 부여한 뒤, 새로운 증거가 등장할 때마다 확률을 갱신하는 방식이다. 이 책의 스페인어 초판을 집필할 당시, 나는 2022년 카타르 월드컵에서 스페인이 우승할 확률을 추정해 볼까 생각했다. 접근 방식은 다음과 같았다.

월드컵에 32개 팀이 출전한다면 사전 확률은 1/32, 약 3%이다. 그런데 다른 데이터를 찾으면 그 수치를 조정할 수 있다. 그 예로 FIFA에서 각 팀의 전력 측정에 활용되는 엘로 랭킹(Elo ranking)[47]을 참고할 수 있다. 세계 축구 국가대표팀 평점 사이트 엘로레이팅스(Eloratings)에 따르면, 당시 스페인은 최근 성적 기준 5위를 차지한 강팀이었다. 이는 스페인의 우승 확률이 평균보다 높다는 뜻이었다.

이전 월드컵에서는 거의 항상 엘로에서 상위권에 오른 팀이 우승을 차지했다. 2014년에는 3위였던 독일이, 2010년에는 2위였던 스페인이, 2006년에는 7위였던 이탈리아가, 1998년에는 4위였던 프랑스가 우승했다. 2002년에 엘로 랭킹 18위였지만 우승한 브라질은 예외였다.

47　엘로 랭킹은 '엘로 평점'에 기반한 순위로, 미국의 물리학자이자 체스 선수인 아르파드 엘로(Arpad Elo)가 체스 및 다른 분야 선수의 실력을 점수화하기 위해 고안한 측정 방식을 말한다.

상위 10개 팀이 우승 확률의 90%를 나눠 가지며 그 안에서 순위에 따라 차등 배분된다고 가정해 보자. 따라서 1위 팀의 확률은 15%, 10위 팀의 확률은 5%가 된다. 나는 5위였던 스페인의 우승 확률을 10%로 추정했다. 대략적으로 설정한 수치이기는 하지만, 각 구간을 보다 정밀하게 조정하는 것도 가능하다. 무엇보다 핵심은 새로운 정보가 추가될 때마다 예측을 계속해서 갱신해 나가는 과정 자체에 있다.

많은 예측가가 이상의 추론 방식을 따른다. 다소 기계적인 면이 있지만, 바로 그 점이 중요하다. 직관은 예측에 지나친 요동이나 경직을 주어 우리를 쉽게 속일 수 있기 때문이다.

우리는 때때로 새로운 이야기에 휘둘려 기존의 기대를 완전히 뒤바꾸곤 한다. 그 예로 월드컵 직전에 스페인의 최고 선수가 부상을 입는다면, 우승은 거의 불가능하다고 생각하기 쉽다. 하지만 선수 1명의 부상은 그렇게 결정적인 변수가 아니다! 따라서 처음부터 충분한 데이터를 바탕으로 사전 판단을 신중하게 내려 두면, 그러한 감정적 기복에게서 자신을 지킬 수 있다.

또는 자신의 선입견과 충돌하는 생각을 무시하고 싶은 유혹에 빠질 때도 있다. 스페인이 월드컵에서 우승할 수 없다고 확신하는 사람과 논쟁을 벌이고 있다고 상상해 보자. 그는 확신의 근거가 스페인 선수의 어린 나이와 경험 부족 탓이라고 주장한다. 당신은 비슷한 조건에서도 우승한 팀을 여럿 떠올리면서 그의 주장이 빈약해 보임을 느낀다. 당신은 그 말을 곧바로 무시하고 싶어지겠지만, 조심해야 한다. 이는 당신의 사전 입장을 지나치게 방어하려 한다는 점에서 비합리적인 반응이다.

물론 그 반대로 상대방의 주장에 휘둘리지 않더라도 다행인 일이다. 실제 스페인 팀 선수의 경험 부족이 결정적인 변수는 아니지만, 여전히 고려해야 할 요소에 해당하니 말이다. 만약 그 요소가 당신에게 새로운 정보라면, 베이즈처럼 사고하면서 예측을 갱신하는 과정이 더 합리적이다. 처음에 스페인의 우승 확률을 10%로 생각했다면, 이제는 9% 정도로 낮추는 것처럼 말이다.

[PRINCIPLE 6]
다양한 판단을 잘 종합하라

예측 플랫폼의 여섯 번째 비결은 다수의 판단을 종합하여 평균값을 구하는 데 있다. 집단이 내놓은 예측값의 단순 평균 또는 중앙값만으로도 거의 모든 개인의 예측보다 더 정확한 결과를 얻을 수 있다. 이것이 곧 '대중의 지혜(the wisdom of crowds)'이며, 그 개념은 직관적으로 쉽게 이해할 수 있다. 사람들은 저마다 각기 다른 정보와 편향을 지니고 있으며, 그것들이 모이면 서로를 보완할 수 있기 때문이다. 이는 무릎 수술을 앞두고 다른 정형외과 의사에게 진단을 받아 보는 것과 같은 이치다.

[PRINCIPLE 7]
정확성 하나에 매진하라

행동을 이끄는 단 하나의 목적성이 슈퍼 예측가의 마지막 특징 이다. 그들에게 중요한 것은 오직 하나, 정확도이다. 당신의 평판과 수익이 전적으로 예측의 정확도에만 달려 있다고 상상해 보자.

하지만 현실 세계에서 사람들은 매우 다양한 목적으로 예측을 한다. 그 예로 정확함보다 재미에 초점을 둔 예측에 관심을 둔 언론 인, 청중의 이념적 성향을 만족시키는 데 전념하는 분석가가 있다. 설득력 있어 보이는 예측을 우선시하는 컨설턴트, 그리고 사람들을 위한다는 명분으로 그들의 행동을 바꾸기 위해 판단을 특정한 방식 으로 표현하는 역학자도 예외는 아니다.

공적 담론에서 의견이 주목받는 이유는 단순히 신뢰할 만한 예 측을 하기 때문만은 아니다. 쉽고 설득력 있게 말하거나, 특정 이념 을 뒷받침하거나 선한 의도가 있는 등 다른 이유로도 관심을 끈다. 이는 수많은 조직 내부에서도 마찬가지다. 그러므로 누군가의 예측 을 들을 때는 말하는 이의 목적이 정확한 예측인지, 아니면 의식적 또는 무의식적으로 그 밖의 동기가 작용한 것인가를 자문해야 한다.

그러한 현실 외에 또 다른 문제는 누구도 다른 사람의 예측 실 패를 기록하지 않는다는 점이다. 이는 왜곡된 동기를 낳기 쉽다. 평 판이 좋은 분석가라면, 큰 실수가 곧 치명적인 타격이기에 예측에서 보수적으로 접근할 것이다.

반면에 이름을 알리고 싶은 예측가는 별난 예측을 내놓고 싶어 할 것이다. 설령 실패하더라도 아무도 신경 쓰지 않으니 다시 시도하면 그만이기 때문이다. 그러나 일곱 번의 시도에서 단 한 번만 맞히더라도, 그들은 목적을 달성할 수 있다. 그러면 불가능해 보이는 일이 일어날 수 있음을 경고한 사람이라는 평가를 받는 것이다.

지금까지의 내용을 요약해 보자. '하지만요', '잘 모르겠습니다.', '그건 좀 복잡한데요.' 같은 말로 사람들에게 지루함을 선사하는 전문가가 있지 않은가? 그들의 예측은 자주 적중한다. 그러나 자신감 넘치고 그럴듯한 이야기로 사람들을 사로잡는 전문가는 오히려 예측이 실패하는 경우가 잦다.

RULE 56

모든 갈래의 결과

딜레마에도 균형을 유지하라

닿지 않는 이상

우리는 세상이 온통 딜레마 투성이임을 이해해야 한다. 그리고 우리는 유토피아 사회의 실체가 어떠한지도 모른다. 이것이 유토피아 사회가 존재하지 않는 이유이다.

우리는 흔히 자신의 결정에 따른 결과를 간과한다. 가령 정원이 딸린 집을 살 때를 상상해 보자. 우리는 바비큐 파티를 즐기는 모습을 상상하지만, 잔디 관리나 지방세는 생각하지 않는다. 그 정도 부담은 미래의 자신에게 맡기면 그만이다. 하지만 몇 년이 지나 정원에 잡초가 무성해질 즈음이면 과거의 자신을 떠올리며 후회할 것이다. 그런데도 다음 날이면 또다시 비슷한 일이 반복된다.

위와 같은 유형의 결정은 이번에만 다섯 번째 언급하는 인물인 통계학자 앤드루 겔먼이 '일방적 베팅의 오류(the fallacy of the one-sided bet)'라고 부르는 것이다. 이는 우리가 불확실한 상황에서 추론할 때 저지르는 실수에 해당한다. 겔먼은 수업에서 그 개념을 설명할 때, 학생들에게 다음과 같이 묻는다.

"즉사할 확률이 10억 분의 1인 조건을 받아들이는 대가로 당신은 얼마를 받을 것인가?"

학생들은 아무리 많은 돈을 받아도 즉사의 위험은 감수하지 않겠다고 말한다. 하지만 그것은 사실이 아니다. 우리는 푼돈이라도 아끼기 위해 조금이라도 더 저렴한 가게로 가려고 한다. 그리고 가게로 향하는 길을 건널 때마다 아주 미미하더라도 차에 치일 위험을 감수하고 있다.

일방적 베팅의 문제는 단순히 옳고 그른 결정을 내리느냐에 관한 것이 아니다. 주목할 점은 문제에 남은 절반을 고려하지 않은 채 결정을 내린다는 것이다. 길을 건너기로 할 때, 우리는 그저 저렴한 가격으로 아낄 수 있는 푼돈만 생각할 뿐 그 대가로 치를 수 있는 비용은 고려하지 않는다. 그것이 2분이라는 시간이든, 극도로 낮은 확률로 차에 치이는 것이든 말이다.

문제의 절반만 보지 않도록 주의하자.
결정은 대부분 보기보다 훨씬 복잡하면서
즉각적으로 명확하게 드러나지 않는
딜레마를 감추고 있다.

우리는 끊임없이 일방적 베팅의 오류를 저지르며 살아간다. 이는 일종의 모순적 행동이다. 이를테면 탄소 배출을 없애야 한다고 주장하면서도, 탄소 배출이 금지되면 비행기를 탈 수 없다는 사실은 간과하는 것처럼 말이다. 한편 다른 이는 정당방위를 상상하며 총기를 소지할 권리를 요구하지만, 정작 자신이 총기로 위협받을 가능성 또한 높아진다는 점은 외면한다. 이처럼 딜레마란 정말이지 깊이 생각할수록 어려워진다.

그 예로 비행기에 설치된 폭탄을 해제하기 위해 죄수를 고문해야 할 도덕적 의무가 있을까? 다들 그렇다고 생각하기 쉽지만, 사실 우리는 그 결정이 불러올 모든 갈래의 결과를 전부 보지 못하고 있다. 한편으로 죄수를 고문하면, 그 형제가 내 집에 또 다른 폭탄을 설치할 수도 있다. 결국 우리의 선택이 장기적으로 어떠한 영향을 미칠지 모르는 일이다. 한 사람을 고문해서 100명의 승객을 구할 수 있다고 하더라도, 국가 차원에서 그러한 행위를 정당화한다면 앞으로 얼마나 많은 사람이 고문을 당할 것인가?

개인적으로 가장 좋아하는 일방적 베팅은 우리가 복권 구매를 정당화할 때 흔히 내세우는 논리다. 아마 다음과 같은 말을 들어 본 적이 있을 것이다.

"2파운드를 쓴다고 생활이 달라지지는 않지만, 200만 파운드를 받을 가능성이 조금이라도 생긴다면 인생이 바뀔 수 있다."

얼핏 그럴듯해 보인다. 2파운드는 큰돈이 아니고 백만장자가 될 가능성이 조금이라도 있는 편이 전혀 없는 것보다 훨씬 낫지 않은가? 하지만 이 논리에는 2가지 함정이 숨어 있다.

첫째, 실제로 2파운드만 낭비하게 되는 경우는 거의 없다.

둘째, 더 본질적인 오류는 2파운드를 잃는 일이 늘 사소한 일만은 아니라는 사실이다.

2파운드라는 돈은 어쩌면 삶의 질을 바꿀 멋진 직장에 취업하기 위한 정장을 사는 데 꼭 필요한 금액일 수도 있다. 물론 정장을 입었다는 이유만으로 채용될 가능성은 적다고 생각할 수 있다. 맞는 말이다. 하지만 복권에 당첨될 가능성도 그만큼이나 희박하다.

◆

일방적 베팅의 오류는 세상의 한 특징, 즉 딜레마로 가득하다는 사실에서 비롯되었다. 휴대전화를 생각해 보자. 휴대전화를 한 번이라도 떨어뜨려서 깨뜨린 적이 있는 사람이라면, 애초부터 더 튼튼하게 만들 수는 없었을까 하는 생각이 든 적도 있었을 것이다. 물론 그 질문에 가능하다고 답할 수는 있다. 내구성이 더 좋은 소재로 만들면 되기 때문이다.

하지만 그 대가는 돈뿐만이 아니다. 애플은 아이폰이 튼튼하더라도 파손을 피할 수는 없다고 경고하면서, 실수로 떨어뜨릴까를 걱정한다면 케이스 사용을 제안한다. 그렇다면 뛰어난 보호 기능을 굳이 기본 사양으로 채택하지 않는 이유가 무엇일까? 그 이유는 플라스틱 케이스를 씌운 아이폰은 더 무겁지만 덜 예뻐 보일 것이기 때문이다. 이처럼 튼튼하면서 가벼운 동시에 아름답게 만들기는 불가능하다.

선택은 곧 포기를 뜻한다.

모든 결정에는 딜레마를 내포하고 있다.

무언가를 얻으려면 반드시 다른 것을 희생해야 한다.

고맙게도 당신은 지금 이 책을 읽기 위해 해야 할 다른 일을 멈춰야 했을 것이다. 우리는 이처럼 2가지 측정량이나 속성 사이에 존재하는 긴장을 '트레이드오프(trade-off)'라고 부른다. 내구성이 완벽하면서 동시에 가볍기까지 한 스마트폰을 만들 수는 없다. 2가지 특성 중 하나에 우선순위를 두거나 절충점을 찾아야 한다.

트레이드오프의 개념을 이해하려면 너무 짧은 담요를 생각해 보는 것도 도움이 된다. 담요를 들어 올린 후 어깨를 덮으면 발이 드러나 불편하다. 인생의 모든 것이 그 담요와 같다. 작은 차는 연료를 덜 소모하지만, 사고에서 안전을 보장하지 못한다. 안전을 중시한다면 2t짜리 SUV를 선택할 수도 있겠지만, 그만큼 다른 비용이 발생할 것이다. 운전자는 더 안전해질 수 있지만, 다른 차주에게는 도로에서 더 위험한 존재가 된다. 이처럼 딜레마는 어디에나 있다.

종종 간과하기 쉽지만 심도 있는 예시 하나를 들어 보겠다. 분명 당신은 평등, 정의, 자유, 안전과 같은 원칙을 바람직한 가치라고 여길 것이다. 우리는 대부분 그러한 가치가 더욱 확산하기를 원하며 구성원이 자유롭고 안전하게 살아가는 평등하고 정의로운 사회를 꿈꾼다. 그 목표는 모두 추구할 만한 이상처럼 보인다.

그러나 우리는 그 거대한 이상이 서로 충돌한다는 사실을 잊어

버린다. 절대적인 자유와 안전은 양립할 수 없고, 정의는 신앙적 경건함과 충돌하며, 개인의 자율성과 집단의 응집력은 서로 모순된다. 우리는 자발적이면서 동시에 집단화될 수 없다. 두 요소가 모두 바람직해 보이더라도 말이다. 사상가 이사야 벌린(Isaiah Berlin)은 이러한 딜레마를 한 문장으로 정리했다.

> '사람은 원하는 것을 모두 가질 수 없다. 이는 현실에서뿐 아니라 이론상으로도 그렇다.'

위의 딜레마는 모든 것이 완벽한, 이른바 유토피아 사회에 관한 이야기에서 간과된다. 하지만 그러한 사회가 존재하지 않는 진짜 이유가 바로 여기에 있다. 단지 우리가 유토피아 사회를 실현하기 어려워서가 아니라, 그러한 사회를 상상조차 할 수 없기 때문이다.

유토피아 사회에서는 거친 바다에서도 자유롭게 수영할 수 있을까, 아니면 아이들을 파도에서 보호하기 위해 수영을 금지할까? 그곳에서는 어느 날 밤 기쁨에 겨워 소리를 질러도 괜찮을까, 아니면 모두가 편히 잠들 수 있도록 고성을 금지하는 법이 존재할까? 이들 문제는 넘을 수 없는 장벽이자, 완벽한 해답이 존재하지 않는 진정한 딜레마이다.

이상적이고 유일무이하며 보편적인 사회란 없다. 사람들은 모두 같은 것을 원하지 않는다. 누군가는 안전해야 행복하고, 다른 이는 자극이 있어야 살아 있음을 느낀다. 하지만 이보다 더 근본적인 이유는 바로 우리가 원하는 것을 한꺼번에 다 가질 수는 없다는 점이다.

당신의 인생은 균형을 찾기 위한 결정의 연속이었다. 때로는 자신과도 타협해야 한다. 마음 한구석에서는 '오늘 밤 나가자!'라고 외치지만, 한편에서 '내일 일찍 일어나야 해!'라고 만류할 때가 그렇다. 이처럼 현재에 충실함과 동시에 미래를 생각할 수는 없다. 또는 가정을 이루면서 완전히 자유롭게 살 수는 없다. 인생은 선택의 연속이며, 그 선택은 다른 대안을 밀어낸다. 그리고 밀려난 대안은 흐릿한 기억처럼 사라진다.

◆

여러 목표가 서로 충돌할 때, 우리는 균형을 찾아야 한다. 어떠한 훈련 방식이 테니스 선수에게 가장 효과적일까를 결정하는 것처럼 말이다. 어깨 근육을 더 키워야 할까? 그렇게 늘어난 몇 g의 무게 때문에 움직임이 느려지지는 않을까?

테니스 선수는 강한 스윙을 위한 근력과 코트 위를 민첩하게 누빌 수 있는 가벼움 사이에서 균형을 찾아야 한다. 그렇다면 가장 적절한 중간 지점은 어디일까? 운동선수의 성패는 바로 그러한 결정을 얼마나 잘 내리느냐에 달려 있다.

탁월함은 대부분 균형 속에 이루어진다.

　그렇기에 스포츠와 예술은 어렵다. 내가 하는 일 가운데 가장 비슷하다고 말할 수 있는 것은 글쓰기인데, 글쓰기 역시 무게와 균형의 게임이다. 나는 정확하면서 명료한 글을 쓰고 싶다. 단순한 글도 좋지만, 그렇다고 복잡함을 피해 가고 싶지는 않다. 과장을 좋아하지 않더라도, 독자의 흥미를 위해서라면 그것을 기꺼이 활용하기도 한다.

　무언가에 통달하는 일에는 섬세함을 요구한다. 그 섬세한 균형은 노먼 맥클레인(Norman Maclean)이 묘사한 그의 아버지를 떠올리게 한다. 맥클레인의 아버지는 장로교 목사이자 플라이 낚시꾼이었다. 그는 아버지가 우주에 관한 몇 가지 문제에 매우 확고한 신념이 있었다는 글을 남긴 바 있다.

　'송어와 영원한 구원처럼 아버지께서 생각하는 좋은 것들은 모두 은총에서 온다. 그리고 은총은 예술에서 오지만, 좀처럼 쉽게 손에 닿지 않는다.'

최선의 선택

세상 모든 일에는 항상 딜레마가 존재한다는 사실을 받아들이자.
하지만 딜레마에 맞서 보자.

지난 장에서 현실은 우리에게 어려운 결정을 요구한다는 사실을 이미 살펴보았다. 우리는 얇고 가벼우면서 떨어뜨려도 깨지지 않는 스마트폰이나, 거친 바다를 자유롭게 헤엄칠 수 있으면서 익사 사고가 단 한 건도 발생하지 않는 사회처럼 불가능한 것을 원하기 때문이다. 우리는 모든 것을 가질 수는 없으니, 그러한 목표를 성취할 수 없음을 받아들였다.

그렇다면 우리는 트레이드오프의 관계 속에서 결과를 극대화하기 위해 무엇을 할 수 있을까? 그 해답을 찾으려면 최적화에 관한 통찰로 유명한 이탈리아 경제학자 빌프레도 파레토(Vilfredo Pareto)의 언어를 이해하는 것이 도움이 된다.

출판사와 내가 이 책의 판매 수익과 인세를 어떻게 분배할 것인가를 생각해 보자. 기본적으로 수익이 남는다면 선택지는 무한하다. 나(나의 최적) 아니면 출판사가 수익을 전부 가져갈 수도 있다(출판사의 최적). 또는 수익을 나누거나, 극단적인 분배 방식으로 양측 모두 1유로도 가져가지 못하게 할 수도 있다. 그럼에도 분명한 사실 하나는 나와 출판사의 수익을 동시에 극대화할 수는 없다는 것이다. 이러한 트레이드오프 관계는 다음 그래프로 나타낼 수 있으며, 각 축은 한쪽 당사자에게 돌아가는 이익을 나타낸다.

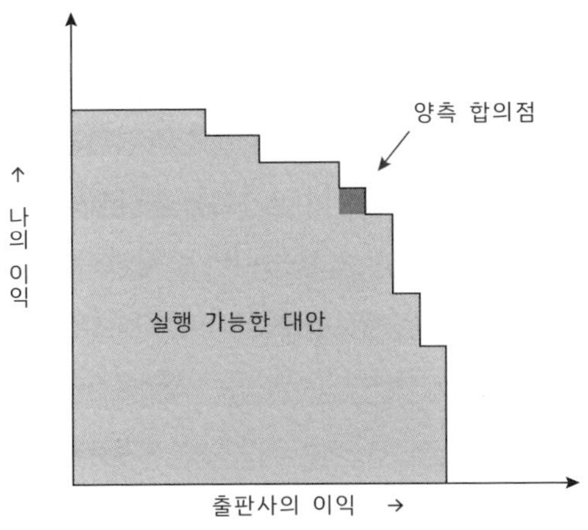

그래프에서 나와 출판사가 합의한 지점을 어두운 회색으로 표시해 두었다. 이론적으로 우리는 실행 가능한 해결책도 선택할 수 있었고, 그 범위는 밝은 회색으로 표시되어 있다. 하지만 그중에서도 최선의 선택지는 그 범위의 한계선에 위치해 있다. 이를 '파레토 최적(Pareto optimum)'이라고 부른다.

파레토 최적은 한쪽의 이익을 극대화할수록 다른 쪽이 필연적으로 손해를 보는 해결책을 말한다. 어두운 회색 부분이 바로 그러한 조건을 만족한다. 내가 더 많은 이익을 가져가는 대안은 반드시 출판사의 손해를 불러오며, 그 반대의 선택지도 있다.

따라서 파레토 최적이 단 하나만 존재하지 않음을 깨달아야 한다. 나의 이익과 출판사의 이익이라는 기준 가운데 무엇을 얼마나 중시하느냐에 따라 서로 다른 파레토 최적의 상황이 존재한다. 이러한 선택지들은 아래 그래프에 나타난 '파레토 전면(Pareto front)'이라고 하는 곡선으로 나타낼 수 있다.

곡선 위에 있는 지점은 모두 한쪽이 더 좋은 결과를 얻으려면 다른 쪽이 손해를 보아야 하는 상황이 불가피함을 나타낸다. 출판사와 나는 협상을 통해 파레토 전면 곡선을 따라 움직일 수 있지만, 이는 양측이 동시에 이길 수 없는 제로섬 게임이다.

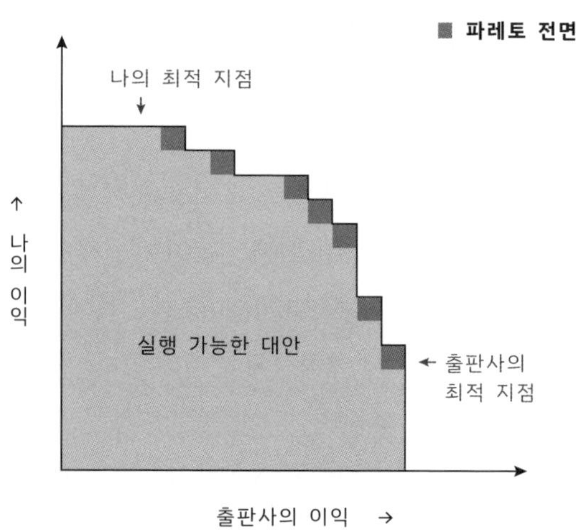

파레토 전면을 시각화하는 일은 갈등 없이 목적을 성취할 수 있는 최선의 방식을 찾는 데 유용할 것이다. 그래프에서 실행 가능함에도 파레토 전면에 도달하지 못한 상황은 '비최적(suboptimal)'이라고 한다. 비최적 상황은 한쪽이 손해를 보지 않으면서도 최소한 다른 한쪽에는 이익이 되는 방향으로 개선할 수 있다. 이를 '파레토 개선(Pareto improvement)'이라고 부르며, 그 예는 다음 두 그래프에서 확인할 수 있다.

이 책이 스페인어 초판본에서 영문으로 번역되어 출간되었을 때 일어난 일을 생각해 보자. 이는 양측이 나눌 수 있는 수익이 갑자기 늘어난 상황이다. 새로운 판본 덕분에 실행 가능한 해답의 범위가 더 넓어진 것이다. 이에 따라 기존 수익 분배 방식이 파레토 최적에서 벗어남과 동시에 여러 방향으로 개선될 여지가 생겼다. 사실 지금 당신이 읽고 있는 이 책 역시 파레토 개선이 이루어진 결과이다.

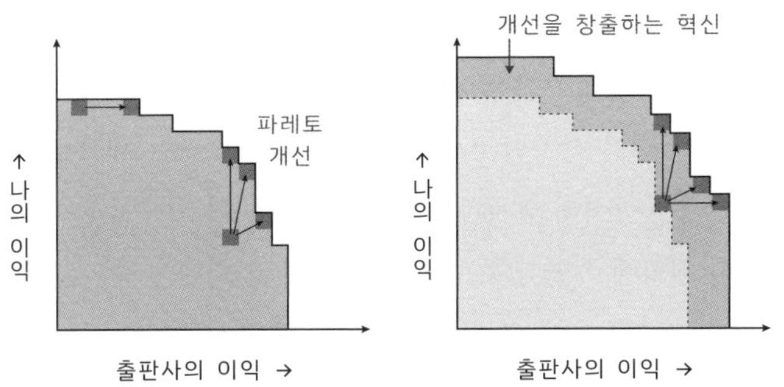

지금까지 출판사와 나의 관계와 같이 서로 다른 두 당사자의 이해관계가 충돌하는 사례를 설명했다. 이러한 딜레마는 비교적 이해하기 쉬운 편이다. 하지만 파레토의 개념은 한 사람의 2가지 목표 사이에 충돌이 발생할 때도 유용하다. 일자리를 선택할 때, 보수가 높은 직장과 휴가가 더 많은 곳 사이에서의 딜레마도 이상에서 제시한 도표를 이용해 나타낼 수 있다. 이 장에서 말하고자 하는 바는 간단하다.

상충하는 이해관계를 조율해야 할 때,
파레토 최적을 활용하자.

파레토가 제시한 개념은 복잡하지 않지만, 이름을 붙이는 것만으로도 우리가 실제로 활용할 수 있다는 점에서 유용하다. 이 책에 제시한 여러 개념 또한 마찬가지이다. 상식에 가까운 내용이지만, 개념을 명명하고 체계화함으로써 더 쉽게 활용할 수 있다. 마치 이미 연습해 본 춤 동작처럼 말이다.

과학자이자 작가인 스티븐 핑커(Steven Pinker)는 새로운 단어를 만들어 내는 능력이 수세기에 걸쳐 인류를 보다 지적인 존재로 거듭나게 한 변화에 속한다고 보았다. 나 역시 그 의견에 동의한다.

그간 우리는 새로운 정신적 개념을 담은 신조어를 만들어 왔다. '비례 관계', '위약', '거짓 양성', '트레이드오프'와 같은 용어들이 그렇다. 이들 단어는 인류 역사상 비교적 최근에 등장한 것이다. 이처럼

단어란 우리 뇌에서 복잡한 개념을 단숨에 떠올리게 하는 주문의 일
종이라고 생각한다면 더없이 아름다워 보일 것이다.

◆

파레토라는 이름을 들어본 적이 있다면, 아마 그 이름으로 명명
된 또 다른 개념인 '파레토 법칙(Pareto principle)'을 기억할 것이다. 이
법칙은 '80/20 법칙(80/20 rule)'이라고도 알려져 있다.

전체 결과의 80%는
원인의 상위 20%에서 비롯된다.

언어를 익힐 때도 파레토 법칙이 적용된다. 처음 배우는 100개
의 단어는 상당히 유용하지만, 수천 개의 단어를 알고 있는 상태에
서는 100개를 더 외워도 체감되는 효과는 거의 없다. 경제학자들이
자주 지적하는 바와 같이 많은 행동에는 체감 한계 수익(diminishing
marginal returns)이 존재한다. 만약 배의 10곳에서 물이 새기 시작한다
면 가장 큰 구멍을 막는 일이 두 번째로 큰 구멍보다 더 효과적이며,
열 번째 구멍보다 훨씬 도움이 될 것이다.

이 장의 원고를 쓸 때도 마찬가지였다. 초고를 쓴 시간은 얼마 걸
리지 않았다. 물론 사례도 조악했고 정의도 부정확했지만, 전달하고
자 했던 가치의 80%는 이미 그 안에 담겨 있었다. 이후 여러 번의 퇴

고로 글이 조금씩 다듬어지기는 했다. 그러나 몇 분 만에 끝났던 초고와 달리 퇴고에는 몇 시간이나 걸렸다.

나는 80/20 법칙에서 서로 모순되는 2가지 교훈을 얻는다. 첫 번째는 완벽을 위해 애쓰지 말아야 할 때가 많다는 점이다. 완벽을 추구하다 보면 오히려 충분한 것도 망치기 마련이다. 에너지의 20%만 들여서 결과의 80%를 얻을 수 있다면, 대부분의 상황에서 그 이상을 희생할 가치는 없다.

나는 파레토 법칙을 대부분 구매 결정에 적용한다. TV를 고를 때를 생각해 보자. 사양을 하나하나 읽고 스프레드시트를 만들어 여러 모델을 비교한 뒤, 토요일 하루 동안 최저가 매장을 찾아다닐 수도 있다. 이는 실제 경험담으로, 그 방식이 내 성향에 맞았기 때문이다. 하지만 TV에 특별한 애정이 있지 않다면 그렇게까지 하는 것은 시간 낭비다.

요즘은 **와이어커터**(Wirecutter)[48]라는 웹사이트를 이용한다. 이 사이트에서는 꼼꼼한 분석을 바탕으로 질 좋은 제품을 추천한다. 나는 그 제품을 그대로 구매한다. 이 방법은 TV를 고를 때 아주 효율적이다. 최소한의 시간만 들여도 좋은 제품을 구매할 수 있기 때문이다.

파레토 법칙은 완벽주의가 함정이 되는 이유도 설명한다. 개인적으로 꼼꼼한 사람이 시간이 지나면서 때때로 자기 능력만큼 성과를 내지 못한다는 사실을 알게 되었다. 자신에게 너무 엄격하다 보니

---

48 미국의 제품 리뷰 및 추천 전문 사이트로, 최근 뉴욕 타임스에 인수되었다.

오히려 할 수 있는 일의 범위가 제한되기 때문이다.

구직할 때 커버레터(cover letter)[49] 하나를 완벽하게 준비하는 데 온 신경을 쓰는 사람이 있다. 차라리 적당히 잘 쓴 커버레터를 20곳에 보내는 편이 더 나을지도 모른다. 꼭 10대가 흔히 저지르는 실수 같지 않은가.

10대 청소년들은 누군가에게 푹 빠지면, 그 사람의 호감을 사기 위해 크나큰 노력을 기울인다. 완벽한 선물을 준비하거나 별의별 시도를 다 해 본다. 하지만 인생은 대개 완벽함과 거리가 멀다. 현실은 훨씬 더 무작위적이고 예측하기 어렵다. 결과적으로 하나의 정교한 시도에 대부분을 몰두하기보다는 주사위를 여러 번 굴리는 방식이 더 나은 결과를 가져온다. 일자리를 구할 때나 연애 상대를 찾을 때 모두 마찬가지다.

하지만 80/20 법칙은 이따금 반대로 행동해야 한다는 교훈도 함께 준다. 정말 중요하면서 탁월한 결과를 바라는 일에는 모든 세부 사항에 최선을 다해 신경 써야 한다. 그리고 마무리에 전체 에너지의 80%를 쏟을 각오가 필요하다. 그런데도 우리는 제대로 정리되지 않은 자잘한 부분이 전체 자원의 80%를 잡아먹는다는 사실을 받아들여야 한다.

엘리트 운동선수가 그 대표적인 예이다. 체조 선수 시몬 바일스(Simone Biles)는 자신을 극한으로 몰아붙이지 않았다면 올림픽 메달리

49　지원 직무와 그 연관 경험 및 성과, 직무 적합성 및 면접 의지를 표현하는 짧은 글을 말한다.

스트가 되지 못했을 것이다. 그녀가 쏟은 노력의 20%만으로도 대부분이 상상할 수 없는 동작을 해낼 수 있었겠지만, 역사상 최고의 선수로 남기에는 분명히 부족했을 것이다. 체조는 극히 사소한 차이로 승패가 갈리는 순위 경쟁 스포츠이기 때문이다. 바일스가 다른 선수보다 단 5% 더 뛰어나더라도 그 정도를 달성하기 위해서는 지옥 훈련이 필요했을 것이다.

균형은 노력을 어디에 집중할지를 현명하게 선택하는 데서 온다. 나는 TV를 살 때 고작 5% 정도의 노력만 기울였지만, 글쓰기를 시작했을 때는 90%를 쏟아부었다. 당시에는 글솜씨가 부족했던 터라 사람들이 내 글을 읽게 하려면 열심히 노력할 수밖에 없었다. 지금은 모든 글에 그렇게까지 몰두하지는 않지만, 여전히 다른 기자들에 비해 쓰는 글의 양은 그리 많지 않다.

에너지는 우리의 가장 소중한 자원이다. 따라서 우리는 삶과 일에서 에너지를 어디에 집중할지를 스스로 선택해야 한다. 이 문제는 본질상 정답이 없으므로, 파레토가 해결해 주지 못하는 딜레마이다. 하지만 파레토의 법칙은 딜레마를 이해하는 데 도움을 준다.

계획주의자의 꿈

모든 것을 체계화하려는 꿈을 꾸던 한 러시아 수학자가 있었다. 그의 발자취를 따라가며 최적화의 개념을 살펴보자.

1938년, 레오니드 칸토로비치(Leonid Kantorovich)는 수학이 세상을 더 나은 방향으로 나아가게 하리라고 확신하던 소련의 젊은 교사였다. 그가 믿던 변화는 이미 시작되고 있었다. 인류는 수천 년의 암흑기를 지나 이성을 바탕으로 한 통치의 시대에 접어든 것이다. 칸토로비치의 조국은 여전히 궁핍했지만, 번영의 미래를 그릴 수는 있었다. 고속 비행기와 전 가구에 빠짐없이 작동되는 난방 설비, 그리고 조부모 세대가 상상조차 할 수 없을 만큼 다양한 영양소 섭취가 가능한 미래 말이다.

칸토로비치는 당시 혁명의 최전선인 러시아에 산다는 사실을 행운으로 여겼다. 러시아는 인류가 처음으로 논리에 따라 미래를 설계하려는 나라였기 때문이다. 이 러시아 경제학자는 소비에트 연방이 절정기를 누리던 시기에 살았다. 이에 프랜시스 스퍼포드(Francis Spufford)는 《붉은 풍요(Red Plenty, 국내 미출간)》에서 그 시절을 회상한다.

1950년대 중반부터 1960년대 초까지 소비에트 연방은 사회 체제 경쟁에서 밀리고 있다고 보이지 않았다. 당시 러시아는 무려 스푸트니크와 유리 가가린의 시대에 있었다. 이와 같이 우주 경쟁에서 앞서 있었으며, 공산주의 경제 체제 덕에 수많은 서방 분석가의 주목을 받았다. 마치 중국의 경제력을 이야기하는 오늘날처럼 말이다. 그때는 두 경제 체제 사이에 경쟁이 있었으나, 어느 쪽이 우위에 있는지는 아직 분명하지 않았다.

서구에는 시장 경제 체제가 있었지만, 소련에는 자본주의 세계에 없는 것이 있었다. 바로 계획 경제였다. 오늘날 우리는 그 꿈이 실패로 끝났음을 알고 있다. 한 나라의 생산성을 체계화하는 일은 예상보다 훨씬 더 어려운 일이었지만, 당시에는 그 사실이 분명하지 않았다. 1940년이나 1955년에 살던 이의 입장이라면, 계획 경제의 장점이 눈에 쉽게 들어왔을 것이다. 무질서한 시장이 더 효율적일 리가 있었겠는가?

소련의 생산 체계는 국가의 소유였으며, 모든 인구의 수요를 넉넉하고 효율적으로 충족하도록 조율할 수 있었다. 이처럼 합리적인 경제 체제가 혼란과 낭비로 점철된 자유 경쟁보다 뒤떨어질 수 있단 말인가? 세탁기를 생각해 보자. 자본주의 세계에서는 수십 개의 기업이 세탁기를 만들며, 최대한 적은 비용으로 필요 이상을 생산하여 부자가 되기만을 노린다. 이와 대조적으로 러시아에서는 필요한 수량을 계산하면서 품질을 보장할 수 있었다.

계획 경제를 믿던 칸토로비치는 14세에 대학에 입학하여 21세에 교수가 된 조숙한 천재였다. 하지만 그가 노벨 경제학상을 수상한 것은 1938년에 맡은 현장 과제 덕분이었다. 그는 한 합판 공장에서 생산 과정을 개선해 달라는 요청을 받았다. 공장에는 특정 부품을 만드는 여러 기계가 있었고, 소련 국민에게 필요한 할당량을 맞추기 위해 각 부품을 일정량 생산해야 했다.

공장의 운영 방식은 무한할 정도로 다양했지만, 그중에서도 최적의 방식은 분명히 존재했다. 이에 칸토로비치는 문제 해결과 더불어 그보다 더 근본적인 일도 해냈다. 그는 이 문제를 일반화했으며, 수많은 문제가 하나의 수식으로 표현될 수 있음을 깨달았다. 이를 통해 공식화된 그의 기법인 '선형계획법(linear programming)'을 활용한다면 모든 문제를 해결할 수 있다는 사실을 알게 되었다. 칸토로비치의 희망은 1939년에 직접 작성한 보고서에서 엿볼 수 있다.

"지금까지는 모든 문제를 대체로 눈대중이나 직관이라는 다소 임의적인 수단으로 해결해 왔다. 물론 그러한 방식으로 얻은 해법이 최선인 경우는 드물다. 게다가 최적의 해법을 찾는 문제 자체가 제기되지 않는 경우가 많았다. 설령 그렇더라도 대부분은 그 문제를 해결할 수 없었다. 이제는 몇 가지 상황에서 임의의 해법이 아닌, 명확하고 과학적인 방법으로 최적의 해법을 구할 수 있게 되었다."

그는 국가의 부와 국민의 노력을 최대한 활용할 수 있도록 조국이 직면한 모든 문제를 가장 뛰어난 방식으로 해결하고자 했다. 최적화 혁명은 그렇게 시작되었다.

칸토로비치의 기법은 **최적화**(optimisation) 분야에서 선구적이었다. 최적화는 20세기 후반에 급속히 발전한 수학의 한 분야로,[50] 그 핵심은 해답이 무한히 존재하는 문제를 해결하는 데 있었다. 기차 운행을 체계화하는 방식은 무수히 많지만, 다인원 수송 또는 지역 간 이동 시간 최소화 등 목적을 결정하면 마치 마법처럼 작동하여 목적에 가장 적합한 해답을 찾아낸다.

최적화 기법의 발전은 초기 컴퓨터의 등장에 힘입어 이루어졌다. 컴퓨터는 방대한 계산 문제를 전수 조사(brute force) 방식으로 해결할 수 있도록 하였다. 최적화는 문제를 우아하고 정밀하게 풀기보다는 반복에 반복을 거듭하는 방식이다. 이러한 반복적 기법은 수천 가지 해법을 하나씩 시도하면서 점점 더 나은 해법을 찾아 나간다. 마치 어두운 방 안에서 잃어버린 열쇠를 찾는 사람이 다소 무작위적으로 움직이다가 점차 정답에 가까워지는 모습과 같다.

지금까지 칸토로비치 이야기를 한 이유는 무엇일까? 물론 수학적으로 최적화가 필요할 일이 실제로 벌어질 가능성은 매우 적을 것이다. 그러나 최적화 기법을 알고 있다면, 다양한 문제를 다루는 데

50　칸토로비치는 네덜란드계 미국인 경제학자 찰링 C. 코프만스(Tjalling C. Koopmans)와 거의 같은 시기에 러시아에서 최적화의 개념을 발전시켜 갔다. 그들은 미국 공군의 계획 문제를 다루던 조지 B. 댄치그(George B. Dantzig)가 동일한 공식을 고안해 내기 몇 년 전부터 앞서 있었다. 그리고 댄치그는 그 기법을 '선형계획법(linear programming)'이라 명명한다.

매우 유용하기 때문이다.

칸토로비치처럼 사고하면서
최적화로 더 나은 결정을 내리는 방법을 배우자.

칸토로비치가 발견한 바와 같이 대다수 상황은 최적화 문제로 생각할 수 있다. 실행 가능한 여러 대안 가운데서 구체적인 목표를 최대화할 결정을 내려야 한다. 이때 핵심은 문제가 3가지 요소로 정의된다는 사실을 이해하는 것이다.

① **제약 조건(constraints):** 해법이 반드시 따라야 하는 제약으로, 공장에서 사용 가능한 기계의 수 등이 있다. 이 외에도 시간, 에너지, 노동력 등도 모두 제약 요소에 속한다.

② **결정 변수(decision variable):** 바꿀 수 있는 요소를 가리키며, 여기에는 각 작업에 배치할 노동자의 수 등을 포함한다. 결정 변수는 결국 문제 해결이 그 변수의 값을 정하는 데 있음을 뜻한다.

③ **목적(objective):** 달성하고자 하는 바를 말한다. 그런데 이를 제대로 포착하는 정확한 표현이 필요하다. 공장에서의 생산량 최대화를 그 예로 들 수 있다.

위에서 제시한 3가지 요소를 고려하면 어떠한 문제든 훨씬 명확해 보일 것이다. 그렇다면 다음 질문을 마음속으로 던져 보자. 이러한 습관은 당신에게 늘 도움을 줄 것이다.

① 무엇을 바꿀 수 있는가?
② 어떠한 제약 조건을 안고 있는가?
③ 무엇을 달성하고자 하는가?

◆

컴퓨터와 최적화 기법의 결합은 대단히 유용했으나, 첫 등장과 함께 쏟아진 크나큰 기대를 완전히 충족시키지 못한 것도 사실이다. 하지만 최적화는 오늘날 산업 체계화와 교통 규제는 물론, 풍력 터빈에서 전동 스쿠터에 이르기까지 거의 모든 설계를 정밀하게 다듬는 데 일상적으로 사용된다. 또한 경제 이론의 정립과 더불어 현재 인공지능 혁명을 이끄는 신경망 훈련에도 쓰인다.

그러나 알고리즘에 기반한 계획법은 칸토로비치의 기대에 미치지 못했다. 그는 1975년 노벨상 수상과 함께 선형계획법이 불만족스러움을 불러일으킬 수 있다고 인정했다. 모든 것을 체계화하는 데 전념하는 조국을 위해 자신의 아이디어가 기여할 가능성에 매료된 젊은 러시아인을 상상해 보자. 그 러시아인의 머릿속에서 소련은 수백 개의 구리 광산, 수천 개의 공장, 수백만 개의 생산 시설이 서로 맞물리면서 온갖 부품을 만들어 내는 거대한 기계였을 것이다.

우리는 경작지의 면적, 석탄과 철강의 비축량, 트럭 수와 운전사 수 등 제약 조건을 끝없이 떠올릴 수 있다. 그리고 번영을 추구하는 국가에게는 프라이팬과 냉장고, 자동차, 3억 대의 보일러를 가동할 장작의 충분한 생산과 같은 목적이 있을 것이다. 컴퓨터는 그 모든 정보를 매일 새로운 재고와 계획으로 갱신되는 수천 장의 천공 카드(punch card)[51]를 통해 받을 것이다. 컴퓨터는 밤새도록 계산하며 윙윙거리다가 동이 틀 무렵이면 상세한 계획이 빼곡히 적힌 긴 출력물을 인쇄할 것이다.

이상의 내용은 해마다 최적화 기법을 처음 배우는 컴퓨터 공학이나 공학을 전공하는 학생들이 꾸는 꿈과 비슷하다. 우리 눈앞에 있는 컴퓨터는 거의 모든 문제를 즉시 해결할 수 있다. 그것은 마이크로칩 안의 배선을 완벽하게 배치하는 문제에서 박테리아의 행동을 예측하는 문제까지 다양하다. 심지어 일정 관리나 장보기 목록 작성뿐 아니라 이용자가 살기 좋은 도시를 찾는 데도 활용할 수 있다. 이때 필요한 것은 제약 조건과 결정 가능한 사항과 달성하고자 하는 바를 설명한 뒤, 몇 줄의 코드를 실행하는 일뿐이다. 그런데 이 과정이 정말로 간단할까?

정답은 '아니오'다. 수학은 소련 경제뿐 아니라 어느 국가의 경제도 구하지 못했다. 허무맹랑해 보이겠지만, 우리는 결국 모든 것을

51　초기 저장 매체로, 데이터를 표현하기 위해 규칙에 따라 정해진 위치에 직사각형 모양의 구멍을 뚫어 사용하는 종이 카드이다.

대신 체계화해 주는 자애로운 컴퓨터라는 꿈을 포기해야 했다. 그렇다면 최적화는 왜 인간의 문제를 해결하지 못했을까?

그 이유는 우리가 많은 문제를 해결할 능력이 없어서가 아니다. 더 근본적인 단계에서 문제를 제대로 정식화하는 방법조차 모르기 때문이다. 이러한 기법은 우리의 정보가 부족하면 성공에 제약이 따른다. 한 국가의 경제를 완벽하게 기술할 수 있다면, 컴퓨터가 경제 문제를 **해결**할 수도 있지 않았을까.

하지만 우리는 그 정도로 정밀하고 구체적인 설명에 이르기까지는 갈 길이 아직도 한참이나 멀다. 모든 부품의 비용에서 그 부품을 이루는 세부 부품, 그리고 국가의 전체 산업과 공장에서 가동하는 개별 기계의 생산 능력까지 낱낱이 알기란 불가능하다. 이 모든 요소를 측정하는 일은 결코 쉽지 않다. 문제를 제대로 정식화하지 못한다면, 그 문제를 풀 컴퓨터가 있더라도 아무 소용이 없다.

잘못된 문제는 푼다 한들 아무 의미가 없다.
그러므로 해법을 받아들이기 전에
문제의 정식화 여부를 반드시 확인해야 한다.

어려움은 여기서 끝나지 않는다. 설령 우리의 지식이 믿을 수 없을 만큼 방대한 수준이라도 '목표를 정의하는 일'이라는 퍼즐의 마지막 조각은 빠져 있을 것이다. 이는 최적화의 두 번째 함정이다.

완전한 성공을 거두려면 무엇을 '성공'이라고 부를까를 정확히 알아야 한다. 하지만 이 역시 결코 간단한 일이 아니다. 사람들의 풍요를 극대화하고 싶은가? 아니면 돈인가, 시간인가, 행복인가? 앞서 살펴본 바와 같이 이들 요소는 서로 충돌한다. 사람들의 행복을 위해 생산해야 할 점퍼의 수량은 얼마인가? 색상은 몇 가지가 적당한가? 회색 옷만 계속 입는 데 지겨움을 느끼는 사람도 있겠지만, 회색 옷을 만드는 섬유 공장 노동자는 그보다 더할 것이다.

앞으로 수십 년 안에 디지털화의 가속과 인공지능의 발전으로 지금은 다룰 수 없는 거대한 문제를 정식화하고 해결할 수 있을지도 모른다. 분명 매력적인 가능성이기는 하지만, 현재로서는 공상과학의 영역에 머무를 수밖에 없다.

과신의 덫

직관을 맹신하지 말라

톰과 린다

카너먼과 트버스키의 연구는 우리의 직관이 범하는 또 다른 오류를 알고 있다.

톰은 매우 똑똑한 대학생이지만, 진정한 의미의 창의성은 부족하다. 그는 질서정연함과 명료함을 중시하며, 세세한 것마저 모두 제자리에 둔 깔끔하고 정돈된 체계를 선호한다. 톰의 글은 다소 지루하고 기계적이지만, 이따금 공상과학적인 상상력으로 조금은 흥미로울 때도 있다. 톰은 경쟁심이 강하다. 그리고 타인에게 공감은 거의 느끼지 못하는 듯해 보이고, 함께 어울리고 싶어 하지도 않는다. 이처럼 톰은 자기중심적이지만, 도덕의식은 깊은 편이다.

위와 같은 글을 읽을 때, 당신은 톰이 컴퓨터 공학을 공부하는 학생이라고 생각하는가, 아니면 사회과학도라고 생각하는가? 대부분 전자라고 답하겠지만, 실제 비율에 따르면 사회과학 전공자가 컴퓨터 공학도보다 훨씬 많다. 그렇다면 우리는 몇 가지 진부한 고정관념은 내려놓고 그 사실에 더욱 신경 써야 하지 않을까? 어쩌면 그럴지도 모르겠다. 하지만 우리의 뇌는 그렇게 이성적으로 추론하지 않는다.

우리의 직관은 유사성을 기반으로 작동한다. 지금까지도 큰 영향력을 발휘하는 카너먼과 트버스키의 1973년 연구에서는 톰의 사례를 통해 우리가 '대표성 휴리스틱(representative heuristic)'으로 예측한다는 사실을 입증했다. 다시 말하면 우리는 사건의 빈도를 판단할때, 사건과 고정관념의 유사도를 기준으로 삼는다는 것이다. 우리는 톰이 어떠한 사람인가를 추측할 때도 제시된 내용 가운데 머릿속의 선입견과 가장 잘 들어맞는 부분에 주목한다. '내향적 성향'과 '공상 과학'은 '컴퓨터 공학'이라는 고정관념에 더 가까우며, 이러한 연결성은 결국 우리의 판단을 좌우한다.

그러한 사고 과정에는 일정한 패턴이 존재한다.
우리의 직관은 유사성을 바탕으로 추론하며,
고정관념을 남용한다.

위 메커니즘은 여러 상황에 유용하다. 새로운 유리컵을 처음 설거지할 때는 조심스럽게 씻는 것처럼 말이다. 우리는 이전에도 다른 유리컵을 설거지한 경험이 있고, 유리는 깨지기 쉽다는 사실을 알고 있기 때문이다. 그러나 문제는 우리가 연관성에 지나치게 무게를 둔 채로 기본적인 사실을 무시할 때 발생한다.

톰의 사례로 돌아가 보면, 사회과학 전공자가 컴퓨터 공학 전공자보다 10배는 많다는 사실이 있다. 따라서 톰에 관해 아무것도 모른다면, 그가 사회과학 전공자일 확률이 90%라고 보아야 한다. 나

중에 그가 공상과학 소설을 좋아한다는 사실을 알게 되면, 컴퓨터 공학 전공자일 가능성으로 추측을 수정하는 것이 합리적일 테다. 하지만 그 사실 하나만으로 판단을 완전히 뒤집는 것은 지나친 처사다.

'린다 문제(Linda problem)' 또한 대표성 휴리스틱을 보여 주는 유명한 사례이다. 린다를 다음과 같은 인물이라고 상상해 보자.

> 린다는 31세 미혼 여성으로, 직설적이고 매우 똑똑하며, 철학을 전공했다. 성장기에는 차별과 사회 정의 문제에 깊은 관심을 보였고, 반핵 시위에도 참여했다.

그렇다면 위에 제시된 내용을 토대로 현재의 린다에게 질문해 보자. 다음 중 가능성이 더 큰 선택지는 무엇이라 생각하는가?

> ① 그녀는 은행원이다.
> ② 그녀는 은행원이자 활동적인 페미니스트다.

사람들 대다수는 ②를 선택한다. 린다 같은 사람이라면 페미니스트라고 느끼기 때문이다. 하지만 그 이유는 틀렸다. 은행원이면서 동시에 페미니스트일 확률은 각각의 조건을 따로 만족할 확률보다 반드시 낮을 수밖에 없다.

생각해 보자. 페미니스트 은행원은 모두 은행원이기도 하다는 점에서 두 범주를 모두 만족한다. 따라서 두 번째 범주가 첫 번째보다 가능성이 더 크다고 말하는 것은 교집합의 논리를 위반하는 셈이다. 하지만 톰의 사례와 같이 우리는 ②를 더 전형적이라고 느끼며, 이야기에도 일관성을 준다고 여긴다. 린다가 페미니스트라는 점이 그녀에 관한 묘사와 잘 맞아떨어지기 때문이다. 직관은 바로 그러한 논리에 더 큰 비중을 둔다.

이상과 같이 대표성에 기반을 둔 추론은 확실히 문제를 수반한다. 편견을 바탕으로 결정을 내리기 때문이다. 그리고 문제를 일으키는 마음의 지름길은 그뿐만이 아니다.

◆

카너먼은 국제적인 명성을 얻은 뒤에도 트버스키와 함께 연구를 계속했다. 이후 그는 세계적인 베스트셀러 《생각에 관한 생각(Thinking, Fast and Slow)》을 출간했다. 이 책에서는 우리의 뇌가 빠른 사고와 느린 사고의 2가지 방식으로 작동한다는 이론을 제시한다. 그 중에서 느린 사고는 수학 문제를 풀거나, 객관적 추론이 필요할 때 사용하는 방식이다. 그러나 대부분은 직관이 우리를 움직인다.

직관은 경이로운 수단이지만 지름길을 택한다. 사람은 논리와 확률에 따라 움직이는 로봇처럼 이성적이지 않다. 그러므로 우리는 어떠한 상황에서든 반사적으로 촉발되는, 본능에 가까운 마음의 지름길에 의존한다. 이러한 메커니즘은 우리 안에서 저절로 작동하지만, 절대 완벽하지 않다.

카너먼과 트버스키가 증명했듯, 우리는 이제 마음의 지름길이 체계적인 오류를 유발한다는 사실을 안다. 이 장에서는 그 많은 오류 가운데 특히 위험한 유형 하나를 살펴보고자 한다.

**뇌는 결론을 내리는 데 뛰어난 기관이라서
성급하게 판단하려 들 때가 많다.**

인류 진화의 역사에서 인간은 불확실한 상황에도 끊임없이 결정을 내려야 했다. 당시에는 아는 것이 거의 없었지만, 해야 할 일은 많았다. 먹을 것을 구하고, 은신처를 찾거나 포식자를 피해 도망쳐야 했다. 그렇게 우리 뇌는 행동하도록 훈련받아 왔다. 덤불 속에서 사자일지도 모르는 소리가 들리면 뇌는 즉시 도망쳐야 한다고 판단한다. 이처럼 인간은 불완전한 정보만으로 행동해야 했기에 그러한 능력이 발달했다.

하지만 개인적으로는 오히려 그 능력이 오늘날에 들어 불완전하게 작용하는 듯해 보인다. 우리 뇌는 확신이 없다면 아무 행동도 취할 수 없다는 듯, 확실성을 최대한 확보하도록 설계된 것 같기도 하다. 어쩌면 우리가 너무나 성급하게 결론을 내리는 이유는 잘못된 확신이라도 있어야 행동할 수 있기 때문이 아닐까? 마치 뇌가 다양한 확신의 정도를 바탕으로 판단을 내리는 일보다 행동 방침을 선택하는 일을 더 우선시하는 듯이 말이다.

수많은 마음의 지름길이 바로 위와 같은 방식으로 작동한다. 뇌는 답이 없는 것보다 차라리 오답이라도 주는 쪽을 선호하는 듯하다. 그래서인지 우리는 지나치게 빠른 속도로 확신에 이른다. 톰의 사례에서 4가지 정보를 알려 주면, 우리는 그가 컴퓨터 공학 전공자임을 강하게 확신한다. 그 과정에서 망설임은 사라진다.

　이처럼 우리의 판단은 언덕 위에서 어느 쪽으로든 굴러떨어질 운명인 공 같은 처지다. 이때 공은 약간의 정보만으로도 쉽게 굴러가기 시작한다. 그 과정에서 모호함은 우리에게 불편함을 유발한다.

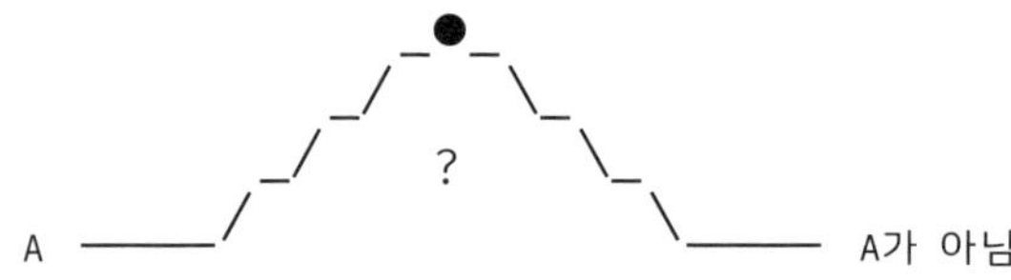

　이상과 같이 성급한 결론과 함께 주변의 불확실성을 부정하도록 유도하는 마음의 지름길을 아래에 정리해 보았다. 제시될 항목 가운데 일부는 이미 살펴본 바 있으며, 나머지는 새로 등장하는 내용이다. 하지만 모든 오류를 억제하는 것이 가장 유익한 선택이다.

[SHORTCUT 1]

항상 패턴을 찾으려 한다

RULE V에서 이미 확인한 사실로, 사람들은 우연을 과소평가하고 불충분한 데이터로 결론을 내린다. 한 선수가 슛을 3연속으로 성공시킬 때, 우리는 그 현상을 하나의 패턴으로 받아들이면서 흐름을 탔다고 말한다. 하지만 그것은 단지 운 덕분일 수도 있다.

[SHORTCUT 2]

세상이 실제보다 덜 불확실하다고 생각한다

우리는 어느 축구팀이 월드컵 우승 후보라는 말을 들었을 때, 우승 후보가 아니던 팀이 월드컵에서 우승한 경우가 80%라는 사실에 놀란다. 대개는 '우승 후보라면 당연히 이겨야 하지 않나?'라고 생각하지만, 현실은 우리의 기대보다 훨씬 불확실하다.

[SHORTCUT 3]

일관성 있는 이야기가 더 설득력 있게 다가온다

한 소녀에 관해 알고 있는 정보가 단 3가지뿐이라고 상상해 보

자. 그 소녀는 쇼핑을 좋아하고 옷이 많으며, 개인 트레이너와 함께 운동을 한다. 소녀를 잠시 생각해 보면, 머릿속에 또렷한 이미지가 떠오를 것이다. 그렇다면 소녀를 어느 정도 안다는 생각이 들면서 다른 특징도 짐작할 수 있을 것이다.

이제 2가지 정보를 더해 보자. 소녀는 안경을 쓰고 책을 많이 읽는다. 이제 그 묘사는 당신의 고정관념에 더는 들어맞지 않기 시작하면서 머릿속에 그려 놓은 소녀의 이미지는 흐릿해진다. 이는 더 많은 정보를 알게 되었음에도 오히려 소녀를 안다고 확신하지 못하게 한다.

여기에는 함정이 있다. 우리는 정보의 양보다 일관성에 더 쉽게 흔들린다. 단순한 이야기가 유독 설득력 있게 다가오는 이유도 바로 그 때문이다.

[SHORTCUT 4]
우리는 개인의 사정을 무시한다

우리는 사람이나 사물, 조직에 이르기까지 저마다의 특성이 각자의 행동을 결정한다고 믿는다. 정직하게 행동하는 사람이 있다면, 우리는 그 사람에게 정직함이라는 미덕의 낙인을 찍는다. 이후 그 사람이 시간이 지나도 항상 정직하게 행동하리라고 여긴다. 하지만 인간은 그렇게 일관된 존재가 아니다. 성격은 맥락과 우연만큼 행동에 큰 영향을 미치지 않는다.

[SHORTCUT 5]
모든 일에 이야기를 만들어 낸다

시간순으로 배열된 사건을 접할 때, 우리는 어떻게든 그 간극을 메워 인과관계를 찾으려 한다. 나에게 이혼한 이웃이 있다고 상상해 보자. 그리고 요즘 헬스장에서 이웃을 항상 마주친다는 말을 당신에게 들려준다면, 당신은 '그 사람이 다시 연애하려고 운동하는 것이 아닐까?'라고 생각할 것이다.

하지만 당신이 그 상황에 관해 정말로 알고 있는 것은 무엇인가? 어쩌면 헬스장에 새로 등록한 사람은 나이고, 이웃은 몇 년째 꾸준히 다니는 회원일 수도 있다. 이처럼 2가지 정보가 임의적으로 주어졌을 때, 여러 정보를 이야기로 엮으려 드는 것이 우리의 자연스러운 추론 방식이다.

본질적으로 우리는 결론을 내리는 기계이다. 이 일에 너무 익숙해진 나머지 종종 그 과정을 서두른다. 이에 트버스키는 사람을 다음과 같이 정의한다.

"사람들은 예측은 거의 하지도 않으면서 모든 것을 설명하려 든다."

1988년, 3명의 심리학자가 인간의 민낯을 드러내는 실험 하나를 진행했다. 그들은 학생들을 모집해 다음과 같은 질문을 던졌다.

① 당신은 전반적으로 얼마나 행복한가?
② 지난 한 달 동안 데이트를 몇 번이나 했는가?

두 질문에 대한 응답 사이에는 거의 아무런 상관관계가 없었다. 데이트와 관계없이 학생들의 행복 수준은 비슷했다. 하지만 실험은 거기서 끝나지 않았다. 세 심리학자는 다른 집단을 찾아 같은 질문을 던지되, 질문의 순서를 바꾸었다. 그런데 결과는 완전히 달라졌다. 갑자기 매우 강한 상관관계가 나타났으며, 데이트를 더 많이 한 학생들이 더 행복하다고 응답했다.

그러한 불일치가 생긴 원인은 쉽게 짐작할 수 있다. 자신의 행복도를 측정하는 일은 나이를 말하는 것처럼 간단하지 않다. 그리고 행복에 관한 질문을 받을 때, 우리는 순간마다 떠오르는 것에 영향을 받는다.

그러나 두 번째 실험에서는 학생들의 머릿속에 데이트라는 개념을 심어 놓았다. 평소라면 행복도를 10점 만점에 7점이라고 답했을 학생에게 최근 데이트 경험이 있다면 8점을 선택할 수도 있다. 반대로 오랫동안 데이트를 하지 않은 학생이라면, 스스로 행복하다고 느끼더라도 연애 중이라면 더 행복할 것 같다는 생각에 7점 대신 6점이라고 평가할 수 있다. 이러한 인지 편향을 '주목 착각(focusing illusion)'이라고 한다.

**사람들은 당장 떠올린 것의 중요성을 과대평가한다.
한 대상에 집중하다 보면, 그것이 실제보다 더 중요해 보인다.**

앞서 살펴본 사례와 마찬가지로, 이 역시 마음의 지름길에 속한다. 우리는 그러한 편향으로 빠른 사고 과정이 성급한 결론으로 마무리되고 만다.

주목 착각은 우리 주변의 모든 일에 영향을 미친다. 교육과정이 개편될 때 교과목과 관련하여 벌어지는 일을 설명하는 데 도움이 된다. 교사는 철학이나 역사, 수학 등 자신이 가르치는 과목이 얼마나 중요한가를 정당화할 이유를 찾는다. 그리고 교사들의 설명을 들으면 설득력이 꽤 있어 보일 가능성이 크다. 그 순간에는 한 과목만을 생각하게 되기 때문이다. 그러면 해당 과목의 장점을 선명하게 보기 시작하면서 다른 과목의 장점은 모두 잊어버릴 것이다.

인간의 편향은 터무니없는 경우에서도 관찰된다. 내가 당신에게 '23건의 연구에서 입증된 바에 따르면 내 생일은 언제일 것 같은가?'라고 물을 때, 당신은 23과 가까운 숫자를 말할 확률이 높다. 그 이유는 단순히 내가 '23'이라는 숫자를 언급했기 때문이다. 이뿐 아니라 사람들은 극단적으로 반응하기도 한다. 처음에는 특정 정보가 중요하지 않다고 말해 놓고, 몇 분도 채 지나지 않아 그 정보를 근거로 예측을 내놓는다.

아래에 있는 불완전한 단어들을 보고 빈칸에 들어갈 글자를 말해 보자. 너무 깊이 생각하지 말고 빠르게 답하자.

GL _ _

_ _ TER   _ _ RE

P _ _ N

이 과제는 에밀리 프로닌(Emily Pronin)의 연구팀에서 고안한 실험의 일부로, 말콤 글래드웰(Malcolm Gladwell)의 저서 《타인의 해석(Talking to Strangers)》에도 소개된 바 있다. 연구진은 실험 참가자를 모집하여 20개 단어의 빈칸을 채우도록 한 다음, 참가자가 쓴 단어에 관해 토론하도록 했다.

나는 첫 번째 단어로 'GLUM(침울하다)'을 떠올렸지만, 두 번째로는 'HATER(혐오자)'를 골랐다고 해서 내가 'WATER(물)'라고 쓴 사람과 본질적으로 다르다고 생각하지 않는다. 프로닌의 실험 참가자도 같은 의견이었다. 한 참가자는 다음과 같이 썼다.

"내가 완성한 단어가 내 모든 걸 드러낸다고 생각하지는 않는다."

그와 비슷한 의견을 제시한 참가자도 있었다.

"PAIN(고통), ATTACK(공격), THREAT(위협) 같은 단어들이 비슷해 보이긴 해도 그게 나에 대해 뭘 말하는지는 잘 모르겠다."

그렇게 참가자들은 단어는 단어일 뿐 자신에 관해 아무것도 드러내지 않으면서 그저 무작위이거나 우연의 결과라는 데는 모두 동의했다. 그 반응은 모두 타당해 보였으나, 상황은 곧 흥미로워졌다. 그다음 단계에서 프로닌은 참가자들에게 다른 참가자의 단어 목록을 건네준 뒤 같은 질문을 던졌다.

"이들 단어가 작성자의 어떠한 특징을 말해 주는가?"

놀랍게도 참가자들은 전혀 모르는 사람에 대해 온갖 해석을 내놓기 시작했다. 한 참가자는 아래와 같이 판단했다.

"이런 단어를 쓴 사람은 허영심이 꽤 있어 보이긴 한데, 기본적으로 괜찮은 사람일 것 같다."

또 다른 이는 작성자의 사생활을 추측하기도 했다.

"평소에 피곤함을 자주 느끼는 사람 같아 보인다. 이성과 친밀한 관계를 맺는 데 관심이 있을지도 모르겠다. 게임도 좋아할 것 같다."

일부 참가자는 얄팍한 심리 분석을 시도했다. 한 참가자는 다음과 같은 말을 했다.

> "'BEAK'라는 단어는 다소 무작위적으로 보이는데, 일부러 집중하지 않으려는 심리 상태가 반영된 것일 수도 있다."

이상과 같이 많은 참여자의 과감한 추측이 이어졌다.

> "이 사람은 경쟁과 승리에 집중하는 것 같다. 아마 운동선수가 아닐까 싶다."

가장 놀라운 점은 앞서 자신이 완성한 단어에 아무 의미가 없다고 주장했던 사람이었다. 그들은 자신의 발언이 무색하게도 낯선 사람에게 혹평을 아끼지 않았다.

> "이 여자는 생리 중인 것 같다. … 그리고 'WHORE(매춘부)', 'SLOT(문란한 여자를 뜻하는 'SLUT'을 변형하여 적은 형태)', 'CHEAT(바람을 피우다)' 같은 단어를 쓴 것으로 보아 자신 또는 다른 이가 부적절한 관계에 있다고 느끼는 것 같다."

프로닌은 이 현상을 '비대칭적 통찰의 착각(illusion of asymmetric insight)'이라고 부른다. 우리는 타인보다 자신이 다른 이들을 더 잘 안다고 확신한다.

글래드웰은 《타인의 해석》에서 비대칭적 통찰의 자각의 또 다른 사례를 소개한다. 그중에서 피고인을 몇 분 동안 관찰하기만 해도 그 사람의 성격을 판단할 수 있다고 믿는 판사들, 오로지 직관만으로 충성스러운 스파이와 이중간첩을 구별할 수 있다고 생각한 쿠바 CIA 요원들 말이다. 물론 그러한 판단은 모두 틀렸다.

이상에서 소개한 착각의 사례는 아무런 근거도 없이 결론을 내리려는 우리의 멈출 수 없는 충동을 보여 준다. 프로닌의 실험처럼 단어 목록이 자신에 관한 것이라면 무의미해 보인다. 그러나 누군가 낯선 사람을 추측해 보라고 부추긴다면, 우리는 그 기회를 놓치지 않는다. 곧바로 그 사람에 대한 이론을 만들어 낸 뒤, 그것을 믿을 것이다. 이 현상은 '자기중심성(egocentrism)'이라는 또 다른 특징을 드러낸다. 이에 글래드웰은 저서에 다음과 같은 말을 남겼다.

> "우리는 미묘하고 복잡하며 해석하기 어려운 존재임에도 낯선 사람은 쉽게 판단하려 한다."

우리는 자신이 주변 사람의 마음속을 꿰뚫어 보고 해석할 수 있다고 믿는다. 하지만 누구도 자신에게는 그렇게 할 수 없다고 생각한다. 여기에는 또 하나의 인지 편향이 작용하고 있다. 이처럼 사람들은 대부분 자기 확신이 지나치다.

만용의 씨앗

야구 선수의 과도한 자신감은 사람들 대부분이 공유하는 특성이기도 하다. 우리는 자기 능력을 과대평가하면서 잘 알지 못하는 것까지 이해한다고 믿는다.

야구의 세계에서도 **승자가 모든 것을 차지한다**. 선수들은 스타로 성공할 선택받은 소수가 되기 위해 수년의 인생을 바친다. 이는 평생에 걸친 위험을 감수하는 도박이다. 수백만 달러를 벌 확률은 극히 희박한 데다 아무것도 얻지 못하고 실패로 끝날 확률이 매우 높다. 그럼에도 워싱턴주 퓨앨럽(Puyallup) 출신의 로건 아이스(Logan Ice)처럼 젊은 남성들이 수없이 도전에 뛰어든다.

2016년, 21세의 아이스는 대학 리그에서 두각을 드러낸 뒤, 클리블랜드 인디언스(Cleveland Indians)[52]의 지명을 받았다. 그는 유망주 가운데 72번째로 선발되었으며, 85만 달러의 계약금을 받았다. 당시 중계방송에서는 그를 두고 다음과 같이 평했다.

"그는 이번 드래프트 최고의 올라운드 포수로, (중략) 포수 위치에 걸맞은 운동신경과 민첩성을 갖추었다."

---

[52] 2022년, 클리블랜드 가디언스(Cleveland Guradians)로 팀명을 교체했다.

야구계에서 드래프트는 아마추어 선수가 프로로 진출하여 메이저리그에 도전하는 등용문이지만, 곧바로 정상까지 향하는 길을 보장하지는 않는다. 메이저리그 팀에서는 아이스 같은 선수를 마이너리그로 보내는데, 그곳에서도 선발 과정은 계속된다. 마이너리그에 진출한 선수는 주목을 받아 수백만 달러의 연봉이 걸린 메이저리그 자리를 따내기 위해 경쟁한다.

아이스는 계약을 맺은 이후 자신을 프로 선수라고 말할 수 있었지만, 마이너리그에서의 수입은 연간 8,000달러에 불과했다. 그러던 중에 흥미로운 기회가 찾아왔다. 다른 선수가 '판도(Pando)'라는 사업을 그에게 귀띔한 것이다. 판도는 독특하게도 위험을 나누자는 제안을 내세운 회사였다.

판도는 마이너리그 선수 5~6명이 모여 각자의 미래 수입 중 일부를 공유하자는 방식의 약속을 제안한다. 이는 마치 복권을 여럿이 나눠 사서 당첨 확률을 높이는 방식과 비슷하다. 판도의 CEO 찰리 올슨(Charlie Olson)은 한 연설에서 사업의 구조를 다음과 같이 설명했다.

"당신은 드래프트 1라운드 지명자입니다. 1라운드 지명자가 앞으로 벌 MLB 수입은 평균 4,500만 달러로 예상됩니다. 모두가 열광할 만한 숫자입니다. 하지만 문제는 확률이 동전 던지기와 다를 것이 없다는 겁니다. 결국 당신의 운명은 동전의 앞뒤처럼 절반의 확률로 평균 9,000만 달러를 가져가거나, 100만 달러도 채 벌지 못하는 결과로 갈릴 수도 있다는 것이죠."

아이스처럼 20세에 미국에서 가장 유망한 선수라는 평가를 받더라도, 백만장자가 되지 못할 확률은 현실적으로 존재한다. 어깨 부상을 입는다거나, 사람들의 기대만큼 실력이 뛰어나지 않을 수도 있기 때문이다.

2008년 이후로 판도는 기금 형태의 계약에 상당수의 선수를 참여시켜 왔다. 아이스도 그중 한 사람으로, 결국 판도에 동참하기로 마음을 바꾸었다. 계약으로 손해를 보는 경우는 메이저리그에서 말도 안 되게 큰돈을 벌었을 때뿐이라는 사실을 정확하게 깨달았기 때문이었다.

또 다른 기금 그룹은 볼티모어 출신의 마티 코스테스(Marty Costes)의 주도로 조직되었다. 코스테스는 2018년 휴스턴 애스트로스(Houston Astros)에 672번째로 지명된 이후로 줄곧 마이너리그에서 활동하는 중이다. 그는 가벼운 부상을 겪은 뒤부터 계약을 결심했다.

"그전까지는 제가 무적이라고 생각했죠. 그런데 부상을 겪고 나니까 제 미래가 한순간에 바뀔 수도 있다는 걸 깨달았어요."

그런데 아이스와 코스테스는 예외적인 사례에 해당한다. 판도의 제안은 대부분의 젊은 선수들에게 매력적으로 다가오지 않는다. 그 이유는 무엇일까?

그들의 거절은 경제적으로 비합리적인 선택이다. 아이스가 알 아챈 것처럼 판도의 계약은 아주 합리적인 보험에 드는 셈이다. 보험이 필요한 경우라면 삶이 더 나은 방향으로 바뀔 수 있다. 그렇지 않고 메이저리그 스타가 된 경우라면, 수입이 워낙 많아 10%를 동료와 나누더라도 거의 체감하지 못할 수준일 것이다. 그렇다면 왜 그토록 많은 선수가 판도의 제안을 거절하고 메이저리그라는 단 하나뿐인 복권에 모든 것을 걸려고 할까?

아이스는 동료 선수들을 설득하려고 연락하던 날, 그 이유를 알게 되었다. 첫 번째로 전화를 건 상대는 절친한 친구이자 동료 선수였는데, 그는 아주 단순하면서도 명확한 이유로 제안을 거절했다.

"그건 나한테 내 실패에 베팅하라는 거잖아."

아이스의 친구는 자신의 인생 목표에 실패해야만 이득을 보는 결정을 하고 싶지 않은 것이다. 그는 그 상황을 생각조차 하기도 싫어했다. 마치 생각만으로 그 일이 실제로 이루어지기라도 하는 듯이 말이다.

이것이 바로 판도 비즈니스 모델의 모순이다. 그들은 자신감 넘치는 젊은 남자들이 메이저리그에 진출하지 못할 가능성을 진지하게 고려하기를 원한다. 선수들에게 일종의 인지 부조화를 요구하는 셈이다. 이는 꿈을 이루기 위해 최대한 많은 것을 희생하면서도, 동시에 실패 가능성을 받아들여야 함을 뜻한다. 이러한 요구는 수많은 선수에게 너무나 가혹한 일이다.

젊은 선수들은 야구가 위험 부담이 매우 큰 진로이며, 한 사람이 엘리트 수준에 도달할 확률이 극히 낮다는 사실을 잘 알고 있다. 다만 그것은 다른 사람의 이야기일 뿐 자기 얘기가 되지는 않을 것이라 믿는다. 그들은 자신이 끝내 해내리라는 내면의 소리에 귀를 기울인다.

이는 야심 찬 창업 계획을 세운 청년과 프로 테니스 선수가 되고 싶어 하는 아이, 또는 첫 소설을 쓰려는 은퇴자의 마음과 다르지 않다. 우리는 본능에 따라 자신을 맹목적으로 믿으려는 경향이 있다. 이 또한 모두는 아니더라도 대다수를 특징 짓는 취약점에 속한다.

**당신도 과도한 자신감의 함정에서
자유롭지 못할 것이다.**

우리는 모두 자신을 특별하게 여긴다. 따라서 창업가들은 보통 회사가 성공할 확률을 70%라고 말한다. 실제로는 신생 기업 가운데 단 25%만이 초기 5년을 버티는데도 말이다. 과도한 자신감은 구글, 페이스북, 아마존과 같은 기업을 만들었지만, 동시에 아무도 기억하지 못하는 실패한 사업도 수없이 낳았다. 이제 우리의 자신감이 얼마나 과한가를 보여 주는 6가지 특징을 살펴보자.

① 스스로 평균 이상이라고 여긴다.

당신은 스스로 다른 사람보다 운전을 더 잘한다고 생각하는가? 이 질문에 90%의 사람들이 그렇게 생각한다고 한다. 물론 그중 절반은 틀렸다. 우리는 스스로 평범하다는 사실을 좀처럼 받아들이려 하지 않는다.

② 사회적으로 비관적이지만, 개인적으로는 낙관적인 입장을 취한다.

스페인 사람들은 스스로 자기 행복도를 평균적으로 10점 만점에 7.5점으로 평가한다. 하지만 다른 사람의 질문에는 6.5점 정도의 낮은 점수로 답할 것이다.

③ 자기 예측을 지나치게 신뢰한다.

우리가 주어진 질문에 90%의 확신으로 답하더라도, 실제로 틀릴 확률은 30%나 된다.

④ '예상 적중'의 달인이다.

2016년, 도널드 트럼프의 당선을 이미 알고 있었다고 주장하는 이들이 많았다. 그 사람들이 정말로 그렇게 확신했다면, 왜 누구도 트럼프를 지지하지 않았을까? 이는 그들의 기억이 왜곡된 탓이다. 당시 대부분은 힐러리 클린턴이 유력했음을 인정했다. 그러나 어느 날 문득 트럼프가 당선될 수도 있겠다는 생각이 뇌리를 스쳐 갔을 테고, 지금은 그 선택적 기억만이 유독 또렷하게 남아 있는 것이다.

⑤ **심각한 계획 오류에 빠진다.**

나는 이 장을 그제 마무리할 계획이었다. 그런데 아직도 집필 중이다. 이처럼 우리는 자신의 효율성을 과대평가하면서 일을 마치는 데 걸리는 시간은 과소평가한다.

⑥ **자기 영향력을 과장한다.**

우리의 과장된 자신감을 드러내는 방식의 가짓수는 끝이 없지만, 그중에서도 통제의 환상은 개인적으로 가장 우스운 유형이라 할 수 있다. 누군가 문을 열지 못하고 있을 때, '제가 해 볼게요!'라고 나서는 순간 밀려오는 근거 없는 낙관이 대표적이다. 이는 나와 친구 셋 중에서 비행기 착륙을 위해 조종간을 맡길 사람을 확정해야 하는 상황에서 나만이 최선의 대책이라고 믿는 꼴이다. 정작 나도 어디서부터 손을 대야 할지도 모르는 주제에 말이다.

그보다 더 황당한 사례도 있다. TV에서 축구 경기를 볼 때 집중하다 보면 당신이 응원하는 팀이 이길 확률이 높아질 것 같은 기분을 느낀 적 있는가? 그렇다면 경기 막판에 다른 사람에게 조용히 하라고 당부한 적도 있을 것이다. 집중력이 흐트러지면 경기 결과가 달라지기라도 할 것처럼 말이다. 우리는 이러한 기분이 착각임을 이미 알고 있다. 우리의 뇌가 경기장 안의 선수들을 조종할 만

◆

당신은 냉장고가 어떻게 작동하는지 알고 있을 것이다. 누구나 집에 하나씩은 있으며, 매일같이 사용하는 가전제품이니 말이다. 내가 당신에게 냉장고의 작동 원리를 묻는다면, 당신은 안다고 답할 것이다.

하지만 그 원리를 설명해 달라고 한다면 어떨까? 내가 당신에게 냉장고의 작동 원리를 단계별로 최대한 상세하게 설명해 달라고 요청했다고 상상해 보자. 보통은 제대로 설명하지 못할 것이다. 이처럼 많은 사람이 냉장고에 관해 거의 아무것도 설명하지 못한다.

전원 코드를 콘센트에 꽂아서 전기를 사용한다는 사실은 누구나 안다. 그리고 전기로 냉장고 안의 물건을 차갑게 한다는 것도 안다. 하지만 실제로 그러한 일이 어떻게 가능할까?

전기는 일반적으로 물체를 가열할 때 쓰이지, 그 반대는 아니다. 그렇다면 라디에이터가 부엌을 따뜻하게 하는 원리는 무엇이며, 냉장고는 어떻게 맥주를 차갑게 할 수 있을까? 사실 우리 대부분은 냉장고가 작동하는 과정을 낱낱이 설명하지 못한다. 우리는 냉장고의 사용법과 함께, 냉장고가 고장 났을 때는 수리 기사를 부르면 된다는 것쯤은 잘 알고 있다. 하지만 그 이상은 잘 모른다.

내가 강연이나 수업 중에 냉장고의 작동 원리에 관한 질문을 던지면, 아주 가끔 냉장고에 모터가 들어 있다는 사실을 아는 사람이 있다. 그보다 더 잘 아는 사람은 냉장고의 핵심 부품인 압축기로 구동된다는 답을 내놓기도 한다. 하지만 그 과정을 단계별로 설명할 수 있는 사람은 극히 드물다.

**사람들은 스스로 무언가를 이해한다고 믿지만,
실제로는 그렇지 않다.**

심리학자 레오니드 로젠블릿(Leonid Rozenblit)과 프랭크 케일(Frank Keil)은 그 현상을 발견한 이후, 이를 '설명 깊이의 착각(illusion of explanatory depth)'이라 명명했다. 사람들은 대부분 세상을 자신의 실제 이해보다 훨씬 더 자세하고 일관적으로, 심도 있게 안다고 생각한다. 두 심리학자는 이를 증명하고자 일련의 실험을 진행했다.

그들은 학생을 대상으로 변기, 쇠뇌, 지퍼 같은 일상적인 물건을 얼마나 잘 이해하고 있는가를 스스로 평가하도록 했다. 학생 다수가 해당 물건의 작동 원리를 안다고 응답했다. 비록 세세한 설명에 이르지는 못했지만, 학생들은 어떻게든 아는 만큼 쓰려고 노력했다. 그런데 이 실험에서 가장 흥미로운 점은 그다음에 나타났다.

학생들은 각 물건의 작동 원리를 설명한 뒤, 제시한 물건에 관해 얼마나 잘 알고 있는가를 다시 평가했다. 그 결과 훨씬 낮은 점수를 보였다. 이처럼 무언가를 설명하려는 시도만으로도 우리는 그것을 충분히 이해하지 못하고 있음을 실감한다. 머릿속에서 뚜렷하고 자세하게 떠오르던 아이디어도 실상은 흐릿한 경우가 많다. 마치 머릿속에서 멜로디가 선명하게 들리는데도 막상 부르려 할 때는 음이 제대로 나오지 않는 노래처럼 말이다.

마찬가지로 우리는 자전거를 바로 알아보지만, 기억만으로는 제대로 그리지 못한다. 믿기지 않는다면 한번 해 보도록 하자. 무언가를 설명하려는 시도는 설명 깊이의 착각을 깨뜨리는 데 도움이 된다. 이는 하나의 주제에 관한 자신의 실제 이해도와 직면하는 방법이다. 천재 물리학자 리처드 파인만이 남긴 말처럼 말이다.

"무언가를 완전히 이해하고 싶다면 직접 가르쳐 보라."

설명 깊이의 착각은 사물에만 국한되지 않는다. 정치, 경제는 물론 개인적인 문제에도 우리는 같은 양상을 보인다.

상속세 폐지의 결과는 어떠할까?
표현의 자유 제한이 불러올 영향에는 무엇이 있을까?
학생의 유급을 막는 조치가 과연 바람직한가?

위에 제시한 질문만 보아도 우리는 생각만큼 무언가를 제대로 이해하지 못함을 알 수 있다. 일부 과학자들이 추정한 바에 따르면 설명 깊이의 착각은 모두가 집단 사고를 공유하는 것처럼 '내가 아는 것'과 '타인이 아는 것'을 구분하지 못하는 데서 온다. 부분적으로 맞는 말이다. 인간의 지식은 사회 구성원 사이에 파편화되어 있으며, 누군가는 냉장고의 작동 방식을 정확히 알고 있기 때문이다. 설명 깊이의 착각은 결국 파편화된 지식이 곧 자기 것이라는 믿음에서 비롯된다. 이해라는 행위가 전염되기라도 하는 양 말이다.

우리가 의견을 내놓을 때도 같은 방식으로 작용한다. 시사에 관심이 많은 사람은 여러 의견을 제시한다. 아니면 최소한 그러해 보일 것이다. 이는 X 등의 소셜 미디어에서 분명하게 드러난다. 그곳에서는 치열한 논쟁이 벌어지지만, 머지않아 흐지부지 끝나 버린다. 이처럼 우리는 매일같이 다른 주제를 두고 격렬하게 반응한다.

2021년 5월, 내 친구는 15일 동안 소셜 미디어에서 다뤄 온 논쟁의 주제를 추적한 적이 있었다. 그 목록은 믿기 어려울 만큼 길었다.

고속도로 통행료

부가가치세

이스라엘-팔레스타인 분쟁

콜롬비아 시위[53]

53　2021년 4월, 소득세 및 부가가치세 인상을 포함한 정부의 세금 제도 개편안에 반대하는 시위로, 정부 측의 철회로 마무리되었다.

자영업자 세금 인상

세우타 이민자 위기[54]

아나 이리스 시몬[55]

스페인 2050 전략 보고서[56]

스페인 총리 부인 자격 논란[57]

카탈루냐 정치인 사면[58]

우표 인종 차별 논란[59]

전기 요금

새벽 시간대 세탁기 사용

아스트라제네카 백신 2차 접종

54　2021년 5월에 스페인령 세우타로 모로코 이민자 8,000여 명이 불법으로 유입한 사태를 가리킨다.

55　아나 이리스 시몬(Ana Iris Simón)은 스페인의 작가이다. 논쟁의 발단은 2020년 10월에 출간한 자전적 성격의 소설 《페리아(Feria, 국내 미출간)》가 사라져 가는 스페인 농촌에서의 전통적인 삶의 방식을 그린 내용으로 화제를 모으면서부터였다. 이후 해당 작품은 정치적 논의로까지 확대되었다.

56　2050년까지 스페인 사회가 직면한 주요 문제인 환경, 고령화, 지역 불균형, 불평등을 극복할 장기적인 정책 전략에 관한 보고서를 말한다.

57　현 스페인 총리 페드로 산체스(Pedro Sánchez)의 부인 베고냐 고메스(Begoña Gómez)의 IE 비즈니스 스쿨 아프리카 연구센터 이사 임명을 두고 불거진 학력 및 경력 논란을 말한다.

58　카탈루냐주의 분리독립을 주도한 혐의로 유죄 판결을 받은 12인의 정치인이 특별 사면을 받은 사건을 말한다.

59　스페인 우정 공기업 코레오스(Correos)에서 발행한 '평등 우표(Equality stamps)'에 관한 논란을 가리킨다. 평등 우표는 사람의 가치에 색을 띠지 않는다는 취지로 다양한 피부색을 배경으로 한 우표이다. 그러나 가장 어두운 색이 0.7유로, 가장 밝은 색이 1.6유로로 취지에 반하는 가격 책정 방식으로 많은 비판을 받았다.

나는 그중 절반도 기억나지 않는다. 하지만 이슈마다 몇 시간씩 이어질 정도로 격렬한 논쟁을 불러일으켰고, 이에 수천 명이 강한 의견을 쏟아냈다. 시사라는 쳇바퀴 속에 살다 보면 그렇게나 많은 의견을 제시하는 것도 당연해 보인다. 페이스북이나 X에 의견을 올리고, 커피 한 잔의 여유를 즐길 시간에도 상대방과 토론을 벌이면서 밤에는 TV를 향해 소리를 지른다. 이처럼 시사와 관련된 공적 논쟁에서는 모든 주제에 뚜렷하게 의견을 표하는 것을 당연시한다. 나아가 자기 입장을 밝히지 않으면 눈총을 받기도 한다.

하지만 이는 지극히 명백한 사실과 충돌한다. 그 정도로 많은 주제에 관한 의견을 지니기는 불가능하다. 스페인 2050 전략 보고서를 대충 훑어보기만 하는 데도 얼마나 많은 시간이 필요하겠는가? 이스라엘-팔레스타인 분쟁의 이해에 드는 시간은 말할 것도 없다.

제시한 주제를 제대로 이해하는 데 몇 시간에 걸쳐 자료를 읽고 토론하면서 숙고하는 과정이 필수적임을 인정하더라도, 어떻게 짧은 시간 안에 많은 사안에 관한 의견을 일일이 말할 수 있을까? 이는 빌려온 생각을 바탕으로 하기에 가능한 일이다. 우리는 신뢰할 만한 사람을 선택하고, 그 사람의 말에 사실일 가능성이 크다고 받아들인다.

그러나 오해하지 않기를 바란다. 나는 이상의 내용 또한 충분히 이해할 만한 마음의 지름길이며, 이를 따르는 것도 자연스러운 현상이라고 생각한다. 다만 사람들이 외부에서 빌려온 의견에 전적으로 의존하여 지나친 단언을 서슴지 않는다는 점이 정말로 우려스럽다.

간접적인 정보에만 기댄 나머지 오히려 신중해야 함에도 정반대의 일이 벌어지는 것이다.

무지는 우리를 대담하게 한다. 이러한 태도는 인간에게서 흔히 나타나는 자기 과신의 또 다른 형태이다. 미셸 드 몽테뉴(Michel de Montaigne)가 거의 500년 전부터 간파한 역설이 떠오른다.

"우리는 잘 모르는 것을 가장 굳게 믿는다."

'인간적' 이성

이 책은 2020년 8월 레티로 공원의 나무 아래에서 3주 동안 맹렬히 써 내려간 메모에서 시작되었다. 나는 몇 년 전의 내가 읽었더라면 정말 좋았을 책을 쓰고 싶었다. 인과성과 우연, 불확실성을 이해하는 데 도움이 될 조언으로 가득한 흥미로운 책 말이다. 그렇게 나는 노트 한 권을 가득 채웠다.

처음에는 낯설고 이상했다. 하지만 숫자를 통한 관찰이 일상에 자리 잡은 이래로 20년을 이어 오면서 발견한 아이디어와 통찰을 그 안에 담고자 했다. 여기에서는 그중 3가지를 제시한 뒤, 마지막 경고 하나를 전하며 마무리하고자 한다.

우리는 복잡한 세상에 살고 있다.

주위만 둘러보아도 알 수 있는 말이다. 사람이란 참 복잡한 생물이다. 나도 사람을 완전히 이해하지 못한다. 타인에서 친구, 심지어 나조차도 마찬가지이다. 그런데 가만히 생각해 보면, 그 반대가 더 무서운 일이 아닐까? 이처럼 세상의 복잡함은 때때로 우리를 답답하게도 하지만, 삶에 흥미를 불어넣기도 한다. 단순한 우주는 따분하기 짝이 없었을 것이다. 이때 올리버 색스(Oliver Sacks)가 세상을 떠나기 전에 남긴 말이 떠오른다.

"나는 살아오면서 사랑을 주고받아 왔다. 많은 것을 받았으며, 그만큼 보답하기도 했다. 사는 동안 글을 읽고 여행하며, 사유하면서 글을 써 왔다. … 무엇보다도 나는 이 아름다운 행성에서 지각을 지닌 존재이자 생각하는 생명체였다. 그 자체만으로도 굉장한 특권이자 모험이었다."

이 세상은 수많은 데이터로 꾸준하게 채워지는 중이다.

우리 삶의 거의 모든 측면에서는 디지털 흔적(digital trace)[60]을 남긴다. 그리고 머지않아 또 다른 변화가 그 위에 쌓일 것이다. 지난 10년 동안의 가장 중대한 변화, 바로 인공지능의 발전이다. 최신 딥러닝 모델은 수천 개의 언어를 번역하고, 텍스트를 요약한다. 그리고 가벼운 농담뿐 아니라 수식 설명과 아름다운 그림을 창작하는 것도 가능하다.

그에 따라 기업이 데이터 기반 기술의 최전선에 서게 될 것이다. 자본주의 사회에서 기업은 자신의 이익에서 나아가, 때로는 고객의 이익을 위해 새로운 기술을 가장 먼저 활용하는 주체이기 때문이다. 틱톡(TikTok)에 빠지는 일은 빙산의 일각에 불과하다. 세상에는 누군가의 개발을 기다리는, 진정으로 유익한 활용 사례가 셀 수도 없이 많다.

60　'디지털 발자국(digital footprint)'라고 하며, 온라인 활동을 통해 남는 디지털 정보 기록의 집합체를 말한다.

이제 정부가 보유한 데이터로 무엇을 할 수 있을지 생각해 보자. 우리의 거주지나 소득, 건강 상태, 가족력 같은 정보들 말이다. 물론 데이터 기반 전체주의라는 디스토피아적 미래가 두려워질 것이다. 당연한 일이기는 하지만, 동시에 그러한 정보가 인간의 삶을 개선하는 데 활용할 방안도 함께 고민해야 한다.

**이 책에서 채택하는 정량적 관점은
우리에게 도움을 주는 언어라고 할 수 있다.**

수학은 일부 사람에게만 생득적으로 주어지는 기술이 아니라, 학습으로 익히는 것이다. 물론 수학을 잘하는 사람이 있다면, 그렇지 않은 사람도 있을 것이다. 이러한 문제로 자신을 '문과형 인간'이라고 생각한다면, 다시 생각해 보자. 지금 입 밖으로 자연스럽게 나오는 말소리도 처음에는 옹알이로 시작하지 않았던가.

수의 언어는 우리에게 필수적이다. 그 이유는 다음과 같다.

첫째, 기술은 이미 인간의 경험과 떼려야 뗄 수 없는 존재가 되었기 때문이다.

둘째, 수학과 통계학은 과학의 핵심에 속하며, 과학은 수세기 동안 질문을 통해 새로운 지식을 형성하는 방법이었기 때문이다.

**그러나 경고하건대
정량적 관점만이 전부는 아니다.**

353

사람을 향한 고려 없이는 인간과 관련된 어떠한 문제도 해결할 수 없다. 지극히 당연한 말이라 생각할 수도 있겠다. 동화를 창작하는 알고리즘을 만든다면, 인종차별적인 내용이 들어가지 않도록 주의해야 한다. 그리고 국세청 웹사이트를 설계할 때는 노인도 무리 없이 이용할 수 있도록 만들어야 한다.

앱 개발자는 단순히 앱의 원활한 작동만이 전부가 아님을 잘 안다. 수많은 사람이 앱을 사용하기를 바란다면, 보기 좋으면서도 이용자 친화적이어야 한다. 이는 곧 과학과 예술의 영역이다. 이처럼 인본주의적 사고는 윤리적 딜레마의 해결이 시급한 자율주행 자동차는 물론, 조류를 분석하여 특정일에 입수 금지 여부를 판단하는 프로그램에도 마찬가지로 적용된다.

여기에는 피할 수 없는 긴장이 존재한다. 영화를 추천하는 알고리즘의 수학적 원리를 상상해 보자. 우리가 싫어할 만한 작품은 절대 시도조차 하지 않는다면, 우리의 세계는 지나치게 좁아지지 않을까?

우리가 하는 모든 일에 인본주의적 관점을 적용해야 한다는 의견에는 모두가 동의할 것이다. 그러므로 물리학자나 공학자뿐 아니라 사회학자, 예술가, 심리학자도 필요하다는 단순한 해법을 제시할 수도 있다. 하지만 이는 내가 말하려는 답이 아니다. 우리는 그중 하나를 선택하는 대신, 모두를 융합해야 한다!

이제는 과학과 인문학의 간극을 메워야 할 때다. 이는 본디부터 존재한 것이 아닌, 인위적으로 생겨난 것이기 때문이다. 이때 우리에게는 정량적 관점과 인본주의적 관점이라는 두 언어를 모두 구사할 줄 아는 사람이 필요하다.

유해한 알고리즘을 걱정하는 사회학자라면 그것을 이해해야 한다. 반대로 덜 해로운 소셜 미디어를 만들고 싶어 하는 엔지니어라면 심리학자처럼 사고해야 한다. 그리고 언론학을 전공하는 학생이 코딩을 배워야 하느냐고 묻는다면 나는 그렇다고 대답한다. 이와 동시에 공학도 더 나은 의사소통 능력을 비롯한 다른 기술도 함께 숙달해야 한다고 말한다.

따라서 이 책을 통해 전하고자 하는 마지막 조언은 통합적 관점을 실천하라는 것이다. 먼저 망원경으로 머나먼 은하를 바라보며 감탄하거나, 자기 손을 발견하고 깔깔거리는 아이의 모습을 보면서 우리 주변을 가득 채운 복잡성의 경이로움을 마음껏 느껴 보자. 다음으로 우리의 직관에 자리한 허점을 인식하고, 부정적인 본능에는 제동을 걸자. 그다음 타인의 말을 진심으로 경청하며, 경직된 사고방식을 경계하자. 마지막으로 모든 것을 알고 있다는 착각에 갇히지 말고, 호기심이 끊임없이 이어질 수 있도록 노력해 보자.

위의 태도는 실용적인 이점뿐 아니라, 초월적인 가치도 있음을 감히 말하고자 한다. 이를 받아들인다면, 우리 주변의 세상을 더 긍정적인 방향으로 바꾸어 갈 수 있을 것이다.

감사의 말

모든 일에는 여러 가지 원인이 있다. 이 책도 예외는 아니다. 여기에 쓴 감사의 말은 완전할 수 없다. 따라서 앞으로도 그 내용이 계속 늘어 갈 것이다.

가장 먼저 편집자 미겔 아길라르(Miguel Aguilar)에게 감사 인사를 전하고자 한다. 초고를 막 완성했을 무렵, 그가 정말 절묘한 타이밍에 책으로 내 보자고 제안해 주었다. 그리고 이 책의 초판을 출간한 데바테(Debate) 출판사 팀에게도 깊은 감사를 전한다. 담당자 모두 집필에서 출간에 이르는 모든 단계에서 더 나은 책으로 거듭나도록 방향을 제시해 주었다. 여기에는 특히 이그나시 루이스(Ignasi Ruiz), 로레나 카스텔(Lorena Castell), 엘레나 마르티네스 바비에레(Elena Martínez Baviere)의 노고가 컸다.

다음으로 영국 펭귄 랜덤하우스(Penguin Random House UK)의 비소설 도서를 담당하는 에버리(Ebury) 팀에게도 진심으로 감사드린다. 이 책이 더 넓은 독자층과 만날 가치가 있다고 생각해 주었음에 감사의 마음을 전한다. 이 책이 번역되어 영어권 독자에게 다가간 일은 그야말로 꿈이 현실이 된 순간이었다. 번역부터 교정까지 모든 과정을 꼼꼼히 살펴 주어 깊은 감사를 표한다. 특히 세심하게 텍스트를 번역한 로지 필(Rosie Peele)과 인내심으로 작업을 도와준 편집자들에게 특별히 감사의 뜻을 전한다.

그다음으로 초고에서 제목 선정까지 라마온 곤살레스 페리스 (Ramón González Férriz)의 조언은 줄곧 내 책의 길잡이가 되어 주었다. 그가 첫 원고를 읽고 남긴 의견은 하나같이 큰 도움이 되었다. 또한 인과성을 다룬 부분을 읽고, 몇 가지 중요한 세부 내용을 보다 정확하게 다듬을 수 있도록 도와준 미겔 에르난(Miguel Hernán)에게도 깊은 감사를 전한다.

이 책은 일련의 우연으로 세상의 빛을 볼 수 있었다. 그 모든 일에 감사하다. 그리고 어떠한 책임이나 부담을 주려는 의도 없이, 나는 순수하게 수많은 친구의 도움으로 작가가 될 수 있었다.

무엇보다도 폴리티콘에서 함께했던 동료들이 떠오른다. 그 시절이 있었기에 읽고 토론하며 트윗을 주고받는 일이 마음속에 즐겁고 유익한 경험으로 자리 잡았다. 그리고 나의 첫 편집자이자 내 목표를 넘어설 수 있도록 이끌어 준 에두아르도 수아레스(Eduardo Suárez)와 마르 데 마르키스(Mar de Marchis)에게도 감사를 전하고 싶다.

나는 다른 사람들과 함께 글을 쓰며 많은 것을 배웠다. 특히 조르디 페레스 콜로메(Jordi Pérez Colomé)에게 많이 배웠는데, 그는 우리가 만나기 전부터 읽은 책 《명확하게 쓰는 법(How to Write Clearly, 국내 미출간)》의 저자였다. 이 책의 원제 역시 그 책에서 반쯤 빌려왔다.

나는 또한 《엘 파이스》에도 많은 빚을 지고 있다. 이에 매일 함께하는 동료들에게 감사하다. 이 책에서는 2020, 2021년 팬데믹 시기에 쓴 글에 동료들의 신세를 졌다. 당시 부편집장이었던 얀 마르티네스 아렌스(Jan Martínez Ahrens), 모니카 세베리오(Mónica Ceberio), 보르하 에체바리아(Borja Echevarría)의 지지 덕분에 당시의 글을 세상에 선보일 수 있었다. 내가 중요하게 여기던 분석을 글로 쓸 수 있었던 것은 가장 큰 특권이었다.

이 글을 마무리하기에 앞서 독자들, 특히 과거 블로그 시절부터 내 글을 읽어 온 분들에게 감사의 마음을 드린다.

마지막으로 나는 가족, 특히 아버지에게 자유라는 사치스러운 혜택을 빚지고 있다. 아버지는 나에게 냉장고에서 강이 흐르는 골짜기에 이르기까지 세상이 어떻게 돌아가는가에 관해 궁금해하는 즐거움을 심어 주셨고, 여행의 기술에 타고난 재능이 있는 분이셨다. 아버지는 집으로 돌아오실 때마다 매번 새로움에 매료되어 다른 이들이 놓치는 진리를 음미하고, 눈에 담은 모든 것에 감탄을 아끼지 않으신다.

더 읽을거리

1 Harden, K. P. (2022). The Genetic Lottery: Why DNA Matters for Social Equality. Princeton University Press. 이동근 옮김(2023), 《유전자 로또》, 에코리브르.

* 이 책에 등장하는 일부 사례의 출처인 《유전자 로또》는 유전자와 환경의 관계를 다룬 책으로, 독창적인 관점을 취하고 있다는 점에서 흥미롭다. 하든의 책에서는 부자 또는 가난한 사람으로 태어나는 것이 불공평해 보이듯, 잘생긴 외모나 신중한 성격처럼 특정한 유전적 변이를 타고나 사회적 우위를 점하는 것 또한 불공평함을 시사한다.

2 Hernán, M. & Robins, J. M. (2011). Causal Inference: What If. Taylor & Francis.

Pearl, J. & Mackenzie, D. (2019). The Book of Why: The New Science of Cause and Effect. Penguin.

* 인과성을 깊이 알고자 한다면 추천한다.

3   Kahneman, D. (2011). Thinking, Fast and Slow. Penguin. 이창신 옮김(2018),《생각에 관한 생각》, 김영사. Lewis, M. (2017). The Undoing Project. Penguin. 이창신 옮김(2018),《생각에 관한 생각 프로젝트》, 김영사.

    * 《생각에 관한 생각 프로젝트》는 대니얼 카너먼과 아모스 트버스키의 연구에 관한 최고의 입문서이다. 두 연구자의 아이디어는 《생각에 관한 생각》에서 보다 심도 있게 다루고 있다.

4   McElreath, R. (2020). Stastical Rethinking: A Bayesian Course with Examples in R and Stan. Chapman & Hall/CRC

    * 여러 장에 걸쳐 인용한 책으로, 베이즈 통계학의 교과서이다. 공식만 읽을 수 있다면, 통계학 분야에 흥미가 없더라도 매력적인 독서 경험을 선사할 것이다.

5   Spufford, F. (2010). Red Plenty: Inside the Fifties' Soviet Dream. Faber & Faber.

    * 레오니드 칸토로비치의 이야기를 담은 책으로, 소설과 에세이의 특징을 모두 갖추고 있어 흥미로움을 유발한다. 1950년대, 계획 경제가 풍요의 기적을 약속했던 역사적 개념과 시대상을 이해할 수 있는 독창적이고 훌륭한 책이다.

6   Svensson, P. (2020). The Book of Eels. Ecco Press.

* 이 책의 도입부에 영감을 준 장어의 매력적인 삶을 담은 책이다. 패트릭 스벤손의 다른 책은 《삶, 죽음, 그리고 세상에서 가장 신비로운 물고기(The Gospel of the Eels)》가 있다.

7   Tetlock, P. & Gardner, D. (2016). Superforecasting: The Art and Science of Prediction. Random House. 이경남 옮김·최윤식 감수(2017), 《슈퍼 예측, 그들은 어떻게 미래를 보았는가》, 알키.

* 필립 E. 테틀록과 바바라 멜러스의 예측 연구를 더 알고 싶다면 추천한다.

직관과 객관

과잉 정보의 시대, 본질을 보는 8가지 규칙

오픈도어북스는 (주)하움출판사의 임프린트 브랜드입니다.

초판 1쇄 발행 26년 1월 7일

지은이 ㅣ키코 야네라스
옮긴이 ㅣ이소영

발행인 ㅣ문현광
책임 편집 ㅣ이건민
교정·교열 ㅣ신선미 주현강 황윤
디자인 ㅣ양보람
마케팅 ㅣ남상묵 김다현 박채원
업무지원 ㅣ이창민

펴낸곳 ㅣ(주)하움출판사
본사 ㅣ전북 군산시 수송로 315, 3층 하움출판사
지사 ㅣ광주광역시 북구 첨단연신로 261 (신용동) 광해빌딩 6층 601호, 602호
ISBN ㅣ979-11-7374-261-3(03330)
정가 ㅣ20,000원